वसुंधरा राजे
और
विकसित राजस्थान

वसुंधरा राजे
और
विकसित राजस्थान

विजय नाहर

प्रकाशक

प्रभात पेपरबैक्स

4/19 आसफ अली रोड, नई दिल्ली–110002

फोन : 23289555 • 23289666 • 23289777 ❖ फैक्स : 23253233

इ–मेल : prabhatbooks@gmail.com ❖ वेब ठिकाना : www.prabhatbooks.com

संस्करण

प्रथम, 2016

मूल्य

एक सौ पचहत्तर रुपए

अ.मा.पु.स. 978-93-5186-741-8

मुद्रक

आर–टेक ऑफसेट प्रिंटर्स, दिल्ली

★

VASUNDHARA RAJE AUR VIKSIT RAJASTHAN
by Vijay Nahar

Published by **PRABHAT PAPERBACKS**
4/19 Asaf Ali Road, New Delhi-110002

ISBN 978-93-5186-741-8

₹ 175.00

भारतीय जनसंघ राजस्थान प्रदेश के
संस्थापक संगठन मंत्री, राष्ट्रीय स्वयंसेवक संघ के
वरिष्ठ प्रचारक, गंभीर अर्थशास्त्री, भारतीय जनता पार्टी के
केंद्रीय महामंत्री संगठन एवं
जीवन के उत्तरार्ध में गुजरात के राज्यपाल रहे,
ऐसे अपना संपूर्ण जीवन राष्ट्र-देवता के चरणों में
समर्पित करनेवाले, जन-जन के प्रेरणास्रोत श्रद्धेय
श्री सुंदरसिंहजी भंडारी को
यह ग्रंथ सादर समर्पित करते हुए
मैं अत्यंत गौरव अनुभव कर रहा हूँ।

विजय नाहर

लेखकीय

रामनवमी 2014 को जयपुर में 'चैंबर ऑफ कॉमर्स भवन' के पीछे 'भैंरोसिंह शेखावत स्मृति भवन' में मेरी पुस्तक 'स्वर्णिम भारत के स्वप्नद्रष्टा नरेंद्र मोदी' का विमोचन कार्यक्रम राजस्थान भाजपा के प्रदेश अध्यक्ष श्री अशोक परनामी की अध्यक्षता एवं 'राष्ट्रीय स्वयंसेवक संघ' के केंद्रीय कार्यकारी मंडल के वरिष्ठ सदस्य श्री इंद्रेशजी के मुख्य आतिथ्य में संपन्न हुआ। विशिष्ट अतिथि थे—शिक्षाविद् पूर्व उपकुलपति एम.डी.एस. विश्वविद्यालय अजमेर के श्री पुरुषोत्तम चतुर्वेदी। कार्यक्रम संपन्नता के पश्चात् अल्पाहार करते हुए अनेक प्रमुख व्यक्तियों का आग्रह था कि 2013 विधानसभा चुनावों में भाजपा को पहली बार विशाल बहुमत दिलानेवाली मुख्यमंत्री वसुंधरा राजे पर भी मुझे शीघ्र ही एक पुस्तक लिखनी चाहिए। इसी प्रकार 'स्वर्णिम राजस्थान के स्वप्नद्रष्टा वसुंधरा राजे' आग्रह करनेवालों में राजस्थान विश्वविद्यालय के कुछ प्राध्यापक, पत्रकार, मीडिया के लोग, प्रकाशकगण एवं अनेक सामाजिक-राजनैतिक कार्यकर्ता थे। सभी का आग्रह था कि ऐसी अभूतपूर्व विजय दिलानेवाली राजे की लोकप्रियता प्रदेश में चरम पर है। प्रथम बार के मुख्यमंत्री-काल में भी राजे ने राजस्थान को खुशहाल और समृद्ध बनाया, जबकि केंद्र में यूपीए की कांग्रेस सरकार थी। परंतु अब तो केंद्र में भी भाजपा की सरकार है तथा उसका नेतृत्व भी एक करिश्माई व्यक्तित्व नरेंद्र मोदी कर रहे हैं। ऐसी स्थिति में प्रदेश निश्चित रूप से विकास एवं खुशहाली की उच्चतम स्थिति में पहुँचेगा। मैंने भी इस पर चिंतन करने के बाद वसुंधरा राजे पर लिखने का मानस बना लिया।

वसुंधरा राजे के जीवन पर बहुत अधिक सामग्री तो उपलब्ध नहीं हुई, परंतु जितनी भी मिली है, वह उनके जीवन एवं कर्तव्य को उजागर करने के लिए पर्याप्त है। राजनैतिक क्षेत्र में कम समय में जो उपलब्धियाँ उन्होंने हासिल कीं, वे

एक चमत्कार से कम नहीं हैं। राजस्थान एवं राजस्थान की राजनीति से कम संपर्क के बावजूद इतनी शीघ्रता से लोकप्रियता हासिल की कि 2003 में स्पष्ट बहुमत के साथ प्रदेश में भाजपा ने सरकार बनाने में सफलता प्राप्त की। माननीय भैंरोसिंह शेखावत का लंबे समय से राजस्थान की राजनीति में एकच्छत्र वर्चस्व रहा। जनता पार्टी के शासनकाल में और बाद में भी अनेक बार मुख्यमंत्री रहे, परंतु कभी भी इतना स्पष्ट बहुमत प्राप्त नहीं कर सके, जितना प्रथम बार में ही वसुंधरा राजे के नेतृत्व में भाजपा ने प्राप्त कर लिया। यह भाजपा का या राजे का भाग्य कहें अथवा राजस्थान का नसीब कहें अथवा राजे का चमत्कारिक व्यक्तित्व व नेतृत्व कहें, चाहे जो कहें, परंतु इस सत्य को नजरअंदाज नहीं कर सकते कि 2013 के चुनावों में उनके नेतृत्व में भाजपा को विशाल बहुमत मिला। ऐसा, जिसकी कल्पना न तो भाजपा ने, न स्वयं वसुंधरा राजे ने, न कांग्रेस के नेतृत्व ने और न ही भाजपा के केंद्रीय नेतृत्व ने की थी। यह बात भी सत्य है कि इस अप्रत्याशित विजय में नरेंद्र मोदी की 'मोदी लहर' की भी बहुत बड़ी हिस्सेदारी है। 'मोदी लहर' का प्रभाव तो 2014 के लोकसभा चुनावों के परिणामों में, विशेष रूप से उत्तर प्रदेश के चुनाव परिणामों से स्पष्ट परिलक्षित हो गया। स्वयं वसुंधरा राजे ने भी 'मोदी लहर' के प्रभाव की बात अपने विजयी समारोह में प्रदेश की जनता को आभार प्रदर्शन के समय कही थी।

वसुंधरा राजे भावुक एवं संवेदनशील हृदयवाली महिला हैं। राजस्थान की पहली महिला मुख्यमंत्री होने का गौरव भी उन्हें प्राप्त है। राजघराने की होने के कारण प्रशासनिक क्षमता घुट्टी में उन्हें अपने परिवार से मिली है। विनम्रता एवं देशभक्ति की भावना उन्हें उनकी माता राजमाता विजयाराजे सिंधिया से मिली है। आत्मगौरव का भाव, माता एवं पिता से मिला है। भावुकता एवं संवेदनशीलता का ही परिणाम है कि इन्होंने प्रशासन में रहते हुए महिला सशक्तीकरण, नि:शक्तजन का कल्याण, वृद्धजनों की सेवा, ग्रामीण एवं गरीब के सुख-दु:ख में सहभागिता, मूक पशुओं एवं भारतीय श्रद्धा का बिंदु गो-संरक्षण, मंदिरों एवं देवालयों की भव्यता आदि पर विशेष ध्यान दिया।

अर्थशास्त्री न होने के बावजूद प्रदेश की आर्थिक स्थिति को सुदृढ बनाया। हर बार कांग्रेस शासन में प्रदेश बुरी तरह कर्ज में डूबता रहा है। 2003 में प्रथम बार मुख्यमंत्री बनीं, तब कोष एकदम रिक्त था, भारी कर्ज के बोझ तले प्रदेश डूबा हुआ था, जिसे पाँच वर्षों में ही उबारकर विकसित प्रदेशों की श्रेणी में खड़ा कर दिया। 2013 में मुख्यमंत्री बनते समय भी उसी स्थिति का सामना करना पड़ा है।

राजे प्रदेश को प्रमुख विकसित देशों की श्रेणी में खड़ा करने के लिए कृतसंकल्प हैं। प्रदेश की जनता को यह विश्वास है कि वसुंधरा राजे की भाजपा सरकार प्रदेश में खुशहाली व संपन्नता निश्चित रूप से ला पाने में समर्थ होगी।

2013 के विधानसभा चुनावों के पूर्व सार्वजनिक हुए भाजपा के चुनाव घोषणा-पत्र पर स्पष्ट रूप से वसुंधरा राजे की छाप है। चुनाव पूर्व एवं चुनाव पश्चात्, परंतु 2014 के लोकसभा चुनावों से पूर्व के वसुंधरा राजे के भाषणों, स्टेटमेंट्स आदि में प्रदेश के विकास की कल्पना एवं उनकी योजना प्रदेश की आम जनता के समक्ष रखी, उसने मुझे इस ग्रंथ के शीर्षक का निर्णय करने में सहायता की। इसी चिंतन के आधार पर मैंने इस ग्रंथ का नाम 'वसुंधरा राजे और विकसित राजस्थान' रखा है।

इस ग्रंथ में प्रयास किया है, वसुंधरा राजे के जीवन एवं कर्तव्य को सँजोने का। मैं अपने प्रयास में कितना सफल हो पाया हूँ, इसका निर्णय तो पाठकगण ही कर सकेंगे। सुझावों का हमेशा स्वागत रहेगा। ग्रंथ की सामग्री एकत्र करने में सहयोग करने के लिए सुमेरपुर विधायक श्री मदन राठौड़, जयपुर के जी.आई.टी. कॉलेज के असिस्टेंट प्रोफेसर श्री तपन नाहर, पाली के प्रो. गौतम यति, मुकुट विहारीजी एवं श्री मधुसूदन का मैं अत्यंत आभारी हूँ।

—विजय नाहर

अनुक्रम

लेखकीय *7*

1. वसुंधरा राजे—व्यक्तित्व निर्माण 13

2. वसुंधरा राजे का राजनीतिक जीवन—एक 28

3. वसुंधरा राजे का राजनीतिक जीवन—दो 37

4. मुख्यमंत्री के रूप में वसुंधरा राजे (2003-08) 43

5. राजनीतिक संघर्ष का काल (2008-13) 66

6. वसुंधरा राजे, एक चमत्कारिक नेतृत्व 83

7. विधानसभा चुनाव 2013 95

8. राजे का राजतिलक—2013 104

9. राजे का मिशन—25 121

10. वसुंधरा राजे और उनका मिशन 150

11. ज्योतिष की दृष्टि से वसुंधरा राजे 160

संदर्भ ग्रंथ 168

वसुंधरा राजे—व्यक्तित्व निर्माण

राजस्थान में ऐसी सरकार, जो 'स्थायी, संवेदनशील, जवाबदेह, ऊर्जावान, आधुनिक विचारों से ओत-प्रोत तथा प्रगतिशील होने के साथ-साथ राजस्थान की सांस्कृतिक, ऐतिहासिक एवं पारंपरिक विरासत' का पूर्ण सम्मान करनेवाली तथा गौरवशाली व खुशहाल राजस्थान का संकल्प जाग्रत् करनेवाली पूर्व मुख्यमंत्री एवं अपनी ओजस्विता, तेजस्विता से भाजपा को विधानसभा चुनाव 2013 में विशाल बहुमत दिलानेवाली मुख्यमंत्री वसुंधरा राजे आज राजस्थान की सर्वाधिक लोकप्रिय राजनेता हैं।

वसुंधरा राजे अपने दृढसंकल्प के लिए पहचानी जाती हैं। एक बार जिस काम को हाथ में लिया, उसे पूरा करके ही छोड़ती हैं, अधूरा नहीं छोड़तीं। माननीय भैंरोसिंह शेखावत के उपराष्ट्रपति बनने के पश्चात् राजस्थान के शून्य हुए नेतृत्व को भरने के लिए माननीय अटल बिहारी वाजपेयी एवं माननीय भैंरोसिंह शेखावत ने वसुंधरा राजे पर विश्वास करते हुए राजस्थान भेजा था। उस समय तक राजस्थान राजे से सर्वथा अपरिचित था, परंतु राजस्थान में आते ही उन्होंने जिस त्वरित गति से संपूर्ण संगठन को विश्वास में लेकर प्रथम बार संपूर्ण राजस्थान के चप्पे-चप्पे का भ्रमण कर अपने व्यक्तित्व, कर्मठता एवं ओजस्वी भाषणों से प्रदेश के जन-जन पर ऐसी छाप छोड़ी कि 2003 के चुनावों में प्रथम बार भाजपा को 120 सीटों के साथ बहुमत मिला। दिसंबर 2003 में वसुंधरा राजे राज्य की पहली महिला मुख्यमंत्री बनीं।

पारिवारिक परंपरा—वसुंधरा राजे का जन्म 8 मार्च, 1953 ई. (राजमाता की आत्मकथा के अनुसार 6 मार्च, 1953 ई.) को मुंबई में ग्वालियर राजघराने के शासक जीवाजीराव सिंधिया के खानदान में हुआ था। राजे जीवाजीराव सिंधिया एवं राजमाता विजयाराजे सिंधिया की तीसरी संतान हैं। बड़े भाई श्री माधवराव सिंधिया कांग्रेस के बड़े नेता रहे हैं। एक बड़ी बहन उषाराजे, जिनका विवाह नेपाल के सबसे

प्रतिष्ठित परिवार में हुआ। वर्तमान में भी वे नेपाल में ही रहती हैं। तीसरी संतान वसुंधरा राजे तथा चौथी संतान राजे की छोटी बहन श्रीमती यशोधरा राजे मध्य प्रदेश में ही रहती हैं तथा भाजपा की सांसद हैं। एक समय ऐसा भी था, जब बड़ी बहन को छोड़कर तीनों भाई-बहन लोकसभा सदस्य थे। राजमाता की आत्मकथा के अनुसार सबसे बड़ी बहन पद्माराजे और थीं, जिनका विवाह त्रिपुरा महाराज से हुआ था। दो पुत्रियों को जन्म देकर मात्र 22 वर्ष की उम्र में वे स्वर्गवासी हो गईं।

वसुंधरा राजे के पिताजी जीवाजीराव सिंधिया ग्वालियर स्टेट के 9वें महाराजा (शासक) थे। ग्वालियर राज्य भारत के मध्य में एक बड़ी भव्य स्टेट व धनाढ्य स्टेट मानी जाती थी। यह परिवार छत्रपति शिवाजी के परिवार से जुड़ा हुआ माना जाता है। एक समय जब संपूर्ण भारत में मराठों की विजय का डंका बजता था, उस समय अपने विजित क्षेत्र को काबू में रखने के लिए अलग-अलग छत्रप लगाए थे, जिनमें ग्वालियर में सिंधिया, इंदौर में होल्कर, बड़ौदा में गायकवाड़ मुख्य थे। शिवाजी के पूर्वज महाराणा मेवाड़ घराने से थे, जो किसी समय दक्षिण में पूना चले गए थे। अत: ये सभी सूर्यवंशी क्षत्रियों से संबंधित परिवार हैं। सन् 1857 के प्रथम स्वतंत्रता संग्राम के समय झाँसी की रानी लक्ष्मीबाई एवं कुशल संगठक तात्या टोपे को आर्थिक एवं सैनिकों का भरपूर सहयोग ग्वालियर राजघराने ने दिया था। राजमाता की आत्मकथा के पृ. 91 पर उल्लेख मिलता है कि "सन् 1857 के स्वातंत्र्य समर के उत्तरार्द्ध में जब महारानी लक्ष्मीबाई की सेना ग्वालियर की ओर कूच कर रही थी, तब खून का एक कतरा भी नहीं बहा; क्योंकि महाराज जयाजीराव सिंधिया अपनी संपूर्ण सेना ग्वालियर में छोड़कर आगरा चले गए थे। ग्वालियर की सेना इतनी छोटी नहीं थी कि वह उनका सामना नहीं कर पाती। खजाना भी खाली नहीं था। ग्वालियर का कोषागार इतना भरा-पूरा था कि उससे एक लंबी लड़ाई बड़ी आसानी से लड़ी जा सकती थी। पर वे नहीं लड़े; बल्कि खजाना और पूरी फौज रानी के लिए छोड़ दी। साथ ही सिंधिया परिवार की महिलाओं एवं फौज के प्रमुख अधिकारियों और सरदारों को नरवर के किले में भेज दिया; ताकि रानी संपूर्ण सेना का अपने ढंग से इस्तेमाल कर सकें।

नरवर राज्य के जागीरदार उस समय पूरी तरह से स्वतंत्रता सेनानी तात्या टोपे के साथ थे, फिर भी सिंधिया राजपरिवार की महिलाएँ और सैन्य अधिकारी वहाँ रहने क्यों गए? इसी तरह जब सिंधिया का खजाना उनके खजांची अमरचंद बाखिया ने रानी लक्ष्मीबाई को सौंप दिया तो अंग्रेजों ने यह जानने के लिए उनसे पूछा कि उन्होंने किसके आदेश से खजाना रानी को सौंपा था? किंतु उस स्वामीभक्त और

बहादुर देशभक्त ने मुँह नहीं खोला। अंग्रेजों ने उन्हें फाँसी का इनाम दिया। उन्होंने खुशी-खुशी फाँसी का फंदा अपने गले में डाल लिया; पर राज को राज ही रहने दिया।'' इससे बड़ा साक्ष्य ग्वालियर महाराज जयाजीराव की देशभक्ति का और क्या हो सकता है? (महाराज जयाजीराव की डायरी से) मौके, बे-मौके संरक्षण व शस्त्रास्त्रों का सहयोग भी किया था। इस राजघराने में देश-प्रेम की भावना बड़ी तीव्र थी। तात्या टोपे का अधिकांश समय ग्वालियर राज्य के क्षेत्र में ही बीता था। ऐसे राजघराने में वसुंधरा राजे का जन्म गौरव की बात है।

महाराजा जिवाजीराव सिंधिया

1857 के स्वातंत्र्य संग्राम में अप्रत्यक्ष सहयोग करनेवाले देशभक्त ग्वालियर महाराज जयाजीराव सिंधिया के पुत्र माधवराव सिंधिया उत्तराधिकारी बने। सुराज्य की स्थापना करनेवाले माधवराव एक दूरदर्शी, लोकप्रिय एवं सफल राजा सिद्ध हुए। ग्वालियर राज्य की जनता अपने राजा को 'माधो महाराज' और अन्नदाता के रूप में स्मरण करती है। उनके पश्चात् उनके पुत्र जिवाजीराव सिंधिया उत्तराधिकारी बने। इनका विवाह नेपाल के राणा राजवंश में उत्पन्न विजयराजे के साथ संपन्न हुआ। इनके जीवन की सबसे महत्त्वपूर्ण घटना है कि देश की आजादी के पश्चात् जब भारत संघ में देशी रियासतों के विलय की बात आई तो बिना हिचक ग्वालियर महाराज जिवाजीराव सिंधिया ने विलय को स्वीकार कर लिया। इतना ही नहीं, महाराजा ने चौवन करोड़ रुपए की विपुल धनराशि का कोषागार भी भारत सरकार को सौंप दिया। पाँच सौ से अधिक देशी रियासतों के विलय के समय भारत सरकार को चौहत्तर करोड़ रुपए अकेले ग्वालियर महाराजा जिवाजीराव ने दिए थे। राजाओं को दिए जा रहे प्रिवीपर्स का विरोध कर रहे नेताओं को उत्तर देते हुए तत्कालीन गृहमंत्री सरदार वल्लभभाई पटेल ने संसद् में कहा था, ''जो लोग भूतपूर्व नरेशों के लिए प्रिवीपर्स की व्यवस्था का विरोध कर रहे हैं, वे यह नहीं जानते कि यह धनराशि अकेले महाराज ग्वालियर द्वारा सौंपी गई धनराशि के ब्याज से प्राप्त हो जाएगी, सरकार को अपनी ओर से कुछ नहीं देना पड़ेगा।'' ऐसे यशस्वी महाराज की मृत्यु मात्र 45 वर्ष की अवस्था में बंबई में हुई। उस समय विजयाराजे सिंधिया 40 वर्ष की थीं। ऐसे देश के लिए उत्सर्ग करनेवाले परिवार में राजस्थान की मुख्यमंत्री वसुंधरा राजे का जन्म हुआ।

राजमाता विजयाराजे सिंधिया

वसुंधरा राजे की माता श्रीमती विजयाराजे सिंधिया भाजपा के संस्थापक

सदस्यों में से एक थीं। देश में भाजपा के विकास में राजमाता विजयाराजे सिंधिया का बहुत बड़ा सहयोग रहा है। देश की स्वतंत्रता के पश्चात् राजमाता कांग्रेस के साथ जुड़ीं, क्योंकि उस समय यही एक दल था, जिसमें रहकर सार्वजनिक सेवा की जा सकती थी। उनके बारे में किसी ने लिखा है, ''राजमाता विजयाराजे सिंधिया आजादी के पश्चात् एक महान् नेता के रूप में उभरीं, जिन्हें उनकी सादगी, उच्च विचारधारा और वैचारिक प्रतिबद्धता के लिए जाना जाता था। वे गरीब-से-गरीब जनता के प्रति बेहद समर्पित थीं।'' राजमाता विजयाराजे सिंधिया ने प्रथम बार 1957 से राजनीति में प्रवेश किया। वे गुना क्षेत्र से 1957 में सांसद निर्वाचित हुईं। 1962 में वे कांग्रेस से दूसरी बार सांसद चुनी गईं। प्रारंभ में राजमाता ने कांग्रेस के साथ अनेक वर्षों तक कार्य किया, परंतु कांग्रेस पार्टी द्वारा जनता पर किए जा रहे अत्याचार व शोषण तथा कांग्रेसी नेताओं की एशोआराम की जिंदगी देख राजमाता का हृदय विद्रोह करने लगा तथा वे स्पष्ट रूप से कांग्रेस की बैठकों व सम्मेलनों में कांग्रेस के कार्यकलापों की आलोचनाएँ करने लगी थीं। धीरे-धीरे वे कांग्रेस से दूर होती चली गईं। 1966 में घटी कुछ घटनाओं ने राजमाता को बहुत अस्थिर कर दिया। इन घटनाओं ने उनकी भावी राजनीति की दिशा ही बदल दी।

1. **बस्तर हत्याकांड**—मध्य प्रदेश के कांग्रेसी मुख्यमंत्री श्री द्वारकाप्रसाद मिश्र बस्तर महाराज प्रवीरचंद्र भंजदेव एवं बस्तर निवासियों को कांग्रेस विरोधी मानते थे। 1962 के विधानसभा चुनावों में सभी कांग्रेसी प्रत्याशी हारे तथा बस्तर महाराज की पार्टी के सभी प्रत्याशी विजयी रहे। महाराज बस्तर के केवल महाराज ही नहीं थे, बल्कि आदिवासियों के धर्मगुरु भी थे। कांग्रेस सरकार ने उनकी जायदाद छीन ली। आदिवासियों ने आंदोलन किया, जायदाद लौटानी पड़ी, परंतु मिश्र ने सशस्त्र पुलिस बल भारी संख्या में बस्तर भेजा। सशस्त्र पुलिस ने राजप्रासाद को घेर लिया। भयंकर मुठभेड़ हुई, पुलिस ने अंदर घुसकर महाराजा को गोलीबारी कर मार दिया। समाचार-पत्र ने छापा—'पुलिस की गोलीबारी में बस्तर नरेश की मृत्यु।' उस गोलीकांड में महाराज सहित ग्यारह अन्य लोग भी मारे गए तथा 50 लोगों के घायल होने की खबर समाचार-पत्र में छपी थी। अतीव हताशा में कांग्रेस के हथकंडों से परेशान महाराज ने पहले से ही राजप्रासाद से बाहर निकलना बंद कर दिया था।
2. 1966 में ही ग्वालियर में छात्र आंदोलन चला। धीरे-धीरे वह सारे प्रदेश में फैल गया। उसे दबाने के लिए मिश्र सरकार ने सभी शिक्षण-संस्थाएँ

बंद कर दीं। आंदोलित छात्रों पर लाठी-बेंतों के खूब प्रहार किए। छात्र राजमाता से मिले। उनके सुझाव पर छात्र मुख्यमंत्री मिश्र से मिले, परंतु कोई समाधान नहीं निकला। राजमाता छात्र नेताओं को लेकर दिल्ली गईं तथा प्रधानमंत्री सहित केंद्रीय नेताओं से मिलीं। गृहमंत्री गुलजारीलाल नंदा ने मिश्रजी को समझाने का असफल प्रयास किया। उलटे मिश्रजी ने नंदाजी को लिखा, ''मैं अपना काम कर रहा हूँ, आप अपना काम कीजिए।'' गांधीवादी नेता आचार्य कृपलानी के सुझाव पर छात्र नेताओं ने घोषणा की कि एक लाख छात्र दिल्ली संसद् के सामने धरने पर बैठेंगे। इस घोषणा के साथ ही सभी शिक्षण-संस्थाएँ खुल गईं। मुख्यमंत्री मिश्र को दिल्ली से जोरदार फटकार मिली।

3. राजमाता की योजना से 17 सितंबर, 1966 को उज्जैन के कालियादेह में सूर्य देवता की प्राण प्रतिष्ठा महोत्सव तत्कालीन प्रतिरक्षा मंत्री श्री यशवंतराव चव्हाण के मुख्य आतिथ्य में आयोजित था। अचानक एक दिन पूर्व यह स्थगित कर दिया गया। आंदोलनकारी छात्रों एवं पुलिस में मुठभेड़ हो गई। पुलिस ने जमकर लाठीचार्ज किया, जिसमें एक छात्र की मृत्यु हो गई तथा अनेक छात्र घायल हुए। इलाके में कर्फ्यू लगा दिया गया।

उपर्युक्त तीनों घटनाओं ने राजमाता के मन को अत्यधिक उद्वेलित किया। उन्होंने मन-ही-मन कांग्रेस छोड़ने का निर्णय कर लिया, साथ ही राजनीति में अधिक सक्रिय होने का मन बना लिया, जिससे कांग्रेस से परेशान जनता-जनार्दन का हित संवर्धन किया जा सके। 1967 के आम चुनाव माथे पर थे। अत: निर्णय शीघ्र करना आवश्यक था। ऐसी स्थिति में वे श्री अटल बिहारी वाजपेयी के संपर्क में आईं। श्री अटलजी भी ग्वालियर के ही निवासी हैं। श्री अटलजी की प्रतिभा एवं उभरते व्यक्तित्व से राजमाता प्रभावित थीं। धीरे-धीरे जनसंघ के साथ संबंध बढ़ता गया। कुशल राजनीतिज्ञ कुशाभाऊ ठाकरे, जो उस समय मध्य प्रदेश जनसंघ के प्रदेश संगठन मंत्री थे, का संपर्क भी राजघराने से बढ़ता गया। राजमाता ने कांग्रेस से त्यागपत्र देकर भारतीय जनसंघ की सदस्यता ग्रहण कर ली। मांड्रे के माता मंदिर में जनसंघ के संगठन शिल्पी नानाजी देशमुख की उपस्थिति में जनसंघ की सदस्यता लेने का शुभ कार्य संपन्न हुआ। कांग्रेस शासन के विरुद्ध होनेवाले सभी आंदोलनों में जनसंघ पार्टी की ओर से राजमाता ने नेतृत्व किया। पहली बार 1967 में मध्य प्रदेश में जनसंघ की मिली-जुली सरकार बनी। बाद में जब भारतीय जनसंघ की सरकार बनी, उसमें भी राजमाता का बड़ा योगदान था। 1969 में पाँच वर्षों के लिए

राजमाता सागर विश्वविद्यालय की कुलपति रहीं। 1975 की 25 जून को जब प्रधानमंत्री इंदिरा गांधी ने अपने आपको बचाने के लिए देश पर आपातकाल लागू किया, 'राष्ट्रीय स्वयंसेवक संघ' पर प्रतिबंध लगाकर देशभर में संघ कार्यालयों पर छापे मारे गए तथा सभी प्रमुख अधिकारी-कार्यकर्ताओं को जेल में डाल दिया गया। उसी समय राजमाता विजयराजे सिंधिया को भी जेल में डाल दिया गया। 19 माह बाद जनता पार्टी का शासन आया, जिसने जेलों में बंद सभी राजनैतिक कैदियों को मुक्त किया तथा संघ से भी प्रतिबंध उठाया। जनता पार्टी सरकार में सम्मिलित दलों में एक प्रमुख घटक भारतीय जनसंघ भी था। परंतु यह भानुमति का कुनबा अधिक देर तक चल नहीं सका। पुराने कांग्रेसी एवं सोशलिस्ट नेता श्री अटलजी एवं श्री आडवाणीजी की बढ़ती सर्वमान्य लोकप्रियता सहन नहीं कर सके। अत: पूर्व जनसंघ के नेताओं पर दोहरी नागरिकता (सदस्यता) का आरोप लगाकर ऐसी स्थिति पैदा कर दी कि जनता पार्टी खंड-खंड हो गई। इसके बाद भारतीय जनसंघ के नेताओं ने 6 अप्रैल, 1980 को नई दिल्ली के कोटला मैदान में एक सम्मेलन में 'भारतीय जनता पार्टी' नाम से अलग राजनैतिक दल बनाया, जिसका प्रथम अधिवेशन मुंबई में रखा गया। श्री अटल बिहारी वाजपेयी पार्टी के अध्यक्ष एवं राजमाता सिंधिया उपाध्यक्ष बनीं। राजमाता जीवन के अंतिम समय तक 'भारतीय जनता पार्टी' के लिए संपूर्ण भारत में प्रयत्नशील रहीं। 40 वर्ष के लंबे राजनीतिक जीवन में 8 बार मध्य प्रदेश के गुना लोकसभा क्षेत्र से सांसद रहीं। लगभग जीवन के अंत तक वे पार्टी उपाध्यक्ष रहीं। 'विश्व हिंदू परिषद्' की स्थापना के साथ ही संघ के सरसंघचालक श्रीगुरुजी ने राजमाता को ट्रस्ट मंडल का सदस्य भी बनाया था।

संवेदनशील हृदयवाली राजमाता विजयराजे सिंधिया ने अपने पति के साथ मिलकर यह निश्चय कर लिया था कि वे अपने बच्चों को ऐसे संस्कार देंगी, जिससे उनके मन में गरीब, असहायों की सेवा-भावना जाग्रत् हो। वे केवल अपने लिए न जीएँ, बल्कि अपने समाज एवं देशवासियों के प्रति सेवा व समर्पण का भाव बनाए रखें और उनके लिए जीएँ। विजयाराजे नेपाल राजघराने की लड़की थीं। अत: हिंदुत्व एवं देशभक्ति की भावना उनमें कूट-कूटकर भरी हुई थी तथा वे अपने बच्चों में भी ऐसे ही संस्कार निर्माण करना चाहती थीं।

राजमाता विजयाराजे सिंधिया की बड़ी लड़की उषाराजे विवाह के पश्चात् नेपाल चली गईं तथा भारत की राजनीति के साथ उनका कोई जुड़ाव नहीं रहा। बड़ा लड़का माधवराज सिंधिया भी बड़ा प्रतिभावान युवक था। प्रारंभ में वे भी

भारतीय जनसंघ में रहे। संभवतया एक बार सांसद भी रहे। परंतु कुछ समय पश्चात् ही 1975 में लगे आपातकाल में सरकार ने हर प्रकार से ग्वालियर राजघराने को परेशान किया। यहाँ तक कि प्रॉपर्टी सीज करने तक की नौबत आ गई। माधवराव नेपाल चले गए। परेशान होकर कांग्रेस का दामन पकड़ा, तब कहीं परेशानियों से पिंड छूटा। आपातकाल के अंतिम दिनों में कांग्रेस में सम्मिलित हुए। इंदिरा गांधी के निकट पहुँचने के लिए तथा परिवार में वैचारिक संघर्ष संभवतया जायदाद को लेकर आपसी संबंधों में कटुता पैदा होने के कारण माधवराज सिंधिया भारतीय जनसंघ की सदस्यता छोड़ कांग्रेस में चले गए। वे कांग्रेस के सफल नेताओं में गिने जाते थे। गांधी परिवार के विश्वस्त एवं निकट माने जाते थे। वे कांग्रेस के मध्य प्रदेश से सांसद रहे, वे केंद्र की कांग्रेस सरकार में मंत्री भी रहे। 2001 में असामयिक घटना में माधवराव सिंधिया का देहावसान हो गया। वर्तमान में उनके सुपुत्र ज्योतिरादित्य सिंधिया कांग्रेस से लोकसभा सदस्य हैं।

दोनों बहनें वसुंधरा राजे सिंधिया एवं श्रीमती यशोधरा राजे भाजपा पार्टी की ओर से राजनीति में सक्रिय हैं। यशोधरा राजे मध्य प्रदेश भाजपा से गत अनेक बार से लोकसभा में चुनी जाती रही हैं। वर्तमान में लोकसभा 2014 के चुनावों में भी भारी बहुमत से लोकसभा सदस्य बनी हैं। वसुंधरा राजे राजस्थान की भाजपा से लोकप्रिय मुख्यमंत्री हैं।

वसुंधरा राजे का प्रारंभिक जीवन

श्रीमती वसुंधरा राजे का जन्म 8 मार्च, 1953 को मुंबई में हुआ था। प्रारंभिक बचपन मुंबई में ही बीता। मुंबई में ग्वालियर राजघराने की अच्छी प्रॉपर्टी है। मुंबई-ग्वालियर आना-जाना रहता था। आठ वर्ष की उम्र में ही इन्होंने अपने पिता को खो दिया था। आगे का संपूर्ण पालन-पोषण एवं संस्कार-सिंचन राजमाता विजयाराजे की देखरेख में हुआ। वसुंधरा राजे का जन्म एवं पालन-पोषण एक ऐसे माहौल में हुआ था, जहाँ सेवा, देशभक्ति और राष्ट्र के प्रति समर्पण ही सबसे अधिक महत्त्वपूर्ण था। पिता जीवाजीराव की मृत्यु के पश्चात् राजमाता अपने बच्चों के साथ अधिक समय ग्वालियर में ही रहती थीं। राजमाता ने यह मानस बना लिया था कि वह अपने बच्चों को उच्च गुणवत्ता वाली शिक्षा देंगी तथा ऐसा वातावरण एवं प्रेरणा देंगी कि वे बड़े होकर समाज एवं देश की सेवा के लिए तत्पर रहें। गरीब, असहाय एवं निशक्त व्यक्तियों की सेवा के लिए अग्रसर रहें तथा राष्ट्रहित को जीवन में सर्वोच्च प्राथमिकता दें। वसुंधरा राजे की प्राथमिक शिक्षा ग्वालियर में ही हुई। घर में पढ़ाने-

लिखाने के लिए एक अमेरिकी गवर्नेस, जिसने एक भारतीय से विवाह किया था, नॉर्या शास्त्री को नियुक्त कर रखा था। वह प्रशिक्षित थी और उसने मांटेसरी शिक्षा प्रणाली का पाठ्यक्रम भी पूरा किया था। बेट्टी केस्टेलिनो भी एक प्रशिक्षित परिचारिका थी। उसे लाड़-प्यार से बिगड़े बच्चों को सुधारकर अनुशासन में लाना खूब आता था। अन्य शिक्षक घर पर ही आकर विभिन्न विषयों का अध्ययन कराते थे। बचपन में महल ही उनका घर-संसार था। आवश्यकता की सभी आवश्यक सामग्री महल में ही उपलब्ध हो जाती थी। महलों में रहनेवाले लोग ही उनके लिए संपूर्ण समाज था। राजे बचपन में बहुत चंचल थीं। अत: सोचती थीं कि हम महलों के बाहर क्यों नहीं जा सकतीं? बाहर रहनेवाले लोगों से क्यों नहीं मिल सकतीं? क्या हमें ऐसे ही रहना होगा? बी.बी.सी. हिंदी के भारत संपादक संजीव श्रीवास्तव ने वसुंधरा राजे से हाल ही में लिये एक साक्षात्कार में उनके व्यक्तिगत जीवन के विभिन्न पहलुओं की चर्चा की। अपने स्वभाव के अनुसार राजे ने भी बिना किसी लागलपेट के सीधी सपाट भाषा में उनके सभी प्रश्नों के उत्तर दिए।

इस साक्षात्कार में स्वयं राजे अपने बचपन के विषय में बताते हुए कहती हैं, ''लगता है कि बचपन की जिंदगी फिल्म की तरह थी। जहाजों में घूमना, रेस देखना, महलों में रहना, चाँदी की थाली में खाना, मिनी ट्रेन के सेलून में चलना—यह सब फिल्म की तरह ही था, असल जिंदगी नहीं। जिंदगी उससे बहुत अलग है। अपने पिता की मौत के बाद मैंने अपनी माँ से कहा कि यह तो ऐसी जिंदगी है, जैसे चिड़िया सोने के पिंजड़े में रहती है। किसी से मिलना नहीं हो पाता। मैंने माँ से कहा कि मुझे बोर्डिंग स्कूल भेज दो और मैं ग्वालियर से बहुत दूर तमिलनाडु के हिल स्टेशन कोडाइकनाल के प्रेजेंटेशन कॉन्वेंट स्कूल में स्कूली-शिक्षा पूरी करने गई। मुझे बोर्डिंग स्कूल में बहुत अच्छा लगा, क्योंकि यहाँ सबसे मिलने और बहुत कुछ समझने का मौका मिला। वहाँ मैं हाउस कैप्टन बनी तो अपने बूते पर बनी, क्योंकि किसी के ऊपर दबाव नहीं था कि मैं राजकुमारी हूँ। यहीं से असल जिंदगी शुरू हुई। वहाँ से आने के बाद कॉलेज गई तो वह भी ग्वालियर से दूर। ऐसा नहीं था कि मुझे ग्वालियर वापस नहीं जाना था, लेकिन मैंने अपने लिए सोचा कि दूर रहूँगी तो आगे की जिंदगी के लिए तैयारी होगी। हालाँकि तब यह नहीं सोचा था कि राजनीति में जाऊँगी। बचपन में कुछ कर गुजरने की इच्छा के साथ विद्रोह भी छिपा हुआ था?'' राजे कहती हैं, ''इसे आप विद्रोह कह सकते हैं, क्योंकि मैं वह सब करना चाहती थी, जो हमारे सोने के पिंजड़े में रहते हुए मुमकिन नहीं था। अपने दोस्तों के साथ रहना, मिलना, पढ़ाई करना और अपनी रैंक की वजह से फर्स्ट आना नहीं, बल्कि प्रतियोगिता

के जरिए आगे बढ़ना। ये सब मुझे पसंद आता था और मेरा आत्मविश्वास भी बढ़ता था। इसलिए मैंने यह सोचा कि अपने ऊपर इस विश्वास को बढ़ाने के लिए घर से दूर जाना होगा और मैंने क्लास 12वीं तक की शिक्षा बोर्डिंग में पूरी की।''

राजे आगे कहती हैं, ''अपनी शर्तों पर जिंदगी जीने का मौका तो कभी नहीं मिला, लेकिन मैं इस मामले में भाग्यशाली थी कि स्कूलिंग कॉन्वेंट से की और फिर आगे की पढ़ाई मुंबई में सोफिया कॉलेज से। मैं अपनी सोच के हिसाब से काम कर सकी, लेकिन कॉलेज हॉस्टल में नहीं, घर में रहना पड़ता था। सोफिया में पढ़ने के दौरान ही मेरी शादी हो गई और ग्रेजुएशन मैंने शादी-शुदा महिला के रूप में की। इसलिए यह तो नहीं कह सकते कि अपने हिसाब से मुझे जीने का मौका मिला। हम लोगों को पहली बार विलायत जाने का मौका मिला यूनिवर्सिटी के दिनों में और वह भी भाई के साथ।''

''जिसने अपनी मरजी के हिसाब से बाहर जाकर शिक्षा ली, इतनी जल्दी शादी क्यों कर ली? लगता है, यहाँ पर आप घरवालों के दबाव में आ गईं।'' इस प्रश्न के उत्तर में राजे ने कहा, ''विवाह की बात करते हैं, लेकिन एक सीमा तक ही इसकी इजाजत थी। स्कूलिंग लड़कियों के कॉन्वेंट स्कूल से की। कॉलेज भी केवल लड़कियों का था। जब बाहर गई थी तो वह भी भाई के साथ। शादी घरवालों और भाई के कहने पर की। इतनी छूट थी कि पढ़ाई अपने हिसाब से की, वह भी घरवालों की शर्तों पर। जबकि मैं दूसरी लड़कियों की तरह स्वतंत्रता चाहती थी, अपने मित्रों के घर जाना चाहती थी, पर यह सब हमारे नसीब में नहीं था।''

वसुंधरा राजे ने मुंबई विश्वविद्यालय की 'सोफिया गर्ल्स महाविद्यालय' से इकोनॉमिक्स और साइंस ऑनर्स (राजनीति विज्ञान) से स्नातक की शिक्षा प्राप्त की। राजे अपने कॉलेज दिनों में छरहरे बदन की बड़ी चुस्त एवं स्मार्ट लड़की रही हैं। प्रत्येक गतिविधियों में जो अध्ययन से इतर होती थी, भाग लेती रही हैं। प्रतियोगिताओं में भाग लेना और उसमें अपने दम पर प्रथम आना उन्होंने अपना स्वभाव बना लिया था। इससे लगता है कि उनका स्वभाव जीवन के प्रारंभ से ही कठोर परिश्रम करने का था। एक बार जो मन में ठान लिया, उसे पूरा करके छोड़ती थीं, फिर चाहे उसके लिए कितना भी परिश्रम करना पड़े। कॉलेज जीवन के समय से ही हिंदी एवं अंग्रेजी भाषा पर अच्छा अधिकार था। कॉलेज में वाद-विवाद प्रतियोगिता हो अथवा भाषण प्रतियोगिता हो, ये आगे बढ़कर भाग लेती थीं तथा अपना स्थान बनाती थीं। कहावत है—'पूत के पग पालने में ही नजर आ जाते हैं।' यह वसुंधरा राजे पर भी लागू होती है। नेतृत्व का गुण उनमें बचपन से ही था। ऐसा लगता है, यह गुण उन्हें अपनी माता

से विरासत में मिला है।

साक्षात्कार के आधार पर यह कहा जा सकता है कि राजे को राजकुमारियों की शानोशौकत, राजाओं जैसा एकाकी जीवन कभी पसंद नहीं था। वे अधिक-से-अधिक लोगों में घुल-मिलकर रहना पसंद करती थीं। समाज के सार्वजनिक जीवन से उन्हें लगाव था। उन्हें शहरी जीवन अच्छा लगता था, परंतु इनसे भी अधिक अच्छा ग्राम्य-जीवन पसंद था। वे स्वयं अपने साक्षात्कार में बताती हैं, ''मेरे व्यक्तित्व के कई ऐसे पहलू हैं, जिससे मैं खुद भी अनजान हूँ या वे मेरे लिए भी इतिहास बन गए। बहरहाल, मुझे सबसे ज्यादा पसंद है ग्रामीण जीवन। हालाँकि कहनेवाले तो यहाँ तक कहते हैं कि मुझे गाँवों के बारे में क्या पता है? आप जानते हैं कि एक जमाना था, जब गाँव के लोग और महारानी एक परिवार होते थे और इसी अटूट संबंध के बूते महारानियाँ जीतती रही हैं। इसे इतिहास ने बनाया था और हमने अभी तक कायम रखा है। इस रिश्ते को हम आसानी से नहीं भूल सकते। इस संबंध का सबसे खूबसूरत पहलू यह है कि कोई मुखौटा लगाए नहीं रहता, जो जैसा है, वैसा है और मैं इस भूमिका को सबसे ज्यादा पसंद करती हूँ।''

उपर्युक्त कथन यह स्पष्ट करता है कि राजे ग्रामीण जीवन को सबसे अधिक पसंद करती हैं। यही कारण है कि राजस्थान भाजपा के प्रथम अध्यक्ष बनने के पश्चात् जब राजस्थान के विस्तृत भू-भाग में रथयात्रा निकाली तो वे जिस क्षेत्र में गईं, वहीं की वेशभूषा उन्होंने पहनी। बड़ी सरलता से वे ग्रामीण महिलाओं में घुल-मिल जातीं। ग्रामीण महिलाओं को राजे में अपनापन दिखाई देता। सामान्य शहरी व्यक्ति भी ग्रामवासियों के साथ मिलने में हिचकिचाता है, उसे उसके शरीर से उसके कपड़ों से बदबू आती है, वह घृणा से नाक-भौं सिकोड़ता है। परंतु राजे के व्यवहार से कभी भी और कहीं भी ऐसा दिखाई नहीं दिया। डूँगरपुर बाँसवाड़ा के ग्रामीण इलाकों में बनवासी-आदिवासियों के बीच उन्हीं का वेश पहन राजे नाची भी। सभी से बड़ी आत्मीयता से ऐसे मिलती थीं कि कहीं लगता ही नहीं था कि वे ग्वालियर जैसे बड़े राजघराने की राजकुमारी एवं धौलपुर राज्य की महारानी हैं।

उन्होंने अपने जीवन को कभी नहीं छुपाया। उनके गुण और अवगुण लोगों के सम्मुख थे, लोग इसकी कानाफूसी करते थे, विरोधी अनेक प्रकार की चर्चाएँ भी करते थे, परंतु राजे ने कभी इन पर परदा डालने का प्रयास नहीं किया। सत्य भी यही है कि जो जैसा है, उसे वैसा ही दिखना चाहिए अन्यथा मुखौटेवाले का जब असली स्वरूप सामने आता है, तब बड़ी अजीब स्थिति का सामना करना पड़ता है। विपक्षी पार्टी के लोग राजे पर शराब पीने व पार्टियों में हिस्सा लेने की बात कहते रहे हैं।

राजे ने भी कभी इस बात को छुपाया नहीं कि वे शराब नहीं पीती हैं। राजघरानों एवं राजपूत घरों में यह बात कोई असामान्य व अनहोनी नहीं है। वैसे आज की स्थिति में तो शराब पीना सामान्य हो गया है तथा आधुनिक और प्रगतिशील की निशानी बन गई है कि प्रत्येक जाति के, यहाँ तक कि ब्राह्मण एवं वैश्य भी शराब पीने में पीछे नहीं रहे, परंतु क्या राजे ने कभी इस बात को छिपाया है? क्या राजे ने कभी इसके कारण अपने कर्तव्य से मुँह मोड़ा है? राजे प्रतिदिन प्रात: 5 बजे उठकर पूजा-अर्चना कर प्रात: 7.00 बजे तक अपने कार्य के लिए ऑफिस में बैठ जाती हैं। इसीलिए संपादक संजीव श्रीवास्तव ने इसे 'सबसे खूबसूरत पहलू' बताया है।

वसुंधरा राजे को घुड़सवारी का भी बड़ा शौक था। इसका कारण था उनके पिताजी महाराजा जीवाजीराव। उन्हें घोड़ों की सवारी एवं रेसकोर्स में घोड़े दौड़ाने का बड़ा शौक था। हर समय उनके पास उन्नत किस्म के दो सौ घोड़े रहते थे। रेस के घोड़ों के लिए देश में दो ही नरेश प्रसिद्ध थे—एक ग्वालियर नरेश एवं दूसरे कश्मीर नरेश महाराजा हरिसिंह। स्वयं महाराजा सिंधिया ने अपने बच्चों को घुड़सवारी करना सिखाया था। राजे प्रात: 5.00 बजे घुड़सवारी का अभ्यास करने जाया करती थीं।

राजे बताती हैं कि उन्हें साहित्य पढ़ना बड़ा पसंद था। इस दृष्टि से मैं भाग्यशाली थी कि राजभवन में दुनिया भर के बाल साहित्य से संबंधित किताबें थीं। मैं अध्यात्म, दर्शन, अच्छी जीवनी से लेकर मर्डर मिस्ट्री सब पढ़ती हूँ। इतिहास पढ़ने में भी मेरी बहुत रुचि है। जब राजे से पूछा गया कि इसके लिए समय कैसे निकाल पाती हैं? इस पर राजे ने कहा, ''प्रतिदिन सोने से पहले पढ़ती हूँ और किताब हमेशा साथ लेकर चलती हूँ। आजकल एडवर्ड लुइस को लेकर चल रही हूँ। कभी गाड़ी में समय मिल गया तो कभी प्लेन में, पर पढ़ती जरूर हूँ।''

वसुंधरा राजे फैशन के प्रति बड़ी सजग रहती हैं। आप कभी भी उन्हें अस्त-व्यस्त नहीं देखेंगे। वे हमेशा साफ, स्वच्छ और सुंदर कपड़े पहनना और हर समय सलीके से रहना पसंद करती हैं। वैसे भगवान् ने उन्हें सुंदर बनाया है। फिर भी फैशन इसीलिए करती हैं कि और सुंदर दिखें। राजे स्वयं कहती हैं, ''प्रत्येक नारी सुंदर दिखना चाहती है और अगर कोई महिला कहती है कि ऐसा नहीं है तो वह झूठ बोल रही है। फिर सुंदर दिखने में हर्ज ही क्या है? क्या राजनीति कहती है कि आप रात को कुरते को तकिए के नीचे रखें और सुबह उसे पहनें। मेरे हिसाब से हर किसी को अपना आदर्श खुद बनने की जरूरत है। जो कपड़े साफ नहीं पहनते, उनकी सोच भी साफ नहीं होती।'' परंतु मेरा तो मानना है कि केवल नारी ही क्यों,

पुरुष भी सुंदर दिखना चाहता है, यह बात अलग है कि सभी की सुंदरता के अलग-अलग मापदंड हैं, अपनी-अपनी क्षमता एवं समझ है।

वसुंधरा राजे को संगीत भी बहुत प्रिय है। संगीत संवेदनाएँ जागरण का एक अच्छा माध्यम है। स्कूल-कॉलेज तक कार्यक्रम विशेष के समय सामूहिक संगीत में भाग लिया करती थीं। वे स्वयं कहती हैं, ''मैं हमेशा बाथरूम सिंगर रही और मेरी हमेशा यह आरजू रही है कि कोई गुरु मुझे अपने संरक्षण में ले ले और मुझे स्टेज पर गाने लायक बना दे, जिससे मैं भी लता मंगेशकर, आशा भोंसले से अच्छा गाने लगूँ, लेकिन मुझे यह मालूम है कि ऐसा अब होनेवाला नहीं है।''

राजे को संगीत सुनने एवं साहित्य पढ़ने का विशेष शौक है। इनके साथ-साथ बागवानी करने एवं सजकर सुंदर दिखने का भी शौक है। सामान्यत: वे हर क्षण मुसकराते चेहरे के साथ ही दिखाई देती हैं। परंतु हलकापन नहीं, स्वभाव में गंभीरता रहती है। इस कारण विपक्षी लोग उन पर यह कहकर आरोप लगाते हैं कि राजे घमंडी हैं और टेंपर हैं (She is proud and has a temper)। परंतु वस्तुस्थिति बिल्कुल भिन्न है। वे एक सफल प्रशासक हैं। अत: उसी अनुरूप व्यवहार करना भी पसंद करती हैं। किससे कब कितनी कैसी बात करनी है, यह वे अच्छी तरह जानती हैं। परंतु सामान्य स्थिति में वे सभी के साथ घुल-मिल जाती हैं।

राजे ने अपने जीवन में दिनचर्या को काफी संयमित बना रखा है। जल्दी सोना एवं जल्दी उठना, नित्यकर्म से निवृत्त होकर पूजा करना तथा अपने शरीर को स्वस्थ रखने के लिए नियमित नित्य आधे से एक घंटे तक व्यायाम करती हैं। जब सुबह फ्लाइट पकड़नी हो तो भी पाँच बजे उठकर व्यायाम अवश्य करती हैं। राजे बताती हैं, ''व्यायाम के लिए ट्रेनर भी है और घर में मशीनें भी हैं। सादा और संतुलित खाना खाती हूँ। वैसे बाजरे की रोटी और चने का गरम-गरम साग और उस पर लहसुन की चटनी बहुत पसंद है। बस मेरी चुस्ती-फुरती, कार्य-क्षमता एवं वजन नियंत्रित करने का यही राज है।''

यहाँ आपके सिटिंग रूम में देख रहा हूँ कि आपको इतिहास का बहुत शौक है। 'फ्रेडरिक द ग्रेट' और 'हिलेरी क्लिंटन' पर भी दो किताबें लिख रही हैं। कौन ज्यादा पसंद है? बिल क्लिंटन या हिलेरी? इस पर राजे ने उत्तर दिया, वह बहुत ही मार्मिक एवं आदर्श स्थापित करनेवाला है। राजे ने कहा, ''...महिला जाति पर गर्व है और हिलेरी क्लिंटन ऐसी महिला हैं, जिनकी कोई भी प्रशंसा करेगा। वे बहुत सी महिलाओं के लिए आदर्श हैं। हालाँकि वे अकेली ऐसी महिला नहीं हैं, लेकिन उनमें से एक हैं। अगर कोई एक महिला की बात की जाए तो वे मेरी माँ हैं।''

वसुंधरा राजे को अपनी माँ पर बड़ा गर्व है। उन्होंने राजमाता को सर्वसाधारण के अधिकारों की रक्षा के लिए संघर्ष करते देखा है। छोटे-बड़े सभी व्यक्तियों से चर्चा बातचीत करते देखा है। दु:खी पीड़ित लोगों के साथ हमदर्दी से उनके दु:खों को बाँटते हुए देखा है। कितने सादगी एवं उच्च विचारों की थीं राजमाता। कहीं भी 'राजमाता' होने का अहंकार व्यवहार में नहीं दिखाई देता था। वे 'राष्ट्रीय स्वयंसेवक संघ' की विचारधारा से बड़ी प्रभावित थीं। संघ के तत्कालीन सरसंघचालक माधव सदाशिव गोलवलकर (श्रीगुरुजी) पर उनकी अगाध श्रद्धा थी।

माँ राजमाता विजयाराजे सिंधिया का कैसा व्यक्तित्व था? प्रश्न करने पर राजे कहती हैं, "वे सचमुच बड़ी विशाल थीं। बचपन में हम लोग कभी-कभी इसे समझ नहीं पाते थे। वे एक साधारण घराने की महिला थीं और उनके पिता डिप्टी कलेक्टर थे। वे स्वतंत्रता संघर्ष में भाग ले चुकी थीं और सुभाषचंद्र बोस से काफी प्रभावित थीं। संघर्ष के दौरान उन्होंने अपने विदेशी कपड़े जला दिए थे। वह भारतमाता की जंजीर में जकड़ी तसवीर देखकर रोया करती थीं और कहती थीं कि देश को आजाद कराना है। इसी चीज को हम लोग कभी समझ ही नहीं सकते थे, क्योंकि वे बहुत भावुक थीं और हम लोग इतने भावुक नहीं हो सकते। माँ बात करती थीं कि शादी के लिए जब मेरे पिताजी के पास पोर्टफोलियो आए तो उसमें राजकुमारियों की तसवीर के बीच किसी ने उनकी भी तसवीर डाल दी थी, लेकिन पिताजी ने उनकी ही तसवीर को चुना। इससे घरवाले खुश नहीं थे, पर दोनों की शादी हुई।" [Gwalior was among the bigger princely States of India, Jivajirao, a scion of the Scindhia family, became the Maharajah of Gwalior in 1925, and in 1941 married Lekha Divyeshwari (later known as Vijayaraje Scindhia) who belonged to Nepal's royal Rana family.]

[लेखा दिव्येश्वरी विवाह के पश्चात् विजयाराजे सिंधिया के नाम से जानी गईं, जो नेपाल के रॉयल राणा परिवार से थीं।] राजे ने बताया, "शादी के बाद जब माँ ने ड्रेसिंग-रूम की आलमारी खोली तो उन्हीं कपड़ों से भरी पड़ी थी, जिसे उन्होंने पहले जला दिया था। हालाँकि इस बार उन्होंने ऐसा नहीं किया।"

माँ कहती थीं कि जब उनकी शादी हो रही थी और घूँघट से सिर्फ अग्नि और कुछ लोगों के पाँव दिख रहे थे तो तभी उन्होंने प्रण ले लिया था कि ग्वालियर राज्य के लोग उनके परिवार होंगे और सबकी देखभाल अपने बच्चों की तरह करेंगी। बाद में इसका विस्तार पूरे देश तक हो गया और देश की राजनीति के लिए पूरे जीवन को समर्पित कर दिया। इससे हम लोग नाराज रहते थे। हम लोग उनसे शिकायत करते

थे कि 30 दिन में आप 26 दिन दौरे पर होती हैं और कहाँ-कहाँ जाती हैं, हमें मालूम नहीं होता। आपसे मिलने के लिए खरगौन, बिलासपुर और बस्तर में जाकर आपके साथ दौरा करना पड़ता है, तब आपसे मुलाकात होती है। क्या आप दूसरी माँ की तरह मुंबई या दिल्ली में नहीं मिल सकती हैं?

माँ ने कहा था कि अभी तुम ये सब नहीं समझोगी। शायद जब समझोगी, तब पता नहीं मैं जिंदा रहूँ या नहीं। मैंने जिस भाव से सबको जोड़ा है और जो प्यार मुझे मिला है, उसी भाव से उनको प्यार लौटाओगी तो कभी पश्चात्ताप नहीं होगा। राजे कहती हैं, आज मैं उस चीज को महसूस करती हूँ। पाँच बार लोकसभा में पहुँचना और राजस्थान में लोगों का इतना प्यार मिला। तब ध्यान आता है कि उन्होंने सही कहा था।

माँ ने एक मंत्र दिया था कि अगर तुम राजनीति में गई तो एक बात ध्यान रखना, लोगों को प्यार से जोड़ना। कभी जाति, धर्म और वोट के लिए लोगों को नहीं तोड़ना, नहीं तो आगे चलकर तुमको इसकी कीमत चुकानी पड़ेगी।

एक विशेष महत्त्वपूर्ण बात राजमाता के विषय में राजे ने बताई, ''राज्य के विलय के समय माँ ने यह कहकर 54 करोड़ रुपए भारत सरकार को दिए कि वह जनता का पैसा है और इस पर हमारा अधिकार नहीं है। जब लोग मेरे ऊपर भ्रष्टाचार के आरोप लगाते हैं तो हँसी आती है, क्योंकि इस परिवार में कभी किसी चीज की कमी नहीं रही और इस परिवार ने देना सीखा है, लेना नहीं।''

वसुंधरा राजे की इस पुस्तक में यदि राजमाता विजयाराजे सिंधिया के विषय में कुछ नहीं लिखा जाता तो राजे को समझना कठिन होता। वे सच ही कहती हैं, ''अगर किसी एक महिला की बात की जाए तो वह हैं मेरी माँ, जिन पर गर्व किया जा सकता है। वस्तुतः राजमाता का लक्ष्य के प्रति, समाज के प्रति, राष्ट्र के प्रति जो समर्पण था, वह अद्वितीय था। भाजपा व अपने क्षेत्र की जनता के प्रति उनके मन में जो अपनत्व था, उनके सुख-दुःख में भागीदार होने की जो उत्कट इच्छा थी, वह उदाहरण है। इसके लिए उन्होंने अहोरात्र परिश्रम किया है। एक माह के 30 दिनों में से 26 दिन प्रवास पर रहना सामान्य बात नहीं हो सकती। अपने बच्चों में अच्छे संस्कार पड़ें, इसके लिए उन्हें पढ़ने के लिए प्रेरित करना तथा विशाल पुस्तकालय उनके पढ़ने लायक पुस्तकों का बनाना, यह दूरदृष्टि ही कही जाएगी। माननीय भैंरोसिंह शेखावत के निवेदन पर स्वयं राजमाता ने वसुंधरा राजे को 1984 में राजनीति क्षेत्र में अग्रसर होने के लिए प्रेरित किया था।

विवाह—वसुंधरा राजे जब मुंबई सोफिया कॉलेज में स्नातक का अध्ययन

कर रही थीं, उसी बीच इनका विवाह 17 नवंबर, 1972 को धौलपुर 'राजस्थान' के महाराजा हेमंतसिंह से हो गया। विवाह के पश्चात् इन्होंने स्नातक का अध्ययन पूरा किया। वसुंधरा राजे का विवाह से पूर्व राजस्थान से कोई संबंध नहीं था। विवाह के पश्चात् ही राजस्थान से संबंध स्थापित हुआ। परंतु धौलपुर राजस्थान के सुदूरपूर्व में है। उसका संबंध राजस्थान से अधिक पश्चिमी उत्तर प्रदेश के साथ है, परंतु धीरे-धीरे प्रशासनिक कार्यों आदि के कारण प्रदेश की राजधानी जयपुर से भी संबंध बनने लगा था।

वसुंधरा राजे की एकमात्र संतान श्री दुष्यंतसिंह का जन्म 1973 में हुआ। वर्तमान में दुष्यंतसिंह झालावाड़ लोकसभा क्षेत्र से भाजपा के सांसद हैं।

वसुंधरा राजे का वैवाहिक जीवन लंबा नहीं चल पाया। कुछ ही वर्षों बाद दोनों अलग-अलग हो गए। धौलपुर का राजघराना भरतपुर के पूर्व शासक सूरजमल जाट से संबंधित है, जिन्होंने अंग्रेजों से संघर्ष किया था।

इन्हीं संबंधों का परिचय वसुंधरा राजे ने 2003 के विधानसभा चुनावों में दिया था। राजपूत (क्षत्रिय-सिंधिया मराठा) की बेटी, जाट की पुत्रवधू तथा गुर्जर समाज की समधन, क्योंकि इनके पुत्र दुष्यंतसिंह का विवाह एक गुर्जर परिवार की लड़की के साथ हुआ। इस प्रचार का जनसामान्य पर प्रभाव भी हुआ। सामान्यतया राजपूत समाज का भाजपा को हमेशा से ही समर्थन रहा है, जो अब भी बना हुआ है। वसुंधरा राजे ने जाटों और गुर्जरों को अपनी ओर खींचने में बहुत कुछ सफलता प्राप्त की थी। सटीक एवं समय को ध्यान में रखकर कदम उठाने में वसुंधरा राजे को महारत हासिल है।

विवाह के कुछ वर्षों पश्चात् वसुंधरा राजे एवं हेमंतसिंह के अलग-अलग होने पर भी पारिवारिक संबंध नहीं टूटे। वे निरंतर दिनोदिन प्रगाढ़ बनते जा रहे हैं। 1985 में प्रथम विधानसभा चुनाव राजे ने धौलपुर विधानसभा से ही लड़ा और विजयी हुईं। आज भी वे अपने आपको धौलपुर की महारानी समझती हैं। उनके पति श्री हेमंतसिंह दिल्ली में रहते हैं। विश्वस्त सूत्रों के अनुसार 1978 में दोनों अलग हुए अर्थात् लगभग 6 वर्ष तक विवाह के पश्चात् एक साथ रहे। यह अनभिज्ञता है कि दोनों के अलग होने के कारण क्या हैं? परंतु उसकी गहराई में न जाकर यही स्वीकार करना अधिक समीचीन होगा कि राजस्थान की राजनीति एवं राजस्थान के विकास के लिए वसुंधरा राजे का संपूर्ण समर्पण आवश्यक था, समय की माँग थी। समृद्ध राजस्थान के निर्माण के लिए समय की यह पुरजोर माँग थी, यही मानना चाहिए। □

वसुंधरा राजे का राजनीतिक जीवन—एक

वसुंधरा राजे का जन्म ऐसे परिवार में हुआ, जहाँ पर राजनीति उन्हें विरासत में मिली। राजे के पिता जीवाजीराव सिंधिया ग्वालियर राज्य के अंतिम शासक थे, जिनका स्वर्गवास उस समय हुआ, जब राजे मात्र आठ वर्ष की थीं। सेकेंडरी शिक्षा पूर्ण करने के पश्चात् जब वे वातावरण को समझने लगीं, उस समय उनकी माता राजमाता विजयाराजे सिंधिया 'भारतीय जनसंघ' की राष्ट्रीय नेता थीं। 1960-70 के दशक में विशेष रूप से मध्य प्रदेश में उनके नेतृत्व में कांग्रेस के अत्याचारों एवं कुशासन के विरुद्ध 'भारतीय जनसंघ' के संघर्ष को राजे ने निकट से देखा था। उन्हीं दिनों 'भारतीय जनसंघ' के केंद्रीय एवं प्रांतीय नेताओं के उदात्त राष्ट्रीय भावनाओं से ओतप्रोत संघर्षपूर्ण नेतृत्व को समझने का प्रयास किया। अटल बिहारी वाजपेयी, लालकृष्ण आडवाणी एवं कुशाभाऊ ठाकरे जैसे बड़े नेताओं के सादगीपूर्ण सरल जीवन को देखकर बड़ी आश्चर्यचकित थीं। वाजपेयी के ओजस्वी भाषणों ने राजे को काफी प्रभावित किया। विद्यार्थी जीवन में ही नहीं, विवाह के बाद भी यह राजनीतिक वातावरण उनके मानस को उद्वेलित करता रहा। पारिवारिक संस्कारों एवं राजमाता के कार्यों ने राजे के मन में देश और समाज की सेवा करने की भावनाओं को उद्दीप्त किया। राजे के मन-मस्तिष्क में इस सोच ने चिंतन के लिए बाध्य किया कि ग्वालियर जैसे प्रतिष्ठित घराने की राजमाता कैसे एक सामान्य व्यक्ति की तरह जनसामान्य के दुःख-दर्द को दूर करने के लिए बेचैन रहती हैं, निरंतर प्रवास कर उनसे निकट संबंध बनाती हैं और जहाँ आवश्यकता हुई, उनके लिए संघर्ष करने के लिए मैदान में उतर पड़ती हैं। यही कारण है कि राजमाता मध्य प्रदेश के गुना क्षेत्र से निरंतर, जब तक वे जीवित रहीं, लोकसभा का चुनाव जीतती रहीं। इसी चिंतन ने राजे को भी राजनीति के लिए अग्रसर किया। उन्होंने राजमाता से अपनी इच्छा प्रकट की, ''क्या मैं राजनीति में नहीं आ सकती?''

इसके पश्चात् राजमाता अपने प्रवास पर राजे को साथ रखने लगीं। यह एक प्रकार का राजनीतिक प्रशिक्षण था। राजे के बड़े भाई माधवराव सिंधिया के राजनैतिक जीवन का प्रारंभ भी 'भारतीय जनसंघ' से ही हुआ। एक बार वे लोकसभा के सांसद भी चुने गए। परंतु आगे चलकर उन्होंने 'भारतीय जनसंघ' छोड़कर कांग्रेस की सदस्यता ग्रहण कर ली। कांग्रेस से वे सांसद रहे तथा अनेक वर्षों तक कांग्रेस की सरकार में मंत्री भी रहे। हवाई दुर्घटना में मृत्यु से पूर्व कांग्रेस के दिग्गज नेताओं में उनकी गिनती होने लगी थी। राजे को अपने बड़े भाई से बहुत स्नेह था। वे उनका बड़ा सम्मान करती थीं। परंतु जहाँ तक राजनीति का प्रश्न है, राजे को अपनी माता विजयाराजे सिंधिया के द्वारा उठाया गया कदम राष्ट्रहित के लिए अधिक उपयुक्त लगा। अतः राजे ने 'भारतीय जनसंघ' की सदस्यता ग्रहण की।

राजनीति का प्रारंभ

1975 से 77 तक देश में आपातकाल लागू था। राजमाता विजयाराजे सिंधिया भी जेल में थीं। 1977 में आपातकाल के पश्चात् देश में लोकसभा के चुनाव हुए, जिसमें 'भारतीय जनसंघ' सहित अनेक दलों को मिलाकर मोरारजी देसाई के नेतृत्व में 'जनता पार्टी' बनी और '77 के लोकसभा चुनावों में इंदिरा गांधी के नेतृत्व वाली 'कांग्रेस पार्टी' को पराजित कर केंद्र में 'जनता पार्टी' की सरकार बनी। 1978 में प्रांतों की विधानसभाओं के चुनाव हुए और राजस्थान में भैंरोसिंह शेखावत के नेतृत्व में 'जनता पार्टी' की सरकार बनी। भैंरोसिंह शेखावत राजस्थान में 'भारतीय जनसंघ' के जुझारू नेता थे। यह अवसर था वसुंधरा राजे का राजस्थान की राजनीति के साथ संबंध स्थापित करने का। राजमाता ने भैंरोसिंह शेखावत को इस दृष्टि से राजे का परिचय करवा दिया था। राजस्थान में सरकार बनने के बाद विभिन्न बोर्डों के गठन के समय 1978-79 में वसुंधरा राजे को राजस्थान समाज कल्याण बोर्ड की माननीय सदस्य नियुक्त किया। इससे राजे को राजस्थान की राजनीति को निकट से समझने का अवसर मिला। परंतु राजे एक महत्त्वाकांक्षी महिला होने के कारण इससे संतुष्ट नहीं हुईं। पुस्तक का लेखक भी उन दिनों इसी बोर्ड का सदस्य मनोनीत हुआ था। राजे को कठिनाई से ही दो-तीन बैठकों में देखा।

उसके पश्चात् प्रथम बार वसुंधरा राजे 1984 में प्रत्यक्ष राजनीति में आईं, जब 1984 के मध्य प्रदेश विधानसभा चुनावों में भिंड सीट से राजे ने भाजपा की ओर से विधानसभा चुनाव लड़ा। उस चुनाव में ये पराजित हुईं। परंतु राजे निराश नहीं हुईं। कहते हैं—'असफलता ही सफलता की पहली सीढ़ी है।' अब उन्होंने पुनः राजस्थान

का रुख किया। लगता है, यह ईश्वरीय प्रेरणा ही थी कि राजे को राजस्थान की ओर रुख करना पड़ा। यदि वे भिंड से विधानसभा चुनाव जीत जातीं तो आज 'समृद्ध राजस्थान की स्वप्दृष्टा' कैसे बनतीं। इसीलिए कहते हैं—ईश्वर की प्रेरणा को, उसकी योजना को आज तक कौन समझ सका है। भाग्य ने राजे को राजस्थान की ओर धकेल दिया।

अगले ही वर्ष 1985 में राजस्थान विधानसभा के चुनावों में भैंरोसिंह शेखावत ने धौलपुर विधानसभा से राजे को भाजपा प्रत्याशी बनाया। उस समय राजे भाजपा की केंद्रीय समिति में राजस्थान से सदस्य थीं। राजे की आँखों के सम्मुख राजमाता का आदर्श था। उन्हें स्मरण था कि राजमाता ने कहा था, 'जनता का प्यार जीतो, उसकी सेवा करो।' उन्हीं पदचिह्नों पर राजे चल पड़ीं। धौलपुर राजघराने का प्रभाव तथा स्वयं के परिश्रम के साथ भाजपा की संगठन-शक्ति के आधार पर राजे ने जीवन में प्रथम चुनाव जीता। राजे को 1985 में ही राजस्थान भाजपा के युवा मोरचे का प्रदेश उपाध्यक्ष बनाया गया। इस काल में राजे ने राजस्थान की राजनीति को पहचानने का प्रयास किया। बड़ी सीमित मात्रा में ही सक्रिय थीं। संगठन का कार्य और विधायिका का कार्य दोनों ही वसुंधरा राजे के लिए नए थे। राजमाता के साथ प्रवास किया था, भाजपा के केंद्रीय नेताओं के साथ संपर्क बना था, परंतु संगठन का व विधायिका का कार्य इससे भिन्न है। एक प्रतिभाशाली महिला होने के कारण राजे ने शीघ्र ही राजस्थान व केंद्र की राजनीति में अपना स्थान बना लिया। 1987 में पुनः भाजपा केंद्रीय कार्यसमिति में सदस्य चुनी गईं।

1989 में श्री भैंरोसिंह शेखावत ने प्रथम बार राजे को झालावाड़ से लोकसभा का पार्टी-प्रत्याशी बनाया। राजे की प्रतिभा को आँकते हुए राजमाता, वाजपेयी एवं भैंरोसिंहजी की इच्छा से राजे को झालावाड़ से लोकसभा चुनाव लड़वाया। झालावाड़ से वहाँ के पूर्व शासक हरिचंद्रजी बड़े प्रभावशाली व्यक्ति थे। मोहनलाल सुखाड़िया के समय पहली बार कांग्रेस के विरोध का नेतृत्व करते हुए अपना बहुमत सिद्ध करने के लिए विधायकों को साथ लेकर दिल्ली में माननीय राष्ट्रपतिजी के सम्मुख परेड की थी। उनके स्वर्गवास के पश्चात् झालावाड़ जिले में कोई ऐसा प्रभावशाली नेतृत्व नहीं बचा था। इस रिक्तता को भरने के लिए भैंरोसिंहजी को वसुंधरा राजे उपयुक्त समझ में आईं। अतः राजमाता और वाजपेयीजी से सलाह कर राजे को प्रत्याशी बनाया गया। झालावाड़ राजमाता के लोकसभा क्षेत्र के निकट होने के कारण राजमाता का प्रभाव व नाम भी उस क्षेत्र के मतदाताओं पर था। इसका लाभ भी वसुंधरा राजे को मिलना था। स्वयं राजे भी बहुत मेहनती हैं। उन्होंने रात-दिन

परिश्रम कर पूरे क्षेत्र के चप्पे-चप्पे तक अपनी पहुँच बनाई। घर-घर जाकर, हर चौपाल पर जाकर वोट माँगे। आप कल्पना कर सकते हैं कि एक महारानी को एक सामान्यजन की तरह व्यवहार करने में कितनी कठिनाई हुई होगी। मन को समझाना पड़ा होगा, स्वभाव में परिवर्तन लाना पड़ा होगा। यहाँ महारानी तो थीं नहीं कि लोग देखते ही हुकम अन्नदाता! हुकम बाबजी! कहा होगा। हाड़ौती भाषा भी आसान नहीं है। उसे समझना भी बड़ा कठिन है तो बोलना तो और भी दुष्कर है। फिर भी प्रयास कर इन कठिनाइयों से राजे ने पार पाया। मन में संकल्प था कि कैसे भी, कितना भी परिश्रम करना पड़े, यह चुनाव जीतना ही है। प्रथम लोकसभा चुनाव भाजपा के संगठन, 'राष्ट्रीय स्वयंसेवक संघ' के कार्यकर्ता एवं स्वयं के चुनाव प्रबंधन एवं व्यक्तित्व के आधार-पर जीता। यद्यपि इससे पूर्व भी इस लोकसभा सीट पर भाजपा के चतुर्भुज वर्मा सांसद थे। इस समय वे राजस्थान विधानसभा के सदस्य थे तथा भैंरोसिंह शेखावत सरकार में कैबिनेट मंत्री थे। हाड़ौती क्षेत्र में कोटा, बाराँ, बूँदी और झालावाड़ जिले आते हैं। हाड़ौती प्रारंभ से ही, पहले जनसंघ और फिर भाजपा का प्रभावी क्षेत्र माना जाता रहा है।

वसुंधरा राजे इसके बाद कुल पाँच बार (1989, 1991, 1996, 1998, 1999) झालावाड़ से सांसद रह चुकी हैं। वसुंधराजी का रिकॉर्ड है कि (पहले मध्य प्रदेश विधानसभा के भिंड निर्वाचन को छोड़ दिया जाए) राजस्थान में 1985 से आज तक होनेवाले किसी भी चुनाव में, चाहे वह लोकसभा का हो या विधानसभा का, पराजित नहीं हुईं। 1987 में वे राजस्थान भाजपा की उपाध्यक्ष बनीं। लोकसभा सदस्य रहते हुए अनेक पदों पर कार्य किया। 1990-91 में लोकसभा की लाइब्रेरी कमेटी कंसल्टेटिव कमेटी, मिनिस्ट्री ऑफ कॉमर्स ऐंड टूरिज्म की सदस्य रहीं। 1997 में भाजपा पार्लियामेंटरी पार्टी की जॉइंट सेक्रेटरी चुनी गईं। 1998 में अटल बिहारी वाजपेयी की केंद्र की सरकार में राजे को मंत्रिमंडल में राज्यमंत्री (स्वतंत्र प्रभार) बनाया गया। विदेश राज्यमंत्री जैसा महत्त्वपूर्ण विभाग दिया गया, जो उनकी योग्यता एवं प्रतिभा को ही प्रकट करता है। 1999 में पुनः राजे को वाजपेयी सरकार में राज्यमंत्री बनाया गया तथा उन्हें लघु उद्योग, एग्रो ऐंड रूरल इंडस्ट्रीज विभाग दिए गए। इनके अलावा पर्सनल ऐंड ट्रेनिंग, पेंशनर्स और पेंशनर्स वेलफेयर, एटोमिक एनर्जी ऐंड स्पेश पब्लिक ग्रीवेनशेज ऐंड पेंशनर्स विभाग भी दिए गए। राजे ने अपनी प्रतिभा एवं योग्यता के बल पर तत्कालीन प्रधानमंत्री अटल बिहारी वाजपेयी एवं गृहमंत्री लालकृष्ण आडवाणी का विश्वास जीता। विदेश राज्यमंत्री रहते हुए राजे का इस बात पर जोर रहा तथा समय-समय पर सुझाव भी देती रहीं

कि भारत को संयुक्त राज्य अमेरिका के साथ संबंध अच्छे व मजबूत बनाकर रखने चाहिए, जिससे हम भारत को भी आधुनिक वैज्ञानिक तरीके से विकास के पथ पर आगे ले जा सकें। राजमाता विजयाराजे सिंधिया ने अपनी आत्मकथा में वसुंधरा राजे के लिए लिखा है—"झालावाड़ से सांसद बनने के बाद वसुंधरा को जनसेवा में लगे देखकर मुझे सुकून मिलता है। आम लोगों की समस्या के समाधान में मैं उसे सदैव तत्पर रहते देखती हूँ। राजनीति में उसने अपनी मेहनत और लगन से जगह बना ली है। धौलपुरवासियों का भी वसुंधरा के प्रति स्नेह और सम्मान आह्लादकारी है।"

सन् 1998 के विधानसभा चुनावों में राजस्थान में बड़ा भारी परिवर्तन हुआ। इन चुनावों में भाजपा को बड़ा धक्का लगा। कांग्रेस ने अशोक गहलोत के नेतृत्व में चुनाव में जबरदस्त सफलता प्राप्त की। विधानसभा की कुल 200 सीटों में से 153 सीटों पर कांग्रेस ने कब्जा कर लिया। भाजपा की स्थिति बहुत कमजोर हो गई। भैंरोसिंह शेखावत के नेतृत्व में भाजपा की सरकार नहीं बन सकी। इसके कुछ समय बाद ही केंद्र में उपराष्ट्रपति के चुनाव होने थे। श्री भैंरोसिंह शेखावत को केंद्र की भाजपा ने उपराष्ट्रपति पद के लिए अपना प्रत्याशी बनाया। केंद्र की वाजपेयी सरकार के समर्थन से भैंरोसिंह चुनाव जीत गए और देश के उपराष्ट्रपति बन गए। भैंरोसिंहजी के उपराष्ट्रपति बनने से राजस्थान भाजपा में नेतृत्व की शून्यता आ गई। भैंरोसिंहजी शेखावत के कद का कोई नेता भाजपा के केंद्रीय नेतृत्व में दिखाई नहीं दे रहा था। पूर्व उपमुख्यमंत्री श्री हरिशंकर भाभड़ा, पूर्व मंत्री श्री ललितकिशोर चतुर्वेदी, पूर्व मंत्री एवं भाजपा पूर्व अध्यक्ष श्री गुलाबचंद कटारिया एवं श्री घनश्याम तिवारी, श्री ओमप्रकाश माथुर, रामदास अग्रवाल जैसे नेता श्री भैंरोसिंह शेखावत के मुकाबले कमजोर माने जाते थे। श्री ललितकिशोर चतुर्वेदी बड़े योग्य, परिश्रमी, क्षमतावान एवं सामर्थ्यशाली व्यक्ति हैं। वस्तुतः राजस्थान में संगठन को मजबूत करने का कार्य श्री सुंदरसिंह भंडारी के पश्चात् श्री जगदीश माथुर एवं श्री ललितकिशोर चतुर्वेदी ने किया है। श्री ललित चतुर्वेदी एक कुशल संगठक के नाते पूरे प्रांत में पहचाने जाते हैं, परंतु जातिवादी राजनीति में फँसे राजस्थान में ये वैसे राजनेता नहीं बन सके, जैसा वर्तमान राजनीति को चाहिए।

श्री गुलाबचंद कटारिया में उस प्रकार की नेतृत्व-क्षमता दिखाई देने लगी थी। इन्होंने अपने बल पर मेवाड़ में विशेष रूप से बनवासी आदिवासी क्षेत्रों में अपना प्रभाव स्थापित किया था। परंतु अभी केंद्रीय नेतृत्व राजस्थान को सँभालने की उनकी क्षमताओं को अंडर एस्टीमेट कर रहा है। ऐसी स्थिति में भाजपा के

केंद्रीय नेतृत्व ने वसुंधरा राजे के नाम पर विचार किया। केंद्र में राज्यमंत्री रहते हुए उनकी प्रतिभा, प्रशासनिक क्षमता, कार्यकुशलता एवं नेतृत्व के गुणों का साक्षात्कार किया था। संगठन कौशल्य व जनता को जोड़कर रखने की उनकी विशिष्टता को परखा, तभी तो निरंतर झालावाड़ से अच्छा बहुमत लेकर राजे चार बार से निरंतर लोकसभा में पहुँच रही हैं। सुंदर हैं, प्रभावशाली व्यक्तित्व रखती हैं, हिंदी-अंग्रेजी पर समान अधिकार रखती हैं, अच्छी वक्तृत्व-क्षमता रखती हैं। श्री वाजपेयीजी, आडवाणीजी, राजमाता व भैंरोसिंहजी के साथ विचार-विमर्श कर शीघ्र निर्णयात्मक स्थिति तक पहुँच गए। वसुंधरा राजे को बुलाकर राजस्थान प्रदेश भाजपा का अध्यक्ष बनाकर राजस्थान जाने के आदेश दिए गए। उन्हें यह भी स्पष्टता से बताया कि सामने 2003 में राजस्थान विधानसभा के चुनाव हैं, जिसमें कांग्रेस से पिछली हार का बदला लेना है। 2003 विधानसभा चुनाव में विजय करने (विजयी भव) की शुभकामना के साथ नवंबर 2002 में राजे को राजस्थान का प्रदेश अध्यक्ष बनाकर जयपुर भेजा। राजे को बताया गया कि 1998 के पहले राजस्थान में भाजपा सरकार थी और सरकार ने भैंरोसिंह शेखावत के नेतृत्व में बहुत अच्छा कार्य किया था। उसके उपरांत भी 1998 के विधानसभा चुनावों में भाजपा की बुरी हार हुई। उसके कारणों में प्रमुख कारण था, जाटों का पुन: कांग्रेस के पक्ष में ध्रुवीकरण हो जाना। प्रदेश के मुसलिम, एस.सी. एवं एस.टी. मतदाताओं का रुझान तो पहले से था ही कांग्रेस के साथ। अत: चुनाव पूर्व इस एक वर्ष में आई जकड़न को तोड़ना है। यदि इस खेमाबंदी को तोड़ने में भाजपा सफल हो जाती है तो फिर राजस्थान में भाजपा की जीत को कोई नहीं रोक सकता।

प्रदेश के कुल मतदाताओं में पचास प्रतिशत महिलाओं के वोट हैं। राजे में वह शक्ति व आकर्षण है कि वे महिलाओं को अपनी ओर झुकाने में समर्थ हो जाएँगी। जाट समुदाय को भी वे भाजपा की ओर खींच सकती हैं, क्यों? राजे स्वयं यद्यपि क्षत्रिय-राजपूत की बेटी हैं, परंतु जाट की बहू भी हैं। इस नाते जाटों को अपनी ओर करने का प्रयास संभव होगा। सभी पहलुओं पर विचार करने के पश्चात् नेतृत्व वर्ग अपने निर्णय पर प्रसन्न था। भैंरोसिंह शेखावत इसलिए प्रसन्न थे कि राजमाता के निर्देशानुसार उन्होंने वसुंधरा राजे को राजनीति में आगे बढ़ने के निरंतर अवसर दिए हैं। राजमाता विजयाराजे सिंधिया इसलिए प्रसन्न थीं कि उनके दिए संस्कारों की उनकी बेटी ने लाज रखी। इधर वसुंधरा राजे को लगा कि अभी तक पार्टी का सीधा दायित्व उन पर कभी नहीं आया। केंद्र में राज्य मंत्री के नाते सीधे उन पर नहीं, बल्कि मत्रि-परिषद् के सामूहिक नेतृत्व के अंतर्गत दायित्व था,

परंतु अब एक प्रदेश का सीधा उत्तरदायित्व उन पर आ गया। यह उनकी योग्यता एवं कार्यकुशलता की परीक्षा की घड़ी है, जिसमें उन्हें सफल होना है। समय भी कम ही है, मात्र एक वर्ष, क्योंकि दिसंबर 2003 में तो चुनाव होने हैं। परंतु राजे ने, कैसे होगा? क्या होगा? होगा कि नहीं? ऐसा बिल्कुल नहीं सोचा। सोची तो केवल एक बात कि अटलजी, आडवाणीजी और भैंरोसिंहजी ने मुझ पर विश्वास प्रकट किया है, अब मुझे भी अपनी संपूर्ण निष्ठा एवं परिश्रम से उनकी अपेक्षाओं पर खरा उतरना है तथा राजस्थान में पुनः भाजपा की सरकार बनानी है।

अपरिचित होने के बावजूद उन्हें राजस्थान भाजपा के प्रमुख कार्यकर्ताओं की निष्ठा पर विश्वास था। भैंरोसिंह शेखावत के निर्देश पर भरोसा था। वस्तुतः हुआ भी ऐसा ही। राजे की अपेक्षाओं से अधिक उन्हें राजस्थान के कार्यकर्ताओं का सहयोग मिला। उन्होंने कभी ऐसा व्यवहार नहीं दिखाया कि राजस्थान के कार्यकर्ता मेरे लिए नए हैं। राजस्थान के प्रदेश महामंत्री-संगठन श्री ओमप्रकाश माथुर, पूर्व उपमुख्यमंत्री श्री हरिशंकर भाभड़ा, हाड़ौती क्षेत्र के नेता पूर्व मंत्री श्री ललितकिशोर चतुर्वेदी, श्री रघुवीरशरण कौशल, जयपुर से श्री भँवरलाल शर्मा, श्री रामदास अग्रवाल, श्री महावीर प्रसाद जैन, अजमेर से श्री ओंकारसिंह लखावत, मेवाड़ के श्री गुलाबचंद कटारिया, कैलाश मेघवाल, नंदलाल मीणा, शांतिलाल चपलोत, मारवाड़ के श्री गुमानमल लोढ़ा, राजेंद्र गहलोत, मदन राठौड़, तारा भंडारी, शेखावाटी के श्री घनश्याम तिवाड़ी, श्री मदनलाल सैनी आदि सभी प्रमुख कार्यकर्ताओं ने श्रीमती वसुंधरा राजे को बड़ा सम्मान दिया और खूब स्वागत किया।

वसुंधरा राजे की एक विशेषता है कि वे करणीय कार्य में कभी देरी नहीं करतीं और तुरंत जुट जाती हैं। नवंबर 2002 में अध्यक्ष का दायित्व मिला। प्रारंभ के कुछ माह केंद्रीय कार्यालय की व्यवस्था, कार्यकारिणी का गठन एवं विभाग व जिला केंद्रों पर प्रवास कर संपूर्ण राजस्थान को राजे ने अपने आने का अहसास करवाया। अप्रैल में विद्यार्थियों की परीक्षाएँ संपन्न होने के पश्चात् मई-जून में संपूर्ण राजस्थान की प्रत्येक विधानसभा क्षेत्र का विस्तृत दौरा करने का निर्णय किया। शीघ्र ही प्रदेश स्तर पर इसकी संपूर्ण योजना तैयार की गई। इस रथयात्रा का नाम रखा 'परिवर्तन यात्रा'। प्रदेश में सरकार का परिवर्तन करना तथा पुनः भाजपा का शासन स्थापित करने का संकल्प प्रकट करना ही 'परिवर्तन यात्रा' बनी। 'परिवर्तन यात्रा' ने राजस्थान के नागरिकों में भाजपा एवं वसुंधरा राजे के पक्ष में लहर पैदा की। अशोक गहलोत मुख्यमंत्री के नेतृत्व में चल रही कांग्रेस सरकार के प्रति जन-आक्रोश बहुत था, जिसे राजे ने अपनी 'परिवर्तन यात्रा' में अपने भाषणों से, अपने

व्यवहार से और अपने नारों से भाजपा की ओर खींचने में सफलता प्राप्त की। राजपूतों में राजपूत बेटी कहकर, जाटों में जाट की बहू बनकर तथा गुर्जरों में गुर्जरों की समधन बनकर अपनत्व का भाव पैदा किया। भावनाएँ जोड़ीं। परिणाम भी निकला। दिसंबर 2003 में राजस्थान विधानसभा चुनावों में भाजपा बहुमत लेकर जीती, कांग्रेस की अशोक गहलोत सरकार को पराजय का मुँह देखना पड़ा। राजस्थान में ऐसा पहली बार हुआ कि भाजपा को स्पष्ट बहुमत मिला। 200 सदस्यों की विधानसभा में भाजपा के 120 विधायक जीतकर आए। इसमें जहाँ कांग्रेस की गलत नीतियाँ कारण बनीं, वहीं भाजपा कार्यकर्ताओं का पूरी शक्ति से जुटना, संघ के स्वयंसेवकों का सहयोग तथा वसुंधरा राजे का प्रभावशाली व्यक्तित्व प्रमुख कारण रहे। श्री भैंरोसिंह शेखावत के नेतृत्व में राजस्थान में प्रथम बार जनता पार्टी के नाम से तथा उसके बाद 'भारतीय जनता पार्टी' के नाम पर सदन में बहुमत नहीं मिल सका, जोड़-तोड़कर सरकार बनी। जनता पार्टी के समय अवश्य बहुमत मिला, परंतु वह आपातकाल के अत्याचारों की प्रतिक्रिया स्वरूप था। परंतु 2003 में मिला स्पष्ट बहुमत शुद्ध 'भारतीय जनता पार्टी' के लिए था। यहाँ एक विषय और स्पष्ट कर देना चाहता हूँ। गुजरात में 2001 में भाजपा की सरकार थी। 7 अक्तूबर, 2001 को मुख्यमंत्री केशुभाई पटेल के स्थान पर नरेंद्र मोदी को मुख्यमंत्री बनाया गया। 27 फरवरी, 2002 को गुजरात में हिंदू-मुसलिम दंगे हुए। इस समय भी नरेंद्र मोदी ही मुख्यमंत्री थे। संपूर्ण देश में उबाल आ गया। कांग्रेस सहित सभी राजनैतिक दल मोदी की आलोचना करने लगे। देश-विदेश का मीडिया एवं पत्र-पत्रिकाओं ने भी मोदी सरकार की खूब आलोचना की। उन दिनों केंद्र में भी एन.डी.ए. सरकार थी तथा प्रधानमंत्री थे श्री अटल बिहारी वाजपेयी। स्वयं वाजपेयी ने नरेंद्र मोदी को राजधर्म पालन करने की हिदायत दी तथा राजनैतिक वातावरण में यह चर्चा फैलने लगी कि अब नरेंद्र मोदी से मुख्यमंत्री पद से त्यागपत्र माँग लिया जाएगा अथवा उन्हें हटा दिया जाएगा, परंतु ऐसा कुछ नहीं हुआ, बल्कि दिसंबर 2002 के चुनावों में पुनः भाजपा को बहुमत मिला तथा नरेंद्र मोदी पुनः गुजरात के मुख्यमंत्री बने। राजनैतिक गलियारों में तथा मीडिया में यह स्वर उठे कि मोदी ने दंगे करवाकर हिंदुओं का ध्रुवीकरण किया और इसके कारण गुजरात में भाजपा बहुमत की सरकार बना सकी। इस सबके बावजूद मोदी तीन बार गुजरात में भाजपा का बहुमत लाकर मुख्यमंत्री बने। 2002 के पश्चात् गुजरात में कोई दंगा नहीं हुआ। मोदी पर विपक्षी राजनेताओं ने तरह-तरह के आरोप लगाए। मोदी का एक ही उत्तर था कि गुजरात आकर देखो। गुजरात की जनता यदि मेरे काम से

संतुष्ट है तो मुझे इन व्यर्थ की आलोचनाओं से कोई सरोकार नहीं।

2003 में राजस्थान में भाजपा को पहली बार इतना स्पष्ट जनादेश मिला। क्या कोई कह सकता है कि राजस्थान में भी भाजपा ने दंगे कराए और हिंदुओं का ध्रुवीकरण हो गया, जिससे भाजपा जीत गई। नहीं, क्योंकि अब मतदाता व्यर्थ के इन भुलावों में नहीं आ सकता। उसने कांग्रेस के स्थान पर भाजपा पर विश्वास व्यक्त किया। प्रश्न हिंदू और मुसलमान का नहीं, बल्कि विश्वसनीयता का है। जनता ने भाजपा की ईमानदारी एवं कर्तव्यनिष्ठा पर विश्वास व्यक्त किया। इसलिए मात्र हिंदुओं का नहीं, बल्कि भाजपा के पक्ष में वोटों का ध्रुवीकरण हुआ। कांग्रेस ने धर्मनिरपेक्षता का राग अलापते-अलापते वर्षों तक जनता को ठगा है, परंतु अब नहीं।

□

वसुंधरा राजे का राजनीतिक जीवन–दो

वसुंधरा राजे सन् 1984 में सक्रिय राजनीति में आईं। 1984 में 'भारतीय जनता पार्टी' की राष्ट्रीय कार्यकारिणी में सदस्य निर्वाचित हुईं। राजनीति में आते ही राष्ट्रीय कार्यकारिणी में स्थान बना लेने में, जहाँ राजमाता विजयाराजे सिंधिया व श्री भैंरोसिंह शेखावत की प्रभावी भूमिका थी, वहीं यह भी सत्य है कि इससे इनकी प्रतिभा को भी कम नहीं आँका जा सकता। सिफारिश भी उसी की की जाती है, जिसमें बीजरूप से ही क्यों न हो, प्रतिभा व योग्यता दिखाई देती है।

वर्ष 1985 में राजे राजस्थान विधानसभा की धौलपुर से भाजपा सदस्य निर्वाचित हुईं। 1990 तक 8वीं राजस्थान विधानसभा का कार्यकाल रहा। 1989 में वसुंधरा राजे पहली बार झालावाड़ लोकसभा सीट से चुनाव जीतकर 9वीं लोकसभा की सदस्य बनीं। इस कार्यकाल में राजे ने अनेक समितियों की सदस्य रहते हुए लोकसभा के कार्यों का सफलतापूर्वक संचालन किया। लाइब्रेरी कमेटी, कंसल्टेटिव कमेटी, मिनिस्ट्रीज ऑफ कॉमर्स ऐंड टूरिज्म आदि में राजे सदस्य रहीं।

सन् 1991 में दूसरी बार भी झालावाड़ लोकसभा क्षेत्र से भाजपा प्रत्याशी के नाते 10वीं लोकसभा की सदस्य निर्वाचित हुईं। यह लोकसभा पूरे कार्यकाल अर्थात् पाँच वर्ष तक चली। इस लोकसभा में भी राजे ने पूर्ण सक्रियता दिखाई। इस बार भी राजे अनेक प्रमुख समितियों की सदस्य बनीं, जिनमें रहते हुए अपनी सूझबूझ का परिचय दिया। ये समितियाँ थीं—कंसल्टेटिव कमेटी, मिनिस्टर्स ऑफ पावर, साइंस ऐंड टेक्नोलॉजी, एनवारनमेंट ऐंड फॉरेस्ट, मिनिस्टर्स ऑफ पावर आदि।

1996 में 11वीं लोकसभा के लिए राजे पुन: झालावाड़ से चुनी गईं। 1997 में भाजपा संसदीय दल संयुक्त सचिव चुनी गईं। यह राजे की योग्यता को ही सिद्ध करता है। यह लोकसभा तेरह माह ही चली। भाजपा के अटल बिहारी वाजपेयी के नेतृत्व में केंद्र में गठबंधन की सरकार बनी। इससे पूर्व भी वाजपेयी सरकार मात्र 13

दिन चलकर सत्ता से बाहर हुई। केवल एक मत के अभाव में विश्वास मत प्राप्त नहीं कर सकी। बड़ी अजीब स्थिति बन गई थी। कांग्रेस ने, यानी सरकार के विरोधी पक्ष ने एक वोट से सरकार गिरा दी। सारा देश देखता रह गया। देश के लोग इस बात को भली–भाँति जानते हैं कि एक क्या यदि 20–25 वोट भी कम पड़ जाएँ तो कांग्रेस जोड़–तोड़कर सरकार बनाने में सफल हो जाती है, इतनी खरीद करने की, फुसलाने की ताकत उसमें है। परंतु भाजपा इस दृष्टि से लाचार है। वह एक वोट भी नहीं खरीद सकती, एक वोट को भी अपनी ओर नहीं खींच सकती। क्यों? क्योंकि उसके सिद्धांत, उसकी आदर्शवादिता उसके आड़े आ जाती है। ऐसा नहीं है कि भाजपावाले ऐसा करने में समर्थ नहीं हैं। परंतु वे करना नहीं चाहते। वे देश में गलत परंपराएँ पैदा नहीं करना चाहते। यदि वे भी ऐसा करना प्रारंभ कर दें तो फिर कांग्रेस और उनमें फर्क ही क्या रह जाएगा।

वह एक वोट कौन सा था? सही था या गलत था, इसका निर्णय आज तक नहीं हुआ। इसका कारण यह है कि वह एक वोट उड़ीसा के कांग्रेसी मुख्यमंत्री का था। वे एक साथ लोकसभा सदस्य भी थे और उड़ीसा की कांग्रेस सरकार के मुख्यमंत्री भी थे। मुख्यमंत्री रहते हुए लोकसभा में आकर विश्वासमत के विरोध में अपना वोट डाला था। नियमानुसार उन्हें दोनों सदनों की सदस्यता में से एक की सदस्यता छोड़नी चाहिए थी। परंतु इस समय तक उन्होंने किसी की भी सदस्यता नहीं छोड़ी। अत: यह नियम–विरुद्ध कार्य हुआ, परंतु राष्ट्रपति ने इसे स्वीकार कर लिया। सरकार 13 दिन चलकर निरस्त हो गई। दूसरी बार वाजपेयी सरकार 13 माह चली। ए.डी.एम.के. (जयललिता) पार्टी ने बीच में ही वाजपेयी की एन.डी.ए. सरकार से अपने आपको अलग कर लिया। अत: बहुमत के अभाव में वाजपेयी सरकार गिर गई तथा लोकसभा के पुन: चुनाव कराने का निर्णय किया गया।

वर्ष 1998 की 12वीं लोकसभा में भी वसुंधरा राजे झालावाड़ से लोकसभा सदस्य चुनी गईं। श्री अटल बिहारी वाजपेयी के नेतृत्व में एन.डी.ए. सरकार बनी। वाजपेयीजी देश के प्रधानमंत्री बने। श्री वाजपेयीजी की सरकार में प्रथम बार वसुंधरा राजे विदेश राज्यमंत्री बनीं। श्री वाजपेयीजी ने राजे की प्रतिभा को पहचाना। विषय को प्रतिपादित करने की उनकी क्षमता तथा परिस्थितियों की विश्लेषण करने की योग्यता को समझकर विदेश विभाग में मंत्री बनाया। भाषा पर अधिकार एवं निडरता के साथ अपने पक्ष की वार्त्ता को प्रतिपादित करने की अच्छी क्षमता वसुंधरा राजे में श्री वाजपेयीजी को दिखाई दी। जिस विश्वास के साथ वाजपेयीजी ने उन्हें विदेश मंत्रालय का राज्यमंत्री के रूप में कार्यभार सौंपा, वसुंधरा राजे ने बखूबी उसको निभाया

भी। राज्य विदेश मंत्री रहते हुए राजे ने विभिन्न देशों की यात्रा कर भारत के साथ उन देशों के संबंधों को और अधिक मजबूती प्रदान की।

आर्थिक दृष्टि से तो भारत कमजोर था ही, दुनिया के अनेक देशों सहित विश्व बैंक का कर्ज भारत की अर्थव्यवस्था को उठने नहीं दे रहा था। साथ ही सामरिक व राष्ट्रीय सुरक्षा की दृष्टि से भी भारत दुनिया में कमज़ोर राष्ट्रों की पंक्ति में खड़ा दिखाई दे रहा था। श्री वाजपेयी की स्वाभिमानी भाजपा सरकार यह कैसे बरदाश्त कर सकती थी। वाजपेयीजी ने अंदर-अंदर अणुशक्ति परीक्षण की तैयारी पूरी कर ली। 11 व 13 मई, 1998 को केंद्र की वाजपेयी सरकार ने वह कर दिखाया, जो अभी तक की किसी भी कांग्रेसी सरकार ने नहीं किया था। यही नहीं, दुनिया के अमेरिका, रूस व चीन जैसे बड़े देश भी जिसकी कल्पना नहीं कर सकते थे। प्रधानमंत्री श्री वाजपेयी के आदेश से राजस्थान के जैसलमेर जिले के पोखरण के पास परमाणु क्षमताओं का विस्फोट कर परीक्षण किया गया। भारत में क्या, पोखरणवासियों की कल्पनाओं एवं संभावनाओं के लिए विस्मयकारी घटना थी। अमेरिका की नासा एजेंसी, जो दुनिया में कहीं भी कुछ भी घटित छोटी-से-छोटी बात की भी जानकारी होने का दावा करती है, उसे भी किंचित् भान तक इस घटना के घटित होने के पूर्व नहीं हुआ।

संसार के देशों को भारत की प्रतिभा, कुशलता का चमत्कारिक ढंग से अहसास हुआ और वे तुरंत भारत के विरोध में उठ खड़े होने के प्रयत्नों में जुट गए। अब भारत एक परमाणु शक्ति-संपन्न देश था। भारत के इस साहसिक कदम की विश्व समुदाय में अलग-अलग ढंग से प्रतिक्रिया हुई। वाजपेयीजी के इस कदम ने भारतवासियों का सीना चौड़ा कर दिया। वर्षों से झुका मस्तक स्वाभिमान से ऊँचा उठ गया। देश में चारों ओर यहाँ तक कि विरोधी भी वाजपेयी के इस कदम की भूरि-भूरि प्रशंसा करने लगे। अंतरराष्ट्रीय समुदाय ने, जिसमें अमेरिका सबसे आगे था, भारतीय अनुदानों पर रोक लगा दी। परंतु श्री वाजपेयी एवं उनकी सरकार घबराई नहीं। उन्हें तो इसका अनुमान पहले से ही था। वाजपेयी ने राष्ट्र के नाम संदेश में पुरजोर शब्दों में कहा, ''यह घबराने का समय नहीं है, बल्कि अपने पैरों पर खड़े होने का अवसर है। हम विश्व के देशों को दिखा देंगे कि भारत दुनिया की किसी भी शक्ति का, अथवा किसी अनुदान का मोहताज नहीं है। भारत और भारतीयों में वह शक्ति है तथा इतनी क्षमता है कि वे अपने पुरुषार्थ से अपनी आवश्यकता पूरी करने में समर्थ हो सकते हैं।''

ऐसे नाजुक समय में वसुंधरा राजे ने बड़े साहस एवं निडरता के साथ अंतरराष्ट्रीय

समुदाय के समक्ष भारतीय पक्ष को रखा। परिणामस्वरूप अंतरराष्ट्रीय समुदाय में भारत के विरुद्ध एकजुटता नहीं बन सकी तथा अनेक देशों ने बड़ी जल्दी लगाए गए सारे प्रतिबंधों को वापस ले लिया। परंतु इतना होने पर भी भारत में चलने वाली राजनीतिक उठा-पटक के कारण, जिसको विस्तार से पूर्व में बताया जा चुका है, वाजपेयी सरकार ने 13 महीने बाद ही त्यागपत्र दे दिया। परंतु अब देश में एक विशेष राजनैतिक चेतना जाग्रत् हो उठी थी। 1999 में देश में एक बार फिर से लोकसभा के चुनाव हुए। देश के मतदाताओं को वाजपेयी के रूप में भारत का मजबूत कर्णधार मिल गया था। अत: एक बार पुन: राष्ट्र ने भाजपा के नेतृत्व में विश्वास प्रकट किया। लोकसभा में भाजपा 182 सीटें जीतकर सबसे बड़े दल के रूप में उभरकर आई। पुन: केंद्र में एन.डी.ए. की सरकार बनी। श्री अटल बिहारी वाजपेयी पुन: देश के प्रधानमंत्री बने। श्री वाजपेयी के नेतृत्व में केंद्रीय मंत्रिमंडल गठित हुआ। पाँच बार सांसद रह चुकी वसुंधरा राजे पुन: झालावाड़ से लोकसभा चुनाव जीतकर सांसद बनीं। इस बार के मंत्रिमंडल में भी राजे को स्थान मिला। श्री वाजपेयी ने उनकी योग्यता को ध्यान में रखते हुए उन्हें स्वतंत्र प्रभार का राज्यमंत्री बनाया। उन्हें जो जिम्मेवारियाँ सौंपी गईं, उनमें लघु उद्योग, कृषि एवं ग्रामीण उद्योग के साथ ही डी.ओ.पी.टी. (पर्सनल ऐंड ट्रेनिंग) डिपार्टमेंट ऑफ पेंशन ऐंड पेंशनर, वेलफेयर इन द मिनिस्ट्री ऑफ पर्सनल, पब्लिक ग्रीवेंसेज ऐंड पेंशनर डिपार्टमेंट ऑफ एटॉमिक एनर्जी ऐंड डिपार्टमेंट ऑफ स्पेस का अतिरिक्त भार भी सौंपा गया (प्रधानमंत्री के साथ)।

राजे ने वैश्विक आर्थिक वातावरण में लघु उद्योगों को प्रतिस्पर्धी बनाने के लिए व भारतीय लघु उद्योग क्षेत्र में मदद के लिए कई ठोस कदम उठाए। इनमें प्रमुख हैं—एस.एम.ई. के लिए ऋण बढ़ाने हेतु गारंटी योजना व क्रेडिट रेटिंग योजना। अतिरिक्त प्रभार के मंत्री के रूप में राजे देश के अधिकारी तंत्र को नेतृत्व और दिशा प्रदान करने में भी शामिल थीं। इसी समय में राजग सरकार ने जवाबदेही और पारदर्शिता बढ़ाने हेतु एक बिल का मसौदा तैयार किया, जो आगे चलकर 'सूचना के अधिकार अधिनियम' का आधार बना। इस मसौदे में राजे ने भी योगदान किया था। केंद्रीय मंत्री के रूप में और भी बहुत सारी उपलब्धियाँ हैं, जो गिनाई जा सकती हैं, परंतु इसी बीच एक अन्य परिवर्तन हुआ, जिसने राजे को एक कुशल राजनेता के रूप में अपनी प्रतिभा प्रकट करने का अवसर प्रदान किया। यह एकदम अप्रत्याशित था। जिसकी कल्पना स्वयं राजे को भी नहीं थी।

केंद्रीय मंत्री रहते हुए राजे ने अपनी प्रतिभा, कुशलता एवं पार्टी के प्रति निष्ठा

का ऐसा परिचय दिया कि श्री वाजपेयी सहित पार्टी के केंद्रीय नेतृत्व के मन में गहरा विश्वास बना लिया। यह वह समय था, जब राजस्थान के भाजपा के शीर्ष नेतृत्व पर वर्षों से रहनेवाले जनप्रिय नेता श्री भैंरोसिंह शेखावत को भाजपा व एन.डी.ए. ने उपराष्ट्रपति पद का प्रत्याशी बनाया तथा जिताने में सफलता प्राप्त की। इससे राजस्थान प्रदेश की राजनीति में शून्यता बन गई। शेखावत जितने कद का कोई नेता राजस्थान भाजपा में केंद्रीय नेतृत्व को दिखाई नहीं दिया। यदि इसको दूसरे प्रकार से लें तो ऐसा कोई गंभीर प्रयास ही राजस्थान की राजनीति में नहीं किया गया कि शेखावत के आसपास का भी कोई नेतृत्व देनेवाले व्यक्ति का निर्माण हो सके। ऐसा नहीं था कि राजस्थान में भाजपा के पास ऐसे प्रतिभाशाली नेता नहीं थे। प्रो. श्री ललितकिशोर चतुर्वेदी, एडवोकेट श्री गुमानमल लोढ़ा एवं श्री गुलाबचंद कटारिया जैसा नेता थे, जिन्होंने अपने पुरुषार्थ से हाड़ौती संभाग, जोधपुर संभाग एवं मेवाड़ संभाग में अपना व पार्टी का वर्चस्व खड़ा किया था। श्री ललितकिशोर चतुर्वेदी वर्षों तक भाजपा राजस्थान के महामंत्री व संगठन मंत्री रहे। अनेक वर्षों तक राजस्थान के प्रदेश अध्यक्ष रहे तथा प्रदेश में भाजपा के प्रत्येक कार्यकर्ता तक संपर्क सूत्र थे। वर्षों तक प्रदेश के कोने-कोने तक प्रवास किया। भाजपा व जनता दल की जब भी प्रदेश में सरकारें बनीं, उनमें प्रमुख विभागों के मंत्री बने। प्रदेश के सभी कार्यकर्ता शेखावत के पश्चात् उत्तराधिकारी के रूप में ललितकिशोर चतुर्वेदी का नाम ही लेते थे, परंतु राजनीति बड़ी विचित्र होती है। भैंरोसिंह शेखावत के मुख्यमंत्री रहते उपमुख्यमंत्री की बात आई तो श्री ललितकिशोर चतुर्वेदी के स्थान पर श्री हरिशंकर भाभड़ा को उपमुख्यमंत्री बनाया गया। यहाँ कारण समझाने की आवश्यकता नहीं। एक बार तो ऐसी स्थिति भी बनी और लगा कि भैंरोसिंह शेखावत के स्थान पर श्री ललितकिशोर चतुर्वेदी मुख्यमंत्री बननेवाले हैं। राजनीति के चतुर खिलाड़ी ने अपने उपमुख्यमंत्री के रूप में श्री भाभड़ाजी को चुना और ऐसी व्यवस्था में जुट गए कि केंद्र में अच्छी स्थिति बन जाए। उसमें वे सफल भी हो गए और उपराष्ट्रपति बन गए। उनकी योग्यता, कुशलता और चतुराई का कोई मुकाबला नहीं था, परंतु जीवन के अंत में उन्हें भी राजनीति ने सबक सिखा ही दिया, जिसका जिक्र आगे किया जाएगा।

श्री भाभड़ाजी को उपमुख्यमंत्री बनाकर श्री ललित चतुर्वेदी के कद को छोटा करने का प्रयत्न किया गया। केंद्रीय नेताओं को यह कहकर कि राजस्थान में राजपूत एवं जाटों का राजनीति में वर्चस्व है, अत: श्री ललितजी सफल नहीं हो सकेंगे— समझाया गया। मूलत: इसके पीछे मुख्य भाव ललितजी की प्रतिभा, तेजस्विता एवं 'राष्ट्रीय स्वयंसेवक संघ' से जुड़ाव होना था। संघ के कार्यकर्ताओं (प्रमुखों) में भी

एक कमजोरी है, कहावत भी है कि 'घर की मुरगी दाल बराबर' अथवा 'घर का जोगी जोगणा और आन गाँव का सिद्ध'। श्री ललितजी के साथ भी ऐसा ही हुआ। श्री भाभड़ाजी भी संघ, जनसंघ एवं भाजपा के बहुत पुराने नेता हैं। वे विद्वान् भी हैं, परंतु राजनैतिक नेतृत्व, सूझबूझ एवं कुशलता में कमजोर पड़ते हैं। वे एक बार भाजपा के प्रदेश अध्यक्ष भी रहे हैं, परंतु विधानसभा में जीतकर आना उनके वश की बात कभी नहीं रही। श्री शेखावत के भरोसे ही एक बार वह भी अपनी विधानसभा से नहीं, अन्य विधानसभा रतनगढ़ से जीते, परंतु भैंरोसिंहजी ने श्री ललितजी से अधिक महत्त्व श्री भाभड़ाजी को दिया। श्री ललितजी को आगे नहीं आने दिया। संघ से भी यह चूक हो गई। अन्यथा यह संभावना बन सकती थी कि जैसे गुजरात में नरेंद्र मोदी, मध्य प्रदेश में श्री शिवराजसिंह चौहान व छत्तीसगढ़ में डॉ. रमनसिंह ने कीर्तिमान प्रस्थापित किए, वैसे ही राजस्थान में श्री ललितकिशोर चतुर्वेदी के नेतृत्व में कीर्तिमान स्थापित हो सकते थे। यह राजनीति की बात हो गई, परंतु इससे भी बड़ी बात है भगवान् की मरजी, भाग्य की बात। भाग्य स्वयं ऐसी स्थितियाँ निर्माण करता है कि जिसे जिस स्थान पर पहुँचाना है, उसके लिए राह प्रशस्त कर देता है। शास्त्र वचन है—"भाग्यं फलति सर्वत्रम्, न च विद्या, न च पुरुषार्थम्।"

भैंरोसिंह शेखावत के उपराष्ट्रपति बनने के पश्चात् उन्हीं की योजना व सलाह से श्रीमती वसुंधरा राजे को केंद्र से राजस्थान की राजनीति में भेजा। भाजपा राजस्थान का प्रदेश अध्यक्ष बनाया गया श्रीमती वसुंधरा राजे को। ऐसे समय राजे के लिए राजस्थान की राजनीति बिल्कुल अछूती थी। उनके लिए राजस्थान की राजनीति मतलब भैंरोसिंह शेखावत। वे कहती भी हैं, "भैंरोसिंह शेखावत ने मुझे झालावाड़ भेजा, जहाँ आज भी मैं वहाँ के निवासियों के हृदय में स्थान बनाने में सफल हुई हूँ। वहाँ के लोगों के बीच महारानी हूँ।" राजे की राजनीतिक पकड़ कितनी मजबूत है, लोगों को जोड़कर रखने में वे कितनी माहिर हैं, यह इस बात से सिद्ध हो जाती है। यही कारण है कि प्रदेश अध्यक्ष बनने के बाद कुछ ही समय में उन्होंने राजस्थान की राजनीति को समझा ही नहीं, बल्कि ऐसी पकड़ बनाई कि 2003 के विधानसभा चुनावों में भाजपा को सदन में बहुमत हासिल हो गया। विधानसभा की 200 सीटों में से 120 सीटें भाजपा को प्राप्त हुईं। श्री वसुंधरा राजे प्रथम बार राजस्थान की मुख्यमंत्री बनीं। केंद्र में मंत्रीकाल का अनुभव उनके बहुत काम आया। 2003 से 2008 तक मुख्यमंत्री रहते हुए राजस्थान में अनेक कीर्तिमान स्थापित करते हुए सफल सरकार चलाई।

□

मुख्यमंत्री के रूप में वसुंधरा राजे (2003-08)

नवंबर 2002 को वसुंधरा राजे को राजस्थान भाजपा की प्रदेश अध्यक्ष बनाया गया। मई–जून 2003 में राजे ने राजस्थान की प्रत्येक विधानसभा क्षेत्र में विस्तार से प्रवास करने की दृष्टि से 'परिवर्तन यात्रा' का आयोजन किया। संपूर्ण राजस्थान आंदोलित हो उठा। प्रदेश में पूरी पार्टी एक जुट थी। राजे के नेतृत्व में पार्टी के सामूहिक प्रयत्नों एवं राजे के चमत्कारिक नेतृत्व में 2003 (दिसंबर) विधानसभा चुनावों में प्रदेश के मतदाताओं ने भाजपा को स्पष्ट बहुमत दिया। अशोक गहलोत के नेतृत्व में कांग्रेस, जिसने 1998 में 153 सीटें जीतीं, वह 2003 में सिमटकर 56 सीटों पर रह गई। वसुंधरा राजे के रूप में राजस्थान को पहली महिला मुख्यमंत्री मिली। भाजपा अध्यक्ष बनने के उपरांत राजे ने केंद्रीय मंत्रिमंडल से त्यागपत्र दे दिया था।

वसुंधरा राजे ने राजस्थान की राजनैतिक परिस्थितियों का बड़ी गहराई से विश्लेषण किया। उनके समक्ष स्पष्ट रूप से यह चित्र आया कि मेवाड़ क्षेत्र में विजय प्राप्त करने के लिए बनवासी–आदिवासी वोट बैंक पर कब्जा करना होगा। श्री भैंरोसिंह शेखावत की सरकार बनाने में श्री गुलाब चंद्र कटारिया के नेतृत्व में इस क्षेत्र ने बड़ा योगदान किया। दूसरा बड़ा वोट–बैंक राजपूत समुदाय का है। यद्यपि अधिकांश समय राजपूत भाजपा के पक्ष में रहे हैं। उसका एक कारण श्री भैंरोसिंह शेखावत, जो स्वयं राजपूत थे, का नेतृत्व भी रहा है। फिर भी इस प्रतिस्पर्धा की दौड़ में कालवी परिवार के नेतृत्व में राजपूतों के एक वर्ग ने कांग्रेस अथवा विरोधी दलों से भी साँठ–गाँठ कर रखी थी। राजपूत वर्ग का ग्रामीण क्षेत्र में वोट–बैंक पर अच्छा प्रभाव रहता है। तीसरा प्रमुख वोट–बैंक जाट समुदाय का

था, जो संपूर्ण राजस्थान में फैले हुए थे। इन पर भाजपा का प्रभाव कम था। उत्तरी-पश्चिमी राजस्थान के जाटों एवं पूर्वांचल के जाटों में बड़ा अंतर था। पूर्वांचल के जाट शासक वर्ग से थे तथा उत्तर-पश्चिम के जाट शुद्ध रूप से किसान थे तथा आर्थिक व शैक्षणिक दृष्टि से भी पूर्वांचल के जाटों से पिछड़े हुए थे। इसके उपरांत भी ये ही राजस्थान की राजनीति पर हावी थे। इनके नेताओं में कुंभाराम आर्य, दौलतसिंह सारण व शीशराम ओला जैसे नेताओं का प्रभाव शेखावटी व बीकानेर संभाग में था। नागौर क्षेत्र के नाथूराम मिर्धा, जोधपुर के परशराम मदेरणा कांग्रेस के बड़े प्रभावी नेता थे। जाटों पर कांग्रेस की बड़ी मजबूत पकड़ रही है। यह कहावत प्रचलित थी कि 'जाट जन्मजात कांग्रेसी होता है', 'वोट और बेटी जाट को।' आपातकाल के पश्चात् जनता पार्टी के समय इस स्थिति में कुछ बदलाव आया। उसमें राजस्थान की लोकसभा से 25 सीटों में से 24 सीटें जनता पार्टी को, परंतु एक मात्र नागौर लोकसभा सीट पर नाथूराम मिर्धा का वर्चस्व रहा। अब जाटों की पूर्व स्थिति में बदलाव होने लगा। अनेक जाट नेताओं ने भाजपा अथवा जनता पार्टी को साध लिया। पूर्वांचल के जाटों का रुझान भी जनता पार्टी की ओर और बाद में बसपा की ओर होने लगा था। सामान्यत: देखा गया है कि राजस्थान में जिस ओर जाटों का रुझान हो जाता है, उसी पार्टी को बहुमत मिलता है। राजस्थान में यह भी माना जाता है कि जाट और राजपूत एक साथ नहीं रह सकते। राजस्थान में राजपूत शासकों के एवं उनके छुटभैया ठाकुरों के अत्याचारों से जाट वर्ग त्रस्त था। आजादी के बाद भी इस परिस्थिति में विशेष अंतर नहीं आया था। पश्चिमी राजस्थान में इन दोनों वर्गों में झगड़े एवं फौजदारी की वारदातें होना सामान्य बात थी। जातियों के अनुसार छात्रावास होने के कारण ये राजनीति के अड्डे होते तथा युवाओं में दल बल सहित एक-दूसरे पर लाठियों, हॉकियों, तलवारों, सरियों आदि से आक्रमण की घटनाएँ होना सामान्य बात थी। विद्यार्थी वर्ग राजनेताओं के हस्तक हुआ करते थे। इसका परिणाम संपूर्ण राजस्थान को भोगना पड़ता था। आपातकाल के पूर्व तक ये दोनों खेमे बड़ी मजबूती से दो छोर हुआ करते थे। आपातकाल के पश्चात् ये खेमे टूटे तथा दोनों वर्ग एक जाजम पर बैठने लगे थे।

राजस्थान में गुर्जर वर्ग भी काफी बड़ा है। वैसे तो सारे राजस्थान में ही थोड़े बहुत संख्या में फैले हुए हैं, परंतु राजस्थान के पूर्वांचल में इनकी संख्या अधिक है। यहाँ जाटों और गुर्जरों में संघर्ष चलता रहा है। पूर्वांचल में मीणा समुदाय भी बहुत बड़ा है। इनमें एवं मेवाड़ क्षेत्र के भील मीणाओं में बहुत अंतर है। जयपुर

स्टेट, अलवर स्टेट एवं कोटा स्टेट के मीणा आजादी के पूर्व राजाओं के साथ शासक वर्ग में थे। इनमें से राज्य के दीवान तक होते थे। ये धनाढ्य वर्ग में गिने जाते थे। इनके पास हजारों-सैकड़ों बीघा जमीन होती थी, परंतु वनवासी आदिवासी आरक्षण के नाम पर भील-मीणा का लाभ इन मीणाओं को भी मिलता रहा है। न तो ये आर्थिक-सामाजिक दृष्टि से पिछड़े थे और न शैक्षणिक दृष्टि से पिछड़े थे। धीरे-धीरे ये जाति वर्ग भी कांग्रेस, जनता पार्टी, भाजपा एवं अन्य दलों में बँट गए थे।

अतः इस संपूर्ण परिस्थिति का आकलन कर वसुंधरा राजे ने अपनी योजना निर्धारित की। अपनी 'परिवर्तन यात्रा' में इस बात का पूरा ध्यान रखा। आई.बी.एन. के पत्रकार श्री भवानीसिंह लिखते हैं, "राजस्थान की पूर्व मुख्यमंत्री वसुंधरा राजे सिंधिया राजपूत इलाके में सिंधिया खानदान की बेटी, यानी राजपूतानी और जाटों के असर वाले इलाके में धौलपुर जाट राजघराने की बहू, यानी जाटनी और गुर्जरों के इलाके में बेटे दुष्यंत की गुर्जरों में हुई शादी की वजह से समधिन भी हैं। राजस्थान में असर रखनेवाली तीन प्रमुख जातियों में ये रिश्ता वसुंधरा राजे ने 2003 में चुनाव प्रचार के वक्त बनाया था। (परिवर्तन यात्रा के समय इसका प्रयोग किया था।) राजपूतों से वे कहती थीं कि बेटी की लाज रखो। जाटों से कहती थीं कि बहू को ताज दो और गुर्जरों से कहती थीं कि समधिन की चुनरी का मान रखूँगी, आरक्षण का हक दिलाऊँगी। 2003 में राजस्थान में बीजेपी पहली बार अपने दम पर सत्ता में आई। इसे वसुंधरा राजे का ही कमाल माना गया।"

पत्रकार भवानीसिंह आगे लिखते हैं, "राजस्थान की राजनीति में आधी सदी तक छाए रहे भैंरोसिंह शेखावत के उपराष्ट्रपति बनने के साथ राजस्थान बीजेपी में वसुंधरा राजे के उदय की कहानी शुरू होती है। बात 2002 की है, जब शेखावत के जाने से बननेवाली खाली जगह भरने के लिए ललितकिशोर चतुर्वेदी, गुलाबचंद्र कटारिया और घनश्याम तिवाड़ी जैसे दिग्गजों में होड़ लगी थी। कहते हैं कि इस मौके पर शेखावत ने झालावाड़ से सांसद और विजयराजे सिंधिया की बेटी वसुंधरा राजे को प्रदेश अध्यक्ष बनाने और उनके नेतृत्व में चुनाव लड़ने की सलाह दी। बीजेपी ने राजे को भावी सीएम प्रोजेक्ट कर राजस्थान भेज तो दिया, लेकिन हालात अनुकूल नहीं थे। बीजेपी खेमेबाजी में बँटी थी। प्रदेश की राजनीति मकड़जाल में उलझी थी। वसुंधरा राजे उस वक्त वाजपेयी सरकार में मंत्री थीं, वे अनमने मन से ही जयपुर आईं। बिड़ला-प्लेनेटोरियम में हुए एक भव्य समारोह में प्रदेश अध्यक्ष का ताज उनके सिर पर रखा गया। आडवाणी के कहने पर

वसुंधरा ने राजसमंद जिले के चारभुजा माता के मंदिर से 'परिवर्तन यात्रा' शुरू की। लेकिन सत्ताधारी कांग्रेस को वे खतरा नहीं लगती थीं। वे 'परिवर्तन यात्रा' को 'पर्यटन यात्रा' कहते थे तो खुद बीजेपी में भी संशय का माहौल था।''

राजनीतिक विश्लेषक राजीव गुप्ता कहते हैं, ''सीनियर नेताओं को यह भरोसा नहीं था कि वे इतना बड़ा बहुमत हासिल कर पाएँगी। 'परिवर्तन यात्रा' का रथ जिधर गया, महारानी को देखने और सुनने के लिए जनसैलाब उमड़ पड़ा। वसुंधरा खुद को राजपूत की बेटी, जाटों की बहू और गुर्जरों की समधन बताने में ही कामयाब नहीं हुईं, बल्कि आदिवासियों और अल्पसंख्यकों को भी रिझाने में सफल रहीं। उन्होंने आदिवासियों जैसी वेश-भूषा पहनकर आदिवासी महिलाओं के साथ मंच पर थिरकने से भी परहेज नहीं किया। इसी वजह से 2003 में वसुंधरा राजे 200 में से 120 सीटें जीतने में कामयाब रहीं और सूबे में सबसे अधिक जनाधारवाली लोकप्रिय नेता बन गईं। अपनी बात को शेरो-शायरी में कहने की शैली ने भी वसुंधरा की एक अलग पहचान बनाई। वसुंधरा ने सिर्फ महिलाओं के लिए ही काम नहीं किया, बल्कि कॉलेज में छात्राओं के बीच ठुमके लगाए। इसके बावजूद वसुंधरा ने राजसी खानदान की बेटी और बहू की गरिमा और नफासत को बनाए रखा। कलाई पर खास ब्रांड की घड़ी, खास ब्रांड का सनग्लास, हाथों में कड़े, नाक में अलग आकार की नोज पिन, हरे और पीले रंग की लकी साड़ियाँ। इस छवि ने उन्हें महिलाओं के बीच ही नहीं, युवाओं के बीच भी स्टाइल आईकन बनाया है।''

युवा सूरज सैनी का कहना है, ''पार्टी संगठन हो या सरकार, हर जगह वसुंधरा राजे ने युवाओं को बढ़ावा दिया। इसी वजह से ये युवा हमेशा उनके फैन रहे हैं।''

छात्रा निमिशा कहती हैं, ''वे छात्राओं के लिए तो स्टाइल आईकन हैं।''

पत्रकार भवानीसिंह आगे लिखते हैं, ''2003 के चुनाव में सफलता और उसके बाद बनी लोकप्रियता ने वसुंधरा के बाहरी होने की विरोधियों की दलील की भी हवा निकाल दी। बेशक वसुंधरा राजे सिंधिया राजस्थान में बहू बनकर आई थीं, लेकिन इसमें शक नहीं है कि वे बेटी से बढ़कर साबित हुई हैं।

''वसुंधरा राजे की इस कामयाबी के पीछे उनके वे समर्थक हैं, जो ठोस वोट-बैंक की तरह बरताव करते हैं। इस वोट-बैंक को तैयार करने में जहाँ हर तबके, हर मजहब के लोगों से एक जैसा बरताव करने की वसुंधरा की आदत है, वहाँ जाति और मजहब से अलग लोगों को उनके पेशे के आधार पर पार्टी

से जोड़ने की रणनीति ने भी वसुंधरा को लोकप्रिय बनाया है।''

डॉ. पीयूष त्रिवेदी कहते हैं कि वसुंधरा राजे ने चिकित्सा के सभी पेशों को एक छत के नीचे लाने का काम किया, जिससे डॉक्टरों में उनकी इज्जत बढ़ी।

वसुंधरा राजे के पूर्व एडवाइजर ब्रजेश शर्मा बताते हैं, ''वे फैसला लेने के बाद कभी पीछे नहीं हटतीं, चाहे कुछ भी हो जाए। बेशक वसुंधरा राजे में शाही अंदाज और कामयाब लोगों में दिखनेवाली एक जिद दिखाई देती है, जो उन्हें निरंतर सफलता प्रदान करती है।''

एक प्रसिद्ध पत्रकार लिखते हैं, ''आपको याद होगा, 2003 में जब भाजपा ने पहली बार वसुंधराजी का नाम मनोनीत किया था, तब भी इस विदुषी एवं कर्मठ महिला ने समूचा राजस्थान भ्रमण करके चप्पे-चप्पे पर अपनी छाप छोड़ी और रिकॉर्ड मतों से (वसुंधराजी को भैंरोसिंह शेखावत से ज्यादा समर्थन मिला था) जीतकर प्रदेश की प्रथम महिला मुख्यमंत्री बनीं। 2004 के लोकसभा चुनाव में भी राजस्थान ने भाजपा को सर्वाधिक 25 में से 21 सीटें दिलाईं।''

एक पत्रकार अनुराधा नागराज ने 'कारवाँ' पत्रिका में 2003 के चुनावों में राजे की जीत के कारण बताते हुए लिखा—''राजे का 2003 विधानसभा चुनावों में बहुमत प्राप्त करना इसलिए संभव हो पाया कि उसने विभिन्न जातियों में अपनी पैठ बनाकर उनके साथ संबंध स्थापित किया, साथ ही कांग्रेस प्रभावी क्षेत्रों में निरंतर अभियान किया। उदयपुर संभाग के बनवासी आदिवासी क्षेत्रों में, जो कि कांग्रेस के पॉकेट वोट थे तथा गुजरात की सीमा पर थे, भाजपा अपना प्रभाव स्थापित करने में सफल रही। अशोक गहलोत की सरकार, जो 1998 में 200 सीटोंवाली विधानसभा में 163 सीटें जीत सकने में सफल हुई थी वह 2003 में केवल 56 सीटें ही जीत सकी।''

वर्ष 2003 में विधानसभा चुनाव जीतने के पश्चात् अपने भाषण में मुख्यमंत्री वसुंधरा राजे ने विधायकों एवं भाजपा कार्यकर्ताओं को संबोधित करते हुए पाँच वर्ष के कार्यकाल में अपने प्रमुख करणीय कार्यों की ओर संकेत करते हुए कहा, ''प्रदेश के मतदाताओं ने हमें पूर्ण बहुमत देकर हम पर बहुत भारी उत्तरदायित्व सौंपा है। हमें पूरी मेहनत कर जनता की अपेक्षाओं पर खरा उतरना है। कांग्रेस की सरकार ने प्रदेश के हालात बहुत खराब कर दिए हैं। प्रदेश में चारों ओर अराजकता फैली हुई है। व्यक्ति सुरक्षा अनुभव नहीं करता है। आज राजस्थान सामाजिक, आर्थिक एवं शैक्षणिक दृष्टि से देश में काफी पिछड़ा हुआ है। इन्फ्रास्ट्रक्चर, ऊर्जा (बिजली), पानी एवं शिक्षा की हालत प्रदेश में बड़ी शोचनीय बनी हुई है। विकास

हमारा प्रमुख मुद्दा होगा। महिलाओं का सम्मान एवं सुरक्षा तथा दलित-पिछड़ों की स्थिति बहुत खराब है, ये बहुत नाजुक एवं संवेदनशील विषय हैं। राजस्थान एक सीमावर्ती प्रदेश होने के कारण राष्ट्रीय सुरक्षा का विषय भी अत्यंत महत्त्वपूर्ण है। हमें 36 कोमों को साथ लेकर सबके विकास की चिंता करनी होगी। युवाओं के लिए बेरोजगारी एक बहुत बड़ा प्रश्न है। जिस प्रदेश का युवा बेरोजगार हो, उस प्रदेश का विकास कैसे संभव है? अतः हमें उनके लिए रोजगार पैदा करने होंगे। इन सबके साथ ही हमें अपने क्षेत्र के कार्यकर्ताओं की भी चिंता करनी होगी, जिन्होंने कड़ी मेहनत कर, दिन-रात भूखे-प्यासे दौड़-दौड़कर हमें जिताकर विधानसभा में भिजवाया, हमें बहुमत दिलाया और हमें सरकार बनाने का अवसर दिया, उनकी उपेक्षा किसी तरह बरदाश्त नहीं की जा सकती। हमें अपने दायित्व को समझते हुए अपने कर्तव्य-पथ पर आगे बढ़ना होगा।

वर्ष 2003 से 2008 तक वसुंधरा राजे के नेतृत्व में भाजपा सरकार ने एकजुट रहकर प्रदेश को नई ऊँचाइयों तक पहुँचाया। जीवन के सभी क्षेत्रों में विकास कर प्रदेश तेजी से अग्रसर होने लगा। अब हम उन कार्यों पर संक्षेप में विचार करेंगे, जो इस कालखंड में राजे सरकार ने राजस्थान में किए।

कृषि बागवानी एवं पशुपालन

राजस्थान इनोवेशन फाउंडेशन, बीटी कपास की खेती, किसान कल्याण कोष की स्थापना, कृषक जीवन कल्याण योजना, संविदा खेती, राष्ट्रीय उत्पादकता पुरस्कार, पब्लिक प्राइवेट पार्टनरशिप, कृषि निर्यात जोन, किसानों को मृदा स्वास्थ्य कार्ड, टर्मिनल मार्केट, राज्य किसान आयोग का गठन, किसान भवन, मौसम बीमा योजना, राजस्थान हॉर्टिकल्चर ऐंड नर्सरी सोसाइटी का गठन, राष्ट्रीय बागवानी मिशन, कृषि महोत्सव का आयोजन आदि।

पशुपालक बीमा योजना (अविरक्षक योजना), अविकापाल जीवन रक्षक योजना, अविका कवच योजना, पशुपालक कल्याण बोर्ड का गठन, कामधेनु योजना (गायों की बीमा योजना), गौपालक (गौपालकों) की बीमा योजना, गौरक्षक (गौपालकों) की बीमा योजना।

सिंचाई-व्यवस्था

- नहरों के रखरखाव के लिए नॉन प्लान फंड का प्रयोग।
- खेत-निर्माण और पानी के स्रोतों का बंधीकरण।
- सिंचाई नीति ड्राफ्ट का सूत्रीकरण।

- जनचेतना यात्रा।
- नर्मदा नहर के कमांड क्षेत्र में फव्वारों द्वारा सिंचाई।
- आर.सी.बी.ए.डब्ल्यू.।
- बूँद-बूँद जल से खेती-योजना को प्रोत्साहन।

पानी की व्यवस्था

- ग्रामीण क्षेत्रों में अधिक फ्लोराइड युक्त पानी के स्थान पर पीने योग्य पेयजल उपलब्ध कराने के लिए पहली बार राजस्थान एकीकृत फ्लोरोसिस निवारण कार्यक्रम प्रारंभ किया।
- बीसलपुर से अजमेर एवं इंदिरा गांधी नहर से नागौर जैसी बड़ी परियोजनाएँ भाजपा सरकार ने शुरू कीं।
- जयपुर शहर को बीसलपुर परियोजना के अंतर्गत जलापूर्ति करने की पहल की गई।
- खारे पानी के क्षेत्रों में शुद्ध पेयजल उपलब्ध करवाने के लिए वृहद् परियोजनाएँ शुरू कीं।
- पुरानी पाइप लाइनें बदलने का कार्य पूरे प्रदेश में व्यापक स्तर पर किया गया।
- अधिकतम गाँवों को कवर करने के लिए पानी के स्रोतों पर आधारित बड़ी परियोजनाओं को स्वीकृति दी गई।
- वर्षा-जल संचयन प्रणाली के लिए कानून बनाया।

बिजली

- नई कृषि कनेक्शन नीति जारी कर प्रदेश की कृषि-व्यवस्था को नई दिशा दी।
- प्रदेश के इतिहास में पहली बार घरेलू बिजली की अलग से लाइन देकर गाँवों में भी 20 से 22 घंटे बिजली देने का कीर्तिमान स्थापित किया।
- प्रदेश में बिजली की दरें न्यायसंगत रखीं।
- बी.पी.एल. की बिजली दर 1.70 रुपए से घटाकर 85 पैसे प्रति यूनिट की।
- उद्योगों को 24 और किसानों को 8 घंटे बिजली दी।
- 100 से कम आबादीवाली ढाणियों को बिजली से जोड़ने के लिए 'मुख्यमंत्री सबके लिए विद्युत् योजना' शुरू की।

- श्यामाप्रसाद मुकर्जी विजय ज्योति फीडर सुधार कार्यक्रम।
- विद्युत् क्षेत्र में निजी निवेश को प्रोत्साहन देने हेतु नीति।
- राज्य में विद्युत् की उपलब्धता में औसतन 15 प्रतिशत की वृद्धि।
- किसानों के लिए अतिरिक्त विद्युत् की खरीद।
- जले हुए ट्रांसफार्मरों को 72 घंटे में बदलना।
- ड्रिप/स्प्रिंकलर का उपयोग करनेवाले किसानों को 10 पैसे प्रति यूनिट की विद्युत् शुल्क में छूट।
- गैर-परंपरागत ऊर्जा-स्रोतों से विद्युत् उत्पादन को बढ़ाने की नीति प्रारंभ की।
- 34 विद्युत्-चोरी थानों की स्थापना की।

सड़क-मार्ग

- 9 नए राष्ट्रीय राजमार्ग तथा 1200 कि.मी. मेगा हाइवे का निर्माण।
- 500 की आबादी के गाँव—ढाणी को सड़क मार्ग से जोड़कर 250 तक की आबादी में सड़कों की स्वीकृति।
- भाजपा सरकार ने करीब 40 हजार किमी सड़कें बनाकर 10 हजार 300 गाँवों को सड़कों से जोड़ा।
- प्रदेश में पहली बार 'मुख्यमंत्री सड़क योजना' शुरू।
- रीड कोर की स्थापना, सड़क विकास निधि अधिनियम-2004।
- बेरोजगार इंजीनियर्स को 10 लाख रुपए तक के कार्य बिना टेंडर के देने की योजना।
- केंद्र सरकार और वर्ल्ड-बैंक ने सड़क-निर्माण में भाजपा सरकार को देश में प्रथम स्थान।

चिकित्सा और स्वास्थ्य

- एस.एम.एस. सहित सभी 6 मेडिकल कॉलेजों, उनसे संबद्ध 6 चिकित्सालयों, 26 ज़िला अस्पतालों एवं 6 मोबाइल यूनिटों के माध्यम से टेली मेडिसन सुविधा शुरू की।
- एस.एम.एस. चिकित्सालय में चिकित्सा व्यवस्था दुरुस्त करने के लिए न्यूयॉर्क के नॉर्थशोर हॉस्पिटल से एम.ओ.यू. किया, परंतु सरकार चले जाने के कारण कार्य अधूरा रहा।
- 'डॉक्टर आपके द्वार' योजना शुरू की। स्वास्थ्य चेतना यात्रा।
- 108 एंबुलेंस योजना शुरू की।

- जननी सुरक्षा योजना शुरू की, जिसमें सरकारी या अधिकृत निजी अस्पताल में प्रसव करानेवाली ग्रामीण महिलाओं को 1400 रुपए तथा शहरी महिलाओं को 1000 रुपए प्रोत्साहन के रूप में दिए जाते थे।
- राज्य में गिरते लिंगानुपात और भ्रूण-हत्या को रोकने के लिए 'मुख्यमंत्री बालिका संबल योजना' शुरू की गई।
- हेल्थ केयर फैसिलिटीज में निवेश के लिए नीति।
- आधुनिक तकनीक द्वारा इलाज की सुविधा।
- जनजाति क्षेत्रों के अतिरिक्त ए.एन.एम. की सुविधा।
- राजस्थान आयुर्विज्ञान विश्वविद्यालय की स्थापना।
- 'चरक आपके द्वार' योजना (मोबाइल सर्जिकल यूनिट)।
- अभिलाषा योजना।
- पतंजलि योजना।
- एकीकृत स्वास्थ्य देखभाल की सुविधा।
- अमरीका की अप्रवासी संस्था द्वारा एस.एम.एस. जयपुर के आपातकालीन यूनिट एवं ट्रामा यूनिट में सहायता।
- जोधपुर में अखिल भारतीय आयुर्वेद संस्थान के स्तर का चिकित्सालय।
- स्वास्थ्य सूचकांक में भाजपा शासनकाल में राजस्थान दूसरे स्थान पर रहा।

शिक्षा

- संपूर्ण प्रदेश में प्राथमिक शिक्षा अनिवार्य और निःशुल्क की गई।
- 12वीं तक सभी वर्ग के बच्चों को निःशुल्क पाठ्य-पुस्तकें उपलब्ध कराईं।
- भाजपा सरकार को वर्ष 2006 में शिक्षा एवं साक्षरता के क्षेत्र में उल्लेखनीय कार्य करने के लिए अंतरराष्ट्रीय कन्फ्यूसियस पुरस्कार मिला।
- कंप्यूटर शिक्षा को बढ़ावा देने के लिए एजुकेशन ऑन व्हील्स शुरू की।
- सभी मदरसों को कंप्यूटरीकृत किया गया।
- कक्षा 1 से 12 तक की समस्त बालिकाओं को निःशुल्क पाठ्य-पुस्तकें उपलब्ध करवाईं।
- बालिका शिक्षा को बढ़ावा देने के लिए स्कूटी, साइकिल और बाउचर योजना शुरू की, जिसका अन्य प्रदेशों ने भी अनुकरण किया।
- शिक्षा संबल महाभियान।

- बड़े पैमाने पर शिक्षकों की भरती।
- सरकारी स्कूलों में अंग्रेजी विषय की कक्षा प्रथम से पुनः शुरुआत।
- मध्याह्न भोजन कक्षा पाँचवीं से बढ़ाकर आठवीं तक विस्तार।
- कंप्यूटर कैफे के लिए सरकारी भूमि की लीजिंग।

उच्च शिक्षा

- पी.पी.पी. के माध्यम से हर जिले में इंजीनियरिंग कॉलेज और हर ब्लॉक में आई.टी.आई. को बढ़ावा देने की योजना।
- तकनीकी विश्वविद्यालय की स्थापना।
- आई.टी.आई. व पॉलिटेक्निक में निवेश के लिए नीति।
- पी.पी.पी. के माध्यम से नए पाठ्यक्रम शुरू।
- विश्वविद्यालयों की स्थापना।
- संस्कृत विश्वविद्यालय की स्थापना।
- वेद विद्यापीठ की शुरुआत।
- अंबेडकर पीठ की स्थापना।
- पोस्ट ग्रेजुएशन तक छात्राओं के लिए नि:शुल्क शिक्षा।
- बी.एड. कॉलेज खोलने की स्वीकृति दी गई।

रोजगार

- दस लाख युवाओं को सरकारी और गैर–सरकारी नौकरियाँ दीं।
- रोजगार सहायता शिविर लगाकर बेरोजगार युवाओं को निजी क्षेत्र में नौकरियाँ दिलवाईं।
- गुर्जर सहित विशेष पिछड़े वर्ग को 5 प्रतिशत तथा आर्थिक रूप से पिछड़े वर्ग को 14 प्रतिशत आरक्षण देने का विधानसभा में विधेयक और संकल्प पारित किया।
- अक्षत योजना शुरू कर भाजपा सरकार में 1 लाख 36 हजार बेरोजगारों को करीब 7 करोड़ रुपए का बेरोजगारी भत्ता दिया।
- लाईवलीहुड मिशन योजना शुरू कर युवाओं को प्रशिक्षण दिया गया।

खाद्य-सुरक्षा

- फूड स्टैंप योजना
- राशन टिकट योजना

- समस्त प्रदेश में कैरोसिन की समान दर।
- राज्य उपभोक्ता कल्याण कोष स्थापना।
- बी.पी.एल. सूची में सम्मिलित होने से वंचित परिवारों को सहायता।

सामाजिक न्याय एवं अधिकारिता

- अनुप्रति योजना।
- पालनहार योजना।
- विश्वास योजना।
- पशुपालकों के बच्चों हेतु आवासीय विद्यालय।
- विधवा पुनर्विवाह को प्रोत्साहन।
- पेंशनधारी विकलांगों हेतु स्वावलंबी प्रोत्साहन योजना।
- स्वच्छकारों के बच्चों को रोजगार।
- आस्था योजना।
- भिक्षावृत्ति एवं अवांछित वृत्तियों में लिप्त परिवारों के बच्चों हेतु निःशुल्क आवासीय विद्यालय की सुविधा।
- राज्य वृद्धजन नीति।
- ओल्ड एज होम्स।
- राजस्थान राज्य भक्त श्रवणकुमार कल्याण सेवाश्रम नियम-2004।
- नारी निकेतनों की स्थापना।
- पन्ना धाय जीवन अमृत (जनश्री बीमा) योजना।
- मूक-बधिर व नेत्रहीन बालकों हेतु विशिष्ट शिक्षण-संस्था।
- महिला छात्रावास।
- अनुसूचित जाति, जनजाति के छात्रों हेतु 100 नवीन छात्रावास।
- पशुपालक कल्याण बोर्ड का गठन।
- बी.पी.एल. परिवारों के बेरोजगार युवकों को बेरोजगारी भत्ता सुविधा।

धरोहर संरक्षण एवं प्रोन्नति

राजस्थान के धरोहर संरक्षण एवं प्रोन्नति प्राधिकरण का गठन कर राज्य के ऐतिहासिक महापुरुषों, भक्तों, लोकदेवता एवं स्वतंत्रता संग्राम सेनानियों के स्मारक निर्मित किए, जो आज जन-आस्था के केंद्र बन चुके हैं। बूढ़ा पुष्कर एवं साहवा सरोवर का पुनर्निर्माण, जो अब श्रद्धालुओं का आस्था-केंद्र बन गया है।

महिला-विकास एवं सशक्तीकरण व बाल-विकास

- महिला सशक्तीकरण के लिए एक अलग निदेशालय का गठन।
- स्वयं सहायता समूह आंदोलन।
- आँगनबाड़ी केंद्रों को बढ़ावा देना।
- आँगनबाड़ी कार्यकर्ताओं के लिए बीमा योजना।
- पूरक पोषण व गरम भोजन योजना।
- साथिनी व आशा सहयोगिनी योजना।
- हाड़ारानी सशस्त्र वाहिनी।
- मुख्यमंत्री बालिका संबल योजना।
- रेंटल हाउसिंग स्कीम।
- जननी कलेवा योजना।
- महिला–पर्यटन को बढ़ावा (आर.टी.डी.सी. होटल एवं बसों में समूह में या एकल महिला यात्री के किराए में रियायत)।
- कालबेलिया नृत्य स्कूल।
- महिलाओं को पंचायती राज संस्थाओं और स्थानीय निकायों के पदों पर 50 प्रतिशत आरक्षण देने का फैसला लिया।
- महिलाओं को स्वावलंबी बनाने के लिए भामाशाह नारी सशक्तीकरण योजना शुरू की, जिसका लाभ 50 लाख महिलाओं को मिलता, परंतु कांग्रेस सरकार ने यह योजना बंद कर दी।

दलित-आदिवासी

- अंबेडकर पीठ की स्थापना की गई। दलित उत्थान के लिए यह एक महत्त्वपूर्ण कदम था।
- जनजाति के लोगों के खिलाफ न्यायालय में विचाराधीन दो वर्ष से अधिक पुराने और दो साल से कम की सजा के प्रावधानवाले मुकदमों को वापस लिये जाने का फैसला लिया गया।
- वनभूमि पर आदिवासियों को पट्टे देने का भी निर्णय लिया गया।
- माँ–बाड़ी केंद्र।
- जनजाति क्षेत्रों में एस.टी. के लिए 45 प्रतिशत विशेष आरक्षण।
- आयोडीन की कमी को दूर करने हेतु एक किलोग्राम आयोडीन युक्त नमक प्रतिमाह उचित मूल्य पर।

- केशव बाड़ी योजना।
- जनजाति उपयोजना क्षेत्र में टापरी एवं झोंपड़ी के आग से नष्ट होने पर सहायता योजना।
- अनुसूचित जाति-जनजाति के छात्रों को आर.ए.एस., आई.ए.एस. प्रतियोगिता परीक्षा में शामिल होने के लिए सहायता।

पर्यटन

- नई पर्यटन इकाई नीति का निर्माण।
- पर्यटन मंडलों का विकास।
- धार्मिक पर्यटन-स्थलों का विकास।
- नागरिक उड्डयन निगम की स्थापना।

पुलिस

- शिप्रा पथ मानसरोवर पुलिस स्टेशन को आरक्षी योजना के तहत आई.एस.ओ. प्रमाणन।
- महिला पुलिस थानों की स्थापना।
- पर्यटक पुलिस की स्थापना।

समाज कल्याण

- अनुकृति योजना।
- पालनहार योजना।
- आस्था सहयोग योजना।
- पन्ना धाय जीवन अमृत योजना।
- खाद्य स्टांप व राशन टिकट।
- विधायिका के माध्यम से सरकारी भूमि पर अतिक्रमण का नियमितीकरण।
- बेरोजगारी भत्ता।
- बेरोजगार इंजीनियरों के लिए छोटे कार्य अनुबंध।
- ए.टी.एस.पी. क्षेत्रों के लिए क्षेत्रीय आरक्षण।
- आदिवासी जिनकी झोंपड़ियाँ आग में जल गईं, को 10 हजार रुपए की राहत अनुदान राशि (केंद्र के मानदंडों के अलावा)।
- मुक्ति धाम योजना।

इंडस्ट्रीज

- सेज की स्थापना।
- निवेश संवर्धन योजना।
- होंडा सिएल कार विनिर्माण इकाई की स्थापना।
- 1.62 करोड़ रुपए के एम.ओ.यू. व निवेश प्रस्ताव।

युवा मामले एवं खेल

- ग्रामीण युवा केंद्रों की स्थापना।
- खिलाड़ियों के लिए किसी भी राष्ट्रीय व अंतरराष्ट्रीय प्रतियोगिता में जीतने के लिए प्रमोशनल स्कीम।

आई.टी.

- महिलाओं के लिए 6600 से भी अधिक आम सेवा केंद्र।
- नए आई.टी. और आई.टी.ई.एस. नीति।

जयपुर विकास प्राधिकरण

- आमेर विकास एवं प्रबंधन प्राधिकरण संस्था का गठन।
- म्यूजिक इन पार्क।
- बस रैपिड ट्रांजिट सिस्टम (बी.आर.टी.एस.)।
- अमर जवान ज्योति का निर्माण।
- एरिया ट्रैफिक कंट्रोल सिस्टम।
- ट्रैफिक पार्क।
- लैंड बैंक।
- खोले के हनुमान मंदिर परिसर का सौंदर्यीकरण।
- जलमहल परियोजना।
- अनुसूचित जाति-जनजाति के लिए जयपुर विकास प्राधिकरण एवं नगर निगम के द्वारा निर्मित कियोस्क में 30 प्रतिशत आरक्षण।
- सूटिंग रेंज की स्थापना।

स्वायत्त शासन एवं नगरीय विकास

- वर्षा-जल के अनिवार्य रूप से संचयन हेतु नियम।
- किराया गृह योजना।

- नया नगरपालिका ऐक्ट।
- अक्षय कलेवा योजना।
- बैकुंठ द्वार मुक्तिधाम योजना।
- मानव संसाधन विकास परियोजना।
- जल पुनर्भरण संरचनाओं का निर्माण।
- ठोस कचरा प्रबंधन।
- सिटीजन हेल्प लाइन।
- जवाहरलाल अरबन रिन्युवल मिशन।
- लघु एवं मध्यम कस्बों हेतु आधारभूत ढाँचा विकास योजना।
- समन्वित आवास एवं स्लम विकास योजना।
- विरासत संरक्षण योजना।
- शहरी जनसहभागी योजना।
- जयपुर हैरिटेज कमेटी।

सुशासन

- पाँच वर्ष में एक दिन भी ओवर ड्राफ्ट नहीं लेने का कीर्तिमान बनाया।
- परिसंपत्तियों का अधिकतम निर्माण किया और हमेशा राजस्व सरप्लस की स्थिति रही।
- कृषि बजट में तीन गुना वृद्धि के साथ ही औद्योगिक निवेश में बढ़ोतरी हुई।
- किसानों के लिए क्रेडिट कार्ड और फसल बीमा योजना लागू की।

राजस्थान में भाजपा सरकार के समय प्रदेश ने विकास के हर क्षेत्र में अनेक नए कीर्तिमान स्थापित किए, जो उपर्युक्त वर्णन से स्पष्ट है। राज्य की विकास दर में भारी बढ़ोतरी हुई। कांग्रेस सरकार में पिछड़ा और बीमारू बना राजस्थान वर्ष 2003-08 के राजे के नेतृत्व में भाजपा शासन के दौरान देश के विकसित और अग्रणी राज्यों की पंक्ति में खड़ा हो गया। महिला एवं पुरुषों की शिक्षा का प्रतिशत भी बढ़ा। भाजपा सरकार ने वसुंधरा राजे के नेतृत्व में उन विषयों की ओर भी ध्यान दिया, जिनकी आज तक उपेक्षा होती रही है। इनको देखने से यह स्पष्ट ध्यान में आ जाता है कि मुख्यमंत्री वसुंधरा राजे का दृष्टिकोण कितना व्यापक है। उन्होंने अपने राजनीतिक जीवन के प्रारंभ में अपनी माँ राजमाता विजयराजे सिंधिया के प्रारंभिक प्रवासों में सामाजिक विषयों पर रुचि लेकर उनके साथ चर्चा किया करती थीं। अतः ये संस्कार बड़ी गहराई से उनके मन-मस्तिष्क पर जम

गए थे। जब वे चिंतन करती थीं तो उसमें 36 कौमों को ध्यान में रखती थीं। इस दृष्टि से उनके मन में कभी हिंदू-मुसलमान-ईसाई की बात नहीं रहती थी, बल्कि समग्र दृष्टिकोण से विचार करती थीं। यही कारण है कि उन्होंने मुख्यमंत्री बनने के पश्चात् उपेक्षित वर्ग की अधिक चिंता करते हुए उन्हें सामाजिक जीवन के साथ समरस करने का प्रयत्न किया।

महिला सशक्तीकरण की दिशा में उठाए गए कदम

- ग्रामीण कामकाजी महिलाओं के छोटे बच्चों की दैनिक देखभाल के लिए 263 आँगनबाड़ी केंद्रों पर शिशुपालन गृहों की स्थापना कर ग्रामीण बच्चों की देखभाल की सुविधा उपलब्ध कराई गई।
- राज्य की अपचारी बालिकाओं के आश्रय/संरक्षण की दृष्टि से पाँच अपचारी बालिका-गृह अजमेर, बीकानेर, कोटा, जोधपुर, उदयपुर में भवन-निर्माण करवाकर प्रारंभ किए. गए।
- महिला सुधार-गृह जयपुर में काउंसलिंग एवं रिसोर्स केंद्र की स्थापना की गई।
- राजस्थान आवासन मंडल द्वारा नि:शक्तजन एवं विकलांगों हेतु प्राथमिकता के आधार पर 1.5 प्रतिशत आवास आवंटन आरक्षित करने का प्रावधान किया।
- बी.पी.एल., निर्धन, कमजोर एवं असहाय वर्ग के लिए बॉम्बे योजनांतर्गत आवासगृहों का निर्माण करवाया गया।
- एक ही परिवार में दो या दो से अधिक विकलांग व्यक्ति होने पर ऐसे परिवार को बी.पी.एल. परिवार की सभी सुविधाएँ देने का प्रावधान किया गया। योजनांतर्गत 4296 व्यक्तियों को लाभान्वित किया गया।

मुख्यमंत्री वसुंधरा राजे प्रदेश की पहली महिला मुख्यमंत्री बनीं, यह भी गौरव की बात है। अत: स्वाभाविक था कि राजस्थान में महिला सशक्तीकरण की दिशा में सरकार तेजी से कदम बढ़ाएगी और ऐसा हुआ भी। राजे शास्त्रों की इस उक्ति से भली-भाँति परिचित हैं कि 'यत्र नार्यस्तु पूज्यन्ते, रमन्ते तत्र देवता' अर्थात् जहाँ महिलाओं का सम्मान किया जाता है, वहाँ देवताओं का वास होता है। जिस देश के शास्त्रों में महिलाओं के विषय में इतना श्रेष्ठ चिंतन हो, जिन्हें देवी के समान पूजा जाता है, जिससे उत्कृष्ट मातृशक्ति की पहचान है, उसी देश

में आज हीन अवस्था में पहुँची महिला की स्थिति को देख राजे के हृदय में पीड़ा होना स्वाभाविक है। आजादी के 68 वर्ष बाद भी महिलाओं पर हो रहे अत्याचार, भ्रूण-हत्या, अशिक्षा, विधवा उत्पीड़न, बाल-विवाह, दहेज के लिए जलती कन्याएँ जैसी कुरीतियाँ देख राजे का हृदय व्यथित था। इसलिए उन्होंने प्रमुखता से इस विषय को हाथ में लिया। पहली बार राजस्थान में महिलाओं की दृष्टि से इतना अधिक कार्य हुआ। विस्तार से पूर्व में इस विषय को बिंदुओं में दरशाया गया है। कुछ प्रमुख कार्यों की ओर आपका ध्यान आकृष्ट किया जा रहा है—

- पुलिस में महिलाओं के लिए 30 प्रतिशत आरक्षण सुनिश्चित किया गया। राज्य में 92 पुलिस में महिला सहायता हेतु स्पेशल सेल की स्थापना।
- इ-मित्र कार्यक्रम के विस्तार के अंतर्गत स्थापित किए जाने वाले सभी कॉमन सर्विस सेंटर महिलाओं को ही आवंटित किए जाने का प्रावधान।
- महिलाओं की निजता एवं सुविधाओं को ध्यान में रखते हुए नदियों एवं अन्य तालाबों के साथ घाट बनाने के लिए 'निर्मल घाट योजना' शुरू की गई।
- कक्षा 1 से स्नातकोत्तर तक की शिक्षा शुल्क से बालिकाओं को छूट प्रदान की गई।
- पाँच लाख बी.पी.एल. परिवारों की लड़कियों की मदद हेतु दसवीं, ग्यारहवीं एवं बारहवीं कक्षा उत्तीर्ण करने पर दो हजार रुपए प्रतिवर्ष की एफ.डी.आर. दी गई।
- कक्षा 1 से 12 तक की समस्त बालिकाओं को निःशुल्क शिक्षा एवं निःशुल्क पाठ्य-पुस्तकें उपलब्ध कराई गईं।
- महिलाओं के उत्थान हेतु विशिष्ट कार्यक्रम खादी ग्रामोद्योग योजना के तहत विधवा/परित्यक्त महिलाओं को लाभान्वित किया गया।
- महिला सहभागिता प्रोत्साहित करने हेतु सर्वश्रेष्ठ महिला समिति एवं कार्यकर्ताओं को 'सरस महिमा पुरस्कार' प्रदान किए।

यह प्रथम अवसर था कि महिला शिक्षा, महिला सुरक्षा, महिला संबल के लिए इतनी अधिक मात्रा में प्रयत्न किए गए। यह वस्तुतः राजस्थान के पुरुष प्रधान समाज में नारी सशक्तीकरण के प्रयास का श्रेय मुख्यमंत्री राजे को ही है। इन सब कार्यों के परिणामस्वरूप संयुक्त राष्ट्र संघ ने 2007 में **'वूमेन टुगेदर अवार्ड'** से सम्मानित किया। इंडिया टुडे के एक पत्रकार ने लिखा—"On the social front, Vasundhara introduced mid-day meal schemes for mothers, insurance schemes, transportation vouchers for girls students and Skills training for workers. In 2007, She was awarded 'Women Together Award' by the UNO for efforts to assist women in self-empowerment."

वरिष्ठ नागरिक व वृद्धजन के लिए उठाए कदम

मुख्यमंत्री वसुंधरा राजे ने सेवानिवृत्त, वरिष्ठ नागरिक एवं वृद्धजनों की भी बराबर चिंता की। यह एक वास्तविकता है कि परिवारों में वृद्धजनों, सेवानिवृत्त हुए व्यक्तियों का उतना सम्मान नहीं होता है। अनेक परिवार ऐसे भी हैं, जहाँ वृद्ध लोगों की देखभाल करनेवाला भी कोई नहीं है। जीवन भर वे शासन करने की स्थिति में, लोगों की सहायता करने की स्थिति में रहते हैं, परंतु शरीर से निरुपाय होने के बाद उनकी कोई परवाह नहीं करता। घुट-घुटकर जीने को मजबूर होते हैं, अनेक तो दाने-दाने को मोहताज हो जाते हैं। अतः मुख्यमंत्री वसुंधरा राजे जैसी संवेदनशील महिला ऐसे गंभीर, नाजुक एवं मानवीय विषय की उपेक्षा कैसे कर सकती हैं? उन्होंने 2003 से 08 तक के कार्यकाल में उनके लिए भी अनेक योजना बनाकर उन्हें राहत पहुँचाकर श्रवणकुमार बनने का प्रयास किया, जो वास्तव में स्तुत्य है। विस्तार से पूर्व में लिखा जा चुका है, यहाँ कुछ बातों को स्पष्ट किया जा रहा है—

- वृद्ध व्यक्तियों के कल्याण एवं उन्हें बेहतर जीवन जीने के अवसर प्रदान करने हेतु राज्य वृद्धजन नीति वर्ष 2006-07 में लागू की गई।
- इस नीति की पालना में संभाग स्तर पर आठ ओल्ड एज होम्स की स्थापना की गई, जिससे क्षेत्र के वृद्ध लाभान्वित हुए। इस योजना के अंतर्गत 61.22 लाख रुपए व्यय कर प्रति वर्ष 450 वृद्धजनों को लाभान्वित किया जा रहा है।
- वृद्धजन कल्याण एवं सामाजिक सुरक्षा के अंतर्गत स्थापित होनेवाले नियम 2004 वृद्धाश्रमों हेतु गृहकर एवं भूमि खरीद पंजीकरण में 50 प्रतिशत की छूट दी गई। इसमें असहाय, गरीब कच्ची बस्तियों में रहनेवाले वृद्धों को प्रवेश/अल्पाहार, प्रौढ़-शिक्षा, स्वास्थ्य सेवा, धार्मिक प्रवचन, भ्रमण एवं समाचार-पत्र पाठन की व्यवस्था।
- बड़े शहरों में वरिष्ठ नागरिकों की आवश्यकताओं की ओर ध्यान देने

के लिए चिकित्सा शिक्षा विभाग द्वारा प्रारंभ 'अभिलाषा' एक अभिनव योजना के अंतर्गत युवाओं, विशेषकर महिलाओं को वृद्धजन सेवा हेतु प्रशिक्षण दिया गया।

- वृद्धावस्था पेंशन व संयुक्त पेंशन के अंतर्गत 65 वर्ष व अधिक आयुवालों को 200-300 रुपए से बढ़ाकर 400 व 600 रुपए किए गए। अस्पतालों में अलग पंक्ति बनाने का प्रावधान किया गया।

साक्षरता व शिक्षा-क्षेत्र में उठाए कदम

शिक्षा के क्षेत्र में देश के अंतर्गत राज्यों की सूची में राजस्थान प्रदेश बहुत पिछड़ा हुआ था। साक्षरता भी अन्य राज्यों की तुलना में काफी कम थी। सब जानते हैं कि शिक्षा के अभाव में विकास संभव नहीं है। विकास के बैरोमीटर का प्रारंभ ही शिक्षा से होता है। अतः इस दृष्टि से राजे सरकार ने राजस्थान में बहुत काम किया। विस्तार से कार्यों की जानकारी पूर्व में दी जा चुकी है, फिर भी प्रमुख-प्रमुख कार्यों की ओर आपका पुनः ध्यान आकृष्ट करेंगे—

- उच्च शिक्षा के प्रसार हेतु निजी महाविद्यालयों की स्थापना के लिए नीति निर्धारण के आधार पर 742 महाविद्यालयों को अनापत्ति प्रमाण-पत्र जारी किए गए। 13 निजी विश्वविद्यालय तथा 13 राजकीय कॉलेजों की स्थापना की गई।
- सत्र 2005-06 में झुंझुनूँ, थानागाजी (अलवर), जनजाति क्षेत्र खेरवाड़ा व कोटड़ा (उदयपुर) एवं पोखरण (जैसलमेर) में, सत्र 2006-07 में सोजत सिटी (पाली) तथा सत्र 2007-08 में उनियारा (टोंक), जैतारण (पाली) एवं भीम (राजसमंद), सत्र 2008-09 में टोडाभीम (करौली), भोपालगढ़ (जोधपुर), केलवाड़ा (बारां) एवं सार्दुलपुर (श्रीगंगानगर) में नवीन राजकीय महाविद्यालय प्रारंभ किए गए।
- अनेक विश्वविद्यालय खोलने के लिए अनापत्ति प्रमाण-पत्र जारी किए गए; जैसे संस्कृत विश्वविद्यालय, वेद विद्यापीठ, अंबेडकर पीठ आदि।
- राजस्थान टेक्निकल विश्वविद्यालय प्रारंभ किया।
- आयुर्वेदिक विश्वविद्यालय स्थापित किया गया।
- इंजीनियरिंग करनेवाले छात्रों की कठिनाई को ध्यान में रखकर इंजीनियरिंग कॉलेज खोलने के लिए अनापत्ति प्रमाण-पत्र दिए गए। अब इंजीनियरिंग

की पढ़ाई करने के लिए छात्रों को राजस्थान के बाहर जाने की आवश्यकता नहीं है, बल्कि बाहर से छात्र राजस्थान में आकर इंजीनियरिंग की पढ़ाई करते हैं।

- यह देखा गया कि शिक्षक बनने के लिए छात्र बी.एड. करने के लिए राजस्थान से बाहर दक्षिण भारत में अथवा जम्मू जाते हैं, काफी बड़ी रकम खर्च करते हैं। वहाँ से उत्तीर्ण छात्रों को प्राप्तांक भी अच्छे मिलते हैं, अत: राजस्थान से उत्तीर्ण छात्र से अधिक प्रतिशत अंक उनके बनने के कारण नौकरी में भी उन्हें प्राथमिकता दी जाती है। परिणामस्वरूप राजस्थान से उत्तीर्ण बेरोजगार बना रहता है। अत: इन दोनों समस्याओं को ध्यान में आते ही राजे सरकार ने राजस्थान में बी.एड. कॉलेजों के लिए अनापत्ति प्रमाण-पत्र जारी किए। उत्साही शिक्षाविदों ने इतने बी.एड. कॉलेज खोले कि आज इनकी बाढ़ सी आ गई है। राजस्थान में बी.एड. करनेवाले किसी छात्र को अधिक खर्च कर राजस्थान के बाहर जाने की आवश्यकता नहीं है।
- 4034 राजकीय उच्च प्राथमिक विद्यालयों को माध्यमिक विद्यालयों में तथा 1074 राजकीय माध्यमिक विद्यालयों को उच्च माध्यमिक विद्यालयों में क्रमोन्नत किया गया।
- 17,980 राजकीय प्राथमिक विद्यालयों को उच्च प्राथमिक विद्यालयों में क्रमोन्नत किया गया।
- 4758 नए राजकीय प्राथमिक विद्यालय खोले गए।
- डी.पी.ई.पी. योजनांतर्गत संचालित 1532 विद्यालयों का राजकीय प्राथमिक विद्यालयों में परिवर्तन।
- ग्रामीण क्षेत्र में एक किलोमीटर की परिधि में प्राथमिक शिक्षा सुविधा प्रारंभ की गई।
- शैक्षिक-सत्र 2004-05 से कक्षा प्रथम से अंग्रेजी विषय का शिक्षण प्रारंभ किया गया।
- राजकीय विद्यालयों में अध्ययनरत कक्षा 1 से 12 तक के सभी वर्ग के एक करोड़ से अधिक विद्यार्थियों को नि:शुल्क पाठ्य-पुस्तकें वितरित की गईं।
- प्राथमिक शिक्षा के अंतर्गत 59,771 तृतीय श्रेणी शिक्षकों के पदों पर तथा 2,698 विधवा एवं 1,071 विवाह विच्छिन्न महिलाओं को तृतीय श्रेणी शिक्षकों के पदों पर नियुक्तियाँ दी गईं।

- 525 प्रधानाध्यापक (माध्यमिक विद्यालय) एवं 1496 स्कूल व्याख्याताओं एवं 2360 वरिष्ठ अध्यापक, 300 शारीरिक शिक्षक ग्रेड तृतीय के पदों पर नियुक्ति दी गई।
- सत्र 2007-08 में मुख्यमंत्री शिक्षा संबल महाअभियान (15 जुलाई से 15 अगस्त, 07) के दौरान 6 से 14 वर्ष के 6.44 लाख बालक एवं बालिकाओं को नामांकित किया गया।
- मिड-डे मील योजना के तहत हजारों विद्यालयों में पोषाहार गुणवत्ता की जाँच की गई तथा विद्यालयों में अध्ययनरत लाखों बच्चों का स्वास्थ्य परीक्षण किया गया।
- कृषि से संबंधित अनुसंधान करनेवाले छात्र को राज्य सरकार द्वारा 10 हजार रुपए वार्षिक देने का प्रावधान किया गया।
- बेरोजगार स्नातकों को अक्षत योजना के अनुसार उन्हें बेरोजगारी भत्ता दिया गया, जिनके माता-पिता की वार्षिक आय एक लाख रुपए से कम हो।

शिक्षा की दृष्टि से पिछड़ा गिने जाने वाले राजस्थान को पाँच ही वर्षों में मुख्यमंत्री राजे ने उच्च शिक्षा का केंद्र बना दिया। अब साहित्य की कोई ऐसी विधा नहीं, जिसमें उच्च शिक्षण अथवा प्रशिक्षण की व्यवस्था राजस्थान में न हो।

राजस्थान का अपना एक विशिष्ट इतिहास है। यहाँ बड़े-बड़े राजघराने रहे हैं, जिनका प्रभाव संपूर्ण भारत पर रहा है। राजस्थान वीरों, बलिदानियों, जौहर करनेवालों तथा राष्ट्रभक्तों की भूमि रही है। यहाँ के चप्पे-चप्पे पर, मिट्टी के हर कण पर रणबाँकुरों की वीरता की गाथाएँ सुनाई देती हैं। भक्ति के पूजा-स्थल, वीरों एवं इतिहासवेत्ताओं के लिए गढ़, दुर्ग एवं रणभूमियाँ, साहित्यकारों के लिए पुस्तकालय, भूगोलवेत्ताओं के लिए वेधशालाएँ, वैद्यों के लिए जड़ीबूटियाँ, पर्यटकों एवं सौंदर्य रसिकों के लिए प्राकृतिक दृश्य, माउंट आबू की वादियाँ, झीलें, घाटियाँ, ऊँची-ऊँची पहाड़ियों पर छितराए सघन वन, सुंदर झीलें, घाना पक्षी विहार, अभयारण्य के सिंह की गर्जना से गुंजित बीहड़ जंगल, जैसलमेर में सम के धोरे, देश-विदेश के पर्यटकों के लिए पर्याप्त आकर्षण उत्पन्न करने में सक्षम हैं। इस जानकारी के आधार पर मुख्यमंत्री वसुंधरा राजे ने पर्यटन विभाग को चुस्त-दुरुस्त किया। आज उनके प्रयत्नों से काफी बड़ी संख्या में पर्यटक राजस्थान में आने लगे हैं। राजस्थान के राजनीतिज्ञों को इस ओर सोचने के लिए बाध्य कर दिया।

औद्योगिक विकास

राजस्थान औद्योगिक दृष्टि से हमेशा पिछड़ा रहा है, यद्यपि संभावनाएँ बहुत हैं। वस्त्र उद्योग, चूना-सीमेंट, पत्थर, मार्बल के लिए कच्चा माल एवं अन्य साधन व अनुकूलताएँ बहुत हैं। परंतु सरकार की उपेक्षा एवं बिजली-पानी के अभाव के साथ यातायात की समुचित सुविधा न मिल पाना भी इसमें कारण रहे हैं। राजस्थान का बहुत बड़ा वर्ग आज हिंदुस्तान ही नहीं, संसार के अनेक देशों में जाकर उद्योगपति बना बैठा है। लोहा इस्पात किंग लक्ष्मी मित्तल हों या बिड़ला, बांगड, सिंघानिया, ये सब राजस्थान के ही हैं, जिन्होंने उद्योग जगत् में अपना नाम ऊँचा कर रखा है। वे सभी राजस्थान के औद्योगिक विकास में सहायक हो सकते हैं। परंतु मुख्यमंत्री वसुंधरा राजे से पूर्व ऐसा प्रयास राजस्थान की कांग्रेस सरकारों ने नहीं किए। मुख्यमंत्री राजे ने बिजली पानी की दृष्टि से राजस्थान को अनुकूल बनाने का प्रयत्न किया, वहीं बंद पड़े उद्योगों को पुनः सजीव करने के प्रयत्नों के साथ-साथ नए उद्योगों में निवेश करने हेतु उद्यमियों को आकर्षित करने के प्रयास किए। वास्तव में विभिन्न उद्योगों के लिए राजस्थान में कच्चा माल एवं भूमिगत खनिज भंडार बहुतायत में उपलब्ध हैं। उद्यमियों को आकर्षित करने, स्थानीय उद्यमियों को प्रोत्साहित करने के लिए सरकार को बिजली, पानी, यातायात की सुविधा के साथ सरकारी विभागों एवं कर्मचारियों की मानसिकता को ठीक करना होगा, जैसा कि श्री नरेंद्र मोदी ने मुख्यमंत्री रहते हुए गुजरात में किया। मुख्यमंत्री राजे ने 2003-08 के अपने कार्यकाल में मुख्य रूप से निम्न कार्य उद्योगों की दृष्टि से किए—

- नए उद्योगों के लिए प्लांट तथा मशीनरी पर राजस्थान विक्रय कर अधिनियम के अंतर्गत लगने वाला 'क्रय कर' पूर्णतया समाप्त किया गया।
- लघु उद्योगों के लिए कच्चे माल की खरीद पर कर दर 3 प्रतिशत के स्थान पर 1 प्रतिशत एवं विद्युत् शुल्क से छूट दी गई।
- रुग्ण औद्योगिक इकाइयों को 31 मार्च, 2009 तक पुनः चालू करने पर औद्योगिक प्रोत्साहन योजना के तहत स्वीकृत बकाया राशि के लिए 'डिफरमेंट' की सुविधा प्रदान की गई।

इस प्रकार हमने देखा कि एक पिछड़े राजस्थान को उन्नत बनाने के लिए वसुंधरा राजे सरकार ने जीवन के सभी क्षेत्रों में खूब कार्य किए। गरीबी, भुखमरी,

कुपोषण से प्रदेश को मुक्त करने के भरपूर प्रयास किए। बुनियादी आर्थिक ढाँचे व मानव संसाधन विकास और क्षमता निर्माण को अधिक प्राथमिकता दी। इसके साथ ही महिला सशक्तीकरण पर भी बहुत ध्यान दिया। पाँच साल की इस अवधि में 7000 करोड़ रुपए सड़क नेटवर्क के विस्तार के लिए सरकार ने खर्च किए। फीडर विकास कार्यक्रम में बिजली की छीजन से होने वाले नुकसान को घटाने के लिए 8 हजार करोड़ रुपए खर्च किए। अनेक बिजली उत्पादन इकाइयाँ प्रारंभ कीं तथा नहरों के विकास एवं रखरखाव के लिए धनराशि आवंटित की। जनभागीदारी के लिए राज्य में पीपीपी का पहला प्रयोग किया और आर.आई.डी.सी.ओ.आर. (रोड इन्फ्रास्ट्रक्चर डेवलपमेंट कॉरपोरेशन प्रोजेक्ट) की शुरुआत की। विशेष रूप से पश्चिमी भाग में स्थित ग्रामीण क्षेत्रों की अर्थव्यवस्था को सुधारने हेतु लागू की। राजे ने 'मिशन ऑन लाइव्लीहुड' स्थापित किया, जिसमें शिक्षित युवाओं को कौशल प्रशिक्षण प्रदान किया गया, जिससे उनमें रोजगार के प्रति जागरूकता आ सके। राजस्थान नॉलेज कॉर्पोरशन तथा युवाओं के लिए कंप्यूटर प्रशिक्षण प्रदान करने का प्रयास किया। परिणामस्वरूप जेनपेक्ट, इंफोसिस, विप्रो, टेक महेंद्रा, जर्मन बैंक ने भी जयपुर में अपनी शाखाएँ स्थापित कीं।

राजस्थान में शिक्षा पहल योजना के चलते शिक्षा के क्षेत्र को और बढ़ावा देने के लिए सिस्को, आईबीएम, एनआईआईटी, माइक्रोसॉफ्ट तथा ऐसे ही कई निकायों, जैसे विश्व आर्थिक मंच और वैश्विक इ-स्कूलों ने भी अपना योगदान दिया। राजस्थानी हस्तशिल्प और हथकरघा क्षेत्र को सरकारी सहायता देकर पुनर्जीवित करने का प्रयत्न किया। महात्मा गांधी राष्ट्रीय ग्रामीण रोजगार गारंटी अधिनियम (नरेगा) के संचालन के लिए एक मॉडल राज्य का दरजा राजस्थान को प्राप्त हुआ। इस प्रकार राजे ने 2003-08 के अपने मुख्यमंत्री काल में प्रदेश को नई ऊँचाइयाँ दीं तथा राज्य को पिछड़े राज्य की श्रेणी से निकालकर विकसित राज्यों की श्रेणी में लाकर खड़ा किया।

□

राजनीतिक संघर्ष का काल (2008-13)

वर्ष 2003 से 2008 तक वसुंधरा राजे के नेतृत्व वाले भाजपा शासन ने काफी यश कमाया था। शिक्षा के क्षेत्र में, महिला सशक्तीकरण के क्षेत्र में, कृषि, उद्योग आदि क्षेत्रों में अच्छा विकास किया। साथ ही युवाओं को रोजगार की दृष्टि से इतना कार्य हुआ, इतने शिक्षित बेरोजगार युवकों को नौकरियाँ मिलीं, जितनी आज तक किसी प्रदेश की कांग्रेस सरकार ने नहीं दी होंगी। प्रदेश को शांति एवं सुशासन मिला। बिजली, पीने के पानी एवं सिंचाई के लिए पानी की व्यवस्था जुटाई। कुल मिलाकर राजे ने अपने शासनकाल में महिलाओं के लिए, वरिष्ठ नागरिकों एवं वृद्धों के लिए, युवावर्ग—शिक्षित या अशिक्षितों के लिए, किसानों के लिए, बेरोजगारों के लिए, नि:शक्त, गरीब एवं असहायों के लिए, सभी के लिए हितकारी कार्य किए। उसके उपरांत भी 2008 के विधानसभा चुनावों में भाजपा को हार का मुँह देखना पड़ा और अशोक गहलोत के नेतृत्व में प्रदेश में कांग्रेस की सरकार बनी। सबके लिए यह आश्चर्य करनेवाली घटना थी। कांग्रेस ने यह कभी नहीं सोचा कि उसे बहुमत मिल जाएगा, परंतु मिला, चाहे गठजोड़ से ही क्यों न हो। कांग्रेस ने बसपा व डॉ. किरोड़ीलाल मीणा के विजयी विधायकों के समर्थन से सरकार बनाई। 2008 के विधानसभा चुनावों में कांग्रेस को 96 तथा भाजपा को 78 सीटें ही मिल सकीं। कांग्रेस सहित सभी यही मानकर बैठे थे कि जीत भाजपा की ही होगी। भाजपा के कार्यकर्ता एवं नेता भी अपनी जीत के प्रति आश्वस्त थे, परंतु इस आश्वस्तता में भी कहीं-न-कहीं, किंतु-परंतु था, यह बात अंदर-ही-अंदर भाजपा के नेतागण भी जान रहे थे।

सन् 2008 के विधानसभा चुनाव परिणामों का विश्लेषण सभी ने अपने-अपने ढंग से किया। एक पत्रकार का विश्लेषण प्रस्तुत करना चाहता हूँ—

Vasundhara Raje's five year term as chief minister was marked by a strong focus on infrastructure building and social initiatives, but it was also noted for caste violence and rebellion by local leaders agaist Vasundhara's firm style of leadership.

As the Finance Minister, Raje was able to Steer the state from a budget deficit into a budget surplus for the first time since the 1991-1992 budget, in accordance with the guidelines of the 12th Finance Commission.

Rajasthan became self sufficient in power generation, and massive road and canal building projects were undertaken under her administration.

She implemented a Tourism unit policy, intent on expanding upon Rajasthan's ability to cater to large numbers of tourists by increasing the number of accommodations available.

She was also active in courting the IT (Information Technology Industry) to open offices in the state, and oversaw the building of new schools and colleges.

On the social front, Vasundhara introduced mid-day meal-schemes for mothers, insurance schemes, transportation vourchers for girl students and skills training for workers. In 2007, she was awarded 'Women Together Award', by the U.N.O., for efforts to assist women in self empowerment. On the downside, Vasundhara's government provided reservations to the Meena caste., which led to demands by the Gurjar caste for similar reservations. The protest saw the blockade of national highways and violence. Despite coming up with an amicable Solution and using diplomacy with caste leaders, it was believed that the face off led to loss of support from both castes. Another issue that was raised against her was corruption within her administration. Despite her development and social schemes. Caste rivalry, corruption allegations and moves by members of the BJP. Who viewed her as too autocratic, all led to her defeat in the 2008 Assembly Elections in Rajasthan. The media has speculated that after her loss in Rajasthan, Vasundhara will leave, state politics and contest the 2009 Lok Sabha elections to rejoin national politics.

यह सत्य है कि वसुंधरा सरकार के समय दो बड़े कांड हुए हैं। एक, जयपुर में बम विस्फोट की घटना, जिसमें 60 व्यक्ति मारे गए। परंतु उन्हीं दिनों इनसे बड़ी

घटनाएँ भी देश के अन्य भागों में हुई थीं, जैसे अहमदाबाद के अक्षरधाम में तथा बनारस के संकटमोचन मंदिर में। अतः इसमें राज्य सरकार पर सीधे आरोप नहीं आता। दूसरी बात कही गई है, वह है—गुर्जर आंदोलन, जिसमें 31 लोग पुलिस फायरिंग में मारे गए। इस आंदोलन ने पूर्वी राजस्थान को काफी प्रभावित किया था। परंतु राजे की जीत इसी में थी कि उन्होंने ऐसी नीति चली कि आंदोलन भी शांत हो गया तथा आंदोलन का प्रमुख नेता कर्नल किरोड़ीलाल बैंसला स्वयं भाजपा के टिकट पर सवाई माधोपुर विधानसभा से चुनाव लड़ने के लिए तैयार थे। इस प्रकार राजे ने भाजपा से न तो मीणा वोटर्स को और न ही गुर्जर वोटर्स को टूटने दिया। दोनों का समर्थन लिया। अन्य कोई ऐसी विपरीत जानेवाली घटना इन पाँच वर्षों में प्रदेश में नहीं हुई। कांग्रेस के नेताओं ने भाजपा मुख्यमंत्री वसुंधरा राजे पर, विशेष रूप से अशोक गहलोत ने 23,000 करोड़ रुपयों के घोटाले का आरोप लगाया, जिसे वे अपने सारे मुख्यमंत्री काल में भी सिद्ध नहीं कर पाए। अतः इसका असर भी मतदाता पर कोई विशेष प्रभाव नहीं डाल सका। एक आरोप यह भी लगाया जा रहा था और वह भी भाजपा कार्यकर्ताओं द्वारा कि वसुंधरा राजे की 'too autocratic' तथा 'Firm style of leadership' के कारण राजस्थान में भाजपा 2008 के चुनावों में पराजित हुई।

ऐसा लगता है कि जैसे पराजय के पश्चात् कोई–न–कोई दोष निकालना ही चाहिए, इसलिए ये दोष निकाले गए। अन्यथा दोष जैसी कोई बात नहीं थी। राजस्थान की जनता एवं भाजपा का साधारण कार्यकर्ता वसुंधरा राजे के शासन को चाहता था। भाजपा की हार पर उसे भी आश्चर्य हुआ। न तो वसुंधरा राजे सरकार के कामकाज के कारण अथवा वसुंधरा राजे पर न ऐसे कोई गंभीर आरोप थे अथवा न भाजपा के मंत्रियों पर कोई गंभीर आरोप थे, जिनके कारण यह कहा जाए कि भाजपा की हार हुई। न वसुंधरा राजे की लीडरशिप पर किसी प्रकार का प्रश्नचिह्न था, जिसके कारण भाजपा की हार हुई, परंतु गहराई में जाकर खोज करेंगे तो पार्टी की आंतरिक स्थिति में ही इस पराजय के कारण मिलेंगे।

2008 के चुनाव घोषणा के पूर्व भाजपा लगभग दो खेमों में बँट गई। एक खेमे के प्रमुख वसुंधरा राजे एवं उनके समर्थक तथा दूसरे में संघ पृष्ठभूमि के विधायक, जिनका नेतृत्व श्री ललित किशोर चतुर्वेदी, श्री रामदास अग्रवाल जैसे नेताओं के हाथ में था। श्री ओमप्रकाश माथुर प्रदेश भाजपा अध्यक्ष थे। विधानसभा चुनावों में पार्टी टिकट मिलने के मसले को लेकर खींचतान बनी हुई थी। इसी खींचतान में योग्य–अयोग्य अथवा जिताऊ–हराऊ अथवा पार्टी का मँजा हुआ कार्यकर्ता या नया

प्रवेशित व्यक्ति का भेद भुला दिया गया तथा अपना व्यक्तिगत समर्थक ढूँढ़ा गया। कहावत है, 'जिसने मार लिया वह वीर' जैसी स्थिति बनी। अनेक ऐसे लोगों को टिकट दिलवाए गए, जो कभी भाजपा के कार्यकर्ता नहीं रहे, जीवनभर कांग्रेसी बने रहे, परंतु इस खेमेबंदी के कारण भाजपा का टिकट पाने में कामयाब हो गए। ऐसे-ऐसे घटनाक्रम भी सामने आए कि एक स्थान से जीते हुए विधायक को उसी स्थान से पुनः टिकट न देकर अन्य स्थान से टिकट दिया गया, इसलिए कि वहाँ से जीते हुए विधायक का टिकट कटवाना था। परिणाम यह हुआ कि दोनों जगह की सीटें हार गए। अनेक सीटें ऐसी थीं, जहाँ जीते हुए विधायकों को टिकट न देकर नए व्यक्ति को टिकट दिया गया, जिसके साथ कार्यकर्ताओं का कोई जुड़ाव ही नहीं था। इसी प्रकार कुछ सीटें ऐसी भी गँवाई, जहाँ व्यक्ति, जो जीता हुआ विधायक था, परंतु उसका जीतना राजनीतिक पैंतरेबाजी में उचित नहीं लगा, वहाँ किसी निर्दलीय उम्मीदवार को खड़ा करके उसे गिरा दिया गया। ऐसे अनेक विविध कारणों से भाजपा अपना बहुमत गँवा बैठी। इसमें यह अति आत्मविश्वास की बू भी थी कि वसुंधरा राजे के शासन को कोई हिला नहीं सकता।

भाजपा के 2008 के चुनावों में भाजपा की हार के ऐसे अनेक कारण राजनीतिक विश्लेषकों के समाचार-पत्रों, पत्रिकाओं एवं टी.वी. चैनलों में आए। स्थानीय लोगों में भी इसी प्रकार के कारणों की चर्चा दूर-दूर तक सुनी गई थी। इन्हीं कारणों से डॉ. किरोड़ीलाल मीणा भाजपा से अलग हो गए। डॉ. मीणा पूर्वांचल के भाजपा के प्रमुख नेताओं में गिने जाते थे। इन क्षेत्रों में एवं विशेष रूप से मीणा समाज में भाजपा की पैठ बनाने वाले प्रमुख नेताओं में उनकी गिनती होती थी। श्री ललित किशोर चतुर्वेदी, श्री शांतिलाल चपलोत पूर्व विधानसभा अध्यक्ष, श्री हीरासिंह पूर्व विधानसभा उपाध्यक्ष, श्री मदन राठौड़, श्रीमती तारा भंडारी आदि जैसे अनेक भाजपा के प्रमुख नेता विधानसभा में नहीं पहुँच सके। ये ऐसे कार्यकर्ता थे, जिन्होंने खूब परिश्रम करके अपने-अपने जिलों में भाजपा की मजबूत पैठ बनाई थी। सामान्यतया जागरूक नागरिकों में जो भाजपा को निरंतर समर्थन देते आ रहे थे, उन्हें लगा कि भाजपा से योजनाबद्ध रूप से संघ पृष्ठभूमि के नेताओं-कार्यकर्ताओं को काटा जा रहा है। इसमें केवल प्रांतीय नेताओं का दोष हो, ऐसा नहीं तो केंद्रीय नेताओं के दोष की भी कम भागीदारी नहीं थी। टिकट वितरण एवं चुनावों में केंद्रीय पर्यवेक्षकों की भूमिका भी इस दोष से मुक्त नहीं हो सकती।

वर्ष 2003 से 2008 तक की भाजपा सरकार ने प्रदेश में बहुत अच्छा कार्य किया। मुख्यमंत्री वसुंधरा राजे एवं अन्य मंत्रियों की छवि प्रदेश के मतदाताओं में

बहुत अच्छी बनी थी। श्री भैंरोसिंह शेखावत की कमी को कहीं खटकने नहीं दिया। वसुंधरा राजे नई हैं, बाहरी हैं, ये सब बातें गौण हो गई थीं। वसुंधरा राजे की लोकप्रियता भी शिखर पर थी। फिर भी अति आत्मविश्वास के कारण भाजपा हारी। इससे राजस्थान की जनता विस्मित थी और दु:खी भी। प्रदेश की जनता में यह विश्वास जागा था कि अब वसुंधरा राजे के नेतृत्व में राजस्थान तेजी से विकास करेगा, परंतु जब भाजपा को बहुमत नहीं मिला तो विश्लेषक कहने लगे कि अब प्रदेश फिर से दस साल पीछे चला जाएगा। अत: उन्होंने उसी समय यह निश्चय कर लिया था कि अगले चुनावों में इसकी कसर निकालेंगे और भाजपा को बहुमत दिलाकर वसुंधरा राजे की सरकार बनाएँगे। वस्तुत: 2013 के चुनावों में उन्होंने ऐसा ही कुछ कर दिखाया। जैसी प्रदेश की जनता की अपेक्षाओं के विपरीत भाजपा की 2008 चुनावों में पराजय हुई, वैसी ही 2013 के चुनावों में प्रदेश की जनता ने भाजपा को अनपेक्षित बहुमत दिया और वसुंधरा राजे को मुख्यमंत्री बनाया।

वर्ष 2008 के विधानसभा चुनावों में पार्टी की पराजय होने की जिम्मेदारी लेते हुए तत्कालीन प्रदेश भाजपा अध्यक्ष श्री ओमप्रकाश माथुर ने अपने पद से त्यागपत्र केंद्रीय अध्यक्ष को सौंप दिया, लेकिन जब नेता प्रतिपक्ष पद से त्यागपत्र की बात आई तो वसुंधरा राजे, जो उस समय नेता प्रतिपक्ष थीं, ने त्यागपत्र देने से इनकार कर दिया। यहाँ से एक बार पुन: भाजपा में आंतरिक संघर्ष बढ़ गया। मीडिया में आए समाचारों से पता लगा कि वसुंधरा राजे ने यह कहकर पद छोड़ने से साफ इनकार कर दिया कि जब सारे विधायक उनके साथ हैं तो उन्हें कैसे हटाया जा सकता है। पत्रकार आगे लिखते हैं, हालात यहाँ तक आ गए थे कि उनकी नई पार्टी के गठन तक की चर्चाएँ होने लगी थीं। आईबीएन-7 के पत्रकार भवानीसिंह लिखते हैं, ''पार्टी छोड़ने की वसुंधरा की धमकी के पीछे बीजेपी के 79 विधायकों में 56 विधायकों के समर्थन की ताकत थी। सब उनके साथ थे। ऐसा ही विधायकों ने तब भी किया था, जब पार्टी ने उन्हें नेता विपक्ष के पद से हटाया था।'' भाजपा के 60 विधायक दिल्ली जाकर भाजपा अध्यक्ष राजनाथ सिंह एवं अन्य केंद्रीय नेताओं से मिले तथा उन्हें बताया कि हम 60 विधायक चाहते हैं कि वसुंधरा राजे नेता प्रतिपक्ष बनी रहें। हमें उनके नेतृत्व पर विश्वास है, परंतु भाजपा अध्यक्ष राजनाथ सिंह ने इस बात को स्वीकार नहीं किया। वसुंधरा राजे ने इस पर प्रतिक्रिया करते हुए कहा कि जब मुझे 60 विधायकों का समर्थन प्राप्त है तो मैं नेता प्रतिपक्ष से त्यागपत्र क्यों दूँ। इसके कारण प्रदेश भाजपा में बहुत तनावपूर्ण स्थिति बन गई।

पत्रकार लिखते हैं कि स्वतंत्रता दिवस 15 अगस्त, 2008 पर भाजपा पार्टी कार्यालय में ध्वजारोहण कार्यक्रम में तत्कालीन उपमुख्यमंत्री श्री हरिशंकर भाभड़ा ने अपने भाषण में बड़ी कठोरता से कहा, ''हम जानते हैं भाजपा छोड़ने के बाद उमा भारती, कल्याण सिंह और मदनलाल खुराना का कैसे पतन हुआ था? यदि वे (वसुंधरा राजे) पार्टी छोड़ना चाहती हैं तो अवश्य छोड़ दें, परंतु उसका हश्र क्या होगा, यह भी जान लें।''

अक्तूबर 2009 में भाजपा के वरिष्ठ नेता लालकृष्ण आडवाणी से मुलाकात के बाद वसुंधरा राजे ने राजस्थान विधानसभा के नेता प्रतिपक्ष के पद से त्यागपत्र केंद्रीय अध्यक्ष राजनाथ सिंह को सौंप दिया था। इस संपूर्ण उठा-पटक के बीच मीडिया यह भी प्रचारित कर रहा था और अंदाजा लगा रहा था कि संभव है—वसुंधरा राजे राजस्थान की राजनीति छोड़ फिर से केंद्र की राजनीति में जाने के लिए 2009 का लोकसभा चुनाव लड़ सकती हैं, परंतु ये सब कल्पनाएँ मात्र ही रहीं। वसुंधरा राजे उस मिट्टी की बनी नहीं हैं कि वे किसी भी क्षेत्र में कदम बढ़ाकर फिर पाँव पीछे खींच लें। उन्होंने मजबूती से राजस्थान की राजनीति में ही जमे रहने का निर्णय किया। संघर्षों एवं विरोधों की न उन्होंने पहले कभी चिंता की और न अब चिंता की। चिंता थी तो एक मात्र यही कि मुख्यमंत्री रहते हुए, जो राजस्थान के विकास कार्य हाथ में लिये थे, पराजय के कारण वे पूरा नहीं कर सके।

श्री ओमप्रकाश माथुर के प्रदेशाध्यक्ष पद से त्यागपत्र के पश्चात् नए अध्यक्ष की तलाश प्रारंभ हो गई। केंद्रीय नेतृत्व को भली-भाँति जानकारी थी कि राजस्थान में भाजपा में खेमे बने हुए हैं। अतः वे ऐसे व्यक्ति को प्रदेश अध्यक्ष बनाना चाहते थे, जो इस खेमेबंदी से मुक्त हो। पूर्व प्रदेश उपाध्यक्ष श्री अरुण चतुर्वेदी को नया भाजपा अध्यक्ष बनाया गया। इनके नाम पर दोनों ही खेमे संतुष्ट थे। संघ को भी इस नाम पर कोई कठिनाई नहीं थी। संगठन महामंत्री के नाते श्री प्रकाश चंद्र गुप्ता को संघ से भाजपा में लिया था, परंतु वे अपेक्षाओं पर पूरे नहीं उतरे। अतः भाजपा से पद मुक्त करवाकर पुनः संघ कार्य में ले लिया गया। नेता प्रतिपक्ष के व्यक्ति का निर्णय केंद्र पूरे एक वर्ष तक भी नहीं तय हो पाया। इसे क्या कहें? क्या इस नाम पर केंद्रीय नेतृत्व आपस में ही उलझ गया? वसुंधरा राजे के कद का नाम ढूँढ़ रहे थे। एक व्यक्ति था, जो बार-बार आडवाणीजी व राजनाथजी के समक्ष आ रहा था—श्री ललित किशोर चतुर्वेदी का। परंतु समस्या यह थी कि वे इस बार विधायक नहीं थे, अतः उन्हें नेता प्रतिपक्ष बनाया नहीं जा सकता था। दूसरे श्री गुलाबचंद्र कटारिया थे। वे एक समय भाजपा के प्रदेशाध्यक्ष भी रहे थे और वरिष्ठ कार्यकर्ता

हैं। परंतु इनके नाम पर उस समय वसुंधरा राजे के साथ के विधायक तैयार नहीं थे। इसी ऊहापोह में पूरा एक वर्ष निकल गया। इस राजनीतिक उठा-पटक के कारण भाजपा के राष्ट्रीय अध्यक्ष श्री राजनाथ सिंह वसुंधरा राजे से नाराज थे। अरुण चतुर्वेदी को यह सोचकर प्रदेशाध्यक्ष बनाया गया था कि वे राजस्थान भाजपा की खेमेबंदी को समाप्त कर संपूर्ण पार्टी को एक जुट करने में सफल होंगे, परंतु ऐसा नहीं हो सका। राजस्थान में पार्टी की शक्ति केंद्र वसुंधरा राजे ही बनी रहीं। ऐसी स्थिति में भाजपा केंद्रीय नेतृत्व को बाध्य होकर फिर से राजे को विधानसभा में नेता प्रतिपक्ष बनाना पड़ा। यहाँ प्रश्न यह उठना स्वाभाविक ही था कि जब फिर से राजे को ही नेता प्रतिपक्ष बनाना था तो फिर हटाने की क्या आवश्यकता थी। जो आकलन पार्टी नेतृत्व वर्ग ने आज किया, वही आकलन इन्हें हटाने से पहले ही कर लेना चाहिए था। इनका स्थानापन्न कौन हो सकता है, इसकी खोज भी पहले ही हो जानी चाहिए थी। इस प्रकार का यह नाटक केंद्रीय नेतृत्व की क्षमता पर ही प्रश्नचिह्न लगाता है। वसुंधरा राजे को हटाना और एक वर्ष बाद पुनः उन्हें लगाना, इससे पार्टी छवि ही बिगड़ी, परंतु राजे की प्रतिष्ठा तो द्विगुणित ही हुई। उन्होंने यह सिद्ध कर दिया कि कभी श्री भैंरोसिंह शेखावत और ललित किशोर चतुर्वेदी होंगे, परंतु आज तो मात्र राजे-ही-राजे हैं। राजस्थान बीजेपी, यानी वसुंधरा राजे। राजे की भाजपा विधायकों पर इतनी गहरी पकड़ है कि वे भाजपा संगठन पर भी पूरी तरह हावी हैं। अब तो प्रदेश अध्यक्ष भी वही बनेगा, जिसे वसुंधरा राजे चाहेंगी।

वसुंधरा राजे ने अपनी ताकत भी केंद्रीय नेतृत्व को दिखा दी। राजस्थान में होनेवाले राज्यसभा चुनावों में प्रसिद्ध एडवोकेट राम जेठमलानी को राज्यसभा का प्रत्याशी बनाया। यद्यपि राम जेठमलानी भाजपा के सदस्य हैं, परंतु वे पार्टी की राह से नहीं, अपनी ही राह से चलनेवाले व्यक्ति हैं। वे बार-बार पार्टी छोड़ते भी हैं और फिर आ जाते हैं। वे कहते हैं कि मैं तो पार्टी छोड़ना चाहता हूँ, परंतु मेरा दिल अलग रह ही नहीं सकता। पार्टी मुझे निकाल सकती है, परंतु मैं नहीं निकल सकता। ऐसे अपनी ही सोच से चलनेवाले व्यक्ति को भी वसुंधरा राजे ने केंद्रीय नेताओं पर अपने प्रभाव से पार्टी का अधिकृत प्रत्याशी बनवा दिया तथा अपनी कूटनीतिक सूझबूझ से उन्हें जितवा भी दिया। श्री भैंरोसिंह शेखावत के विषय में कहा जाता था कि तीन-चार-पाँच कांग्रेसी विधायक तो हर समय उनकी जेब में ही रहा करते थे। अतः इतने का जोड़-तोड़ तो वे कभी भी कर सकते थे। वे इस कला में बड़े सिद्धहस्त थे। वे कैसे करते थे, यह तो वे ही जानते थे, परंतु है यह बात सौ टका सही। वैसे भी वसुंधरा राजे जोड़-तोड़ बैठाने में बड़ी माहिर हैं, लोगों को अपना बनाने में भी

माहिर हैं। यही कारण है कि बिना अपना क्षेत्र बदले आज तक यानी 1984 से लेकर आज तक एक बार भी चुनाव में पराजय का स्वाद नहीं चखा। अतः अब केंद्रीय नेतृत्व को इसमें किसी प्रकार से सोचने की आवश्यकता ही शेष नहीं रह गई थी कि राजस्थान भाजपा का शीर्ष नेतृत्व वसुंधरा राजे ही हो सकती हैं। कुछ पत्रकारों ने तो यहाँ तक विचार लिखे हैं, "असल में उन्हें फिर सर्वेसर्वा बनाने की नौबत इसलिए आई कि अंकुश लगाने के लिए जिन अरुण चतुर्वेदी को प्रदेश भाजपा अध्यक्ष बनाया गया, वे ही कमजोर साबित हो गए। पार्टी का एक बड़ा धड़ा अनुशासन की परवाह किए बिना वसुंधरा खेमे में ही बना रहा। वस्तुतः राजस्थान में वसु मैडम की पार्टी विधायकों पर इतनी गहरी पकड़ है कि वे न केवल संगठन के समानांतर खड़ी हैं, अपितु संगठन पर पूरी तरह से हावी हो गई हैं। जेठमलानी को जितवाकर (राज्यसभा के लिए) लाने से ही साफ हो गया था कि प्रदेश में दिखाने भर को अरुण चतुर्वेदी के पास पार्टी की फ्रैंचाइजी है, मगर असली मालिक श्रीमती वसुंधरा ही हैं। राजे प्रदेश भाजपा में ऐसी क्षत्रप बनकर स्थापित हो चुकी हैं, जिसका पार्टी हाईकमान के पास कोई तोड़ नहीं है। उनकी टक्कर का एक भी ग्लैमरस नेता पार्टी में नहीं है, जो जननेता कहलाने योग्य हो।"

वसुंधरा राजे ने अपनी माँ राजमाता विजयाराजे सिंधिया की राजनीति देखी है। माँ के संस्कार राजे के मन पर पूरी तरह व्याप्त हैं। पार्टी के प्रति निष्ठा कैसी होती है, यह राजे ने माँ से सीखा है। पारिवारिक बँटवारे के पश्चात् राजे ने यह निर्णय किया कि राजमाता का राजनैतिक रास्ता ही सही है। राजे के बड़े भाई श्री माधवराज सिंधिया कांग्रेस के बड़े नेता थे। राजे से उनको अत्यधिक स्नेह भी था तथा राजे भी उनका बहुत सम्मान करती थीं। परंतु जब राजनीति में जाने की बात आई तो राजे राजमाता के पक्ष में खड़ी दिखाई दीं। उन्होंने उस उम्र में भी देश एवं राजनीतिक दलों की रीति-नीतियों को समझा था। भाजपा एक निष्ठावान कार्यकर्ताओं की पार्टी है। उनका जुड़ाव किसी व्यक्ति विशेष के साथ नहीं, बल्कि देश एवं भारतीय संस्कृति एवं गौरव के साथ है। हिंदुत्व एवं भारतीय संस्कृति की उच्च भावना राजे के मन-मस्तिष्क में गहरी बैठी हुई है। इस कारण इस विपरीत परिस्थिति में भी अपने कुछ विधायक सहयोगियों के बार-बार उकसाने पर भी राजे ने पार्टी छोड़कर राजस्थान में नई पार्टी गठन करने से साफ इनकार कर दिया था। यद्यपि उनके न चाहने पर भी उन्हें नेता प्रतिपक्ष के पद से त्यागपत्र देना पड़ा था, जो उन्होंने पार्टी हित में अपने केंद्रीय नेताओं के आदेश का पालन किया। राजे इस बात को जानती थीं कि किन्हीं कारणों से भाजपा अध्यक्ष ने यह निर्णय किया है, परंतु जैसे-जैसे वे

राजस्थान की स्थिति से अच्छी तरह परिचित होंगे, उन्हें अपने इस निर्णय पर पुनर्विचार करना पड़ेगा और ऐसा हुआ भी। यद्यपि पूरा एक वर्ष लगा अवश्य, परंतु केंद्रीय नेतृत्व को यह बात समझने में कठिनाई नहीं हुई कि राजस्थान में वर्तमान परिस्थिति में वसुंधरा राजे का नेतृत्व ही भाजपा को फिर से सत्तासीन कर सकता है, संगठन को जोड़ सकता है। केंद्रीय नेतृत्व को यह भी अहसास हो गया कि वर्ष 2008 के चुनावों में पार्टी की पराजय का कारण वसुंधरा राजे नहीं, बल्कि अन्य हस्तक्षेप हैं। भाजपा के राष्ट्रीय अध्यक्ष श्री राजनाथ सिंह की नाराजगी भी समाप्त हो गई। यही कारण है कि वसुंधरा राजे को फिर से नेता प्रतिपक्ष बनाने का निर्णय करना आवश्यक लगा। इससे वसुंधरा राजे का कद ऊँचा ही हुआ। राजे विरोधी खेमे एवं कांग्रेस की आशाओं पर तुषारापात हुआ। विरोधी खेमे द्वारा किए गए आक्षेप एवं कांग्रेस द्वारा लगाए गए घोटालों के आरोप सिद्ध नहीं हो सके। इसमें केंद्रीय नेता एवं श्री वाजपेयी मंत्रिमंडल के वरिष्ठ मंत्री श्री जसवंत सिंहजी की भी अच्छी भूमिका रही, इस बात से इनकार नहीं किया जा सकता।

सन् 2008 के विधानसभा चुनावों के अभियान में एवं भाजपा की पराजय के बाद भाजपा पार्टी के अंदर एवं कांग्रेस तथा विरोधियों द्वारा वसुंधरा राजे की खूब आलोचनाएँ हुई थीं। पार्टी के अंदर राजे के विरोध में कहा जा रहा था कि वे तो महारानी हैं, सामान्य कार्यकर्ता तो उनसे मिल ही नहीं सकता, विधायकों के लिए भी मिलना कठिन होता है। फोन पर बात तक नहीं करतीं। केवल कुछ चाटुकारों से मिलकर सारे निर्णय करती हैं। रात को आठ बजे के बाद तो मिलना व फोन पर बात करना ही असंभव है। अब पार्टी महारानी एवं उनके इर्द-गिर्द हाजिरी लगानेवाले व्यक्तियों की ही रह गई है। पार्टी के कार्यकर्ताओं की बिल्कुल उपेक्षा होने लगी है। कुछ इसी प्रकार की आलोचनाएँ भाजपा कार्यकर्ताओं द्वारा सार्वजनिक रूप से होने लगी थीं। आईबीएन-7 के भवानीसिंह कहते हैं, ‘‘कैडर से बँधे आर.एस.एस. और बीजेपी के नेताओं को वसुंधरा राजे की महारानीवाले अंदाज की कार्यशैली से हमेशा शिकायत रही।’’ वसुंधरा राजे की शिकायतों के ढेरों पत्र राष्ट्रीय अध्यक्ष एवं उपराष्ट्रपति श्री भैंरोसिंह शेखावत के पास पहुँचे थे। अतः राष्ट्रीय स्तर पर चिंता होना स्वाभाविक था। इसी के चलते वसुंधरा राजे के संबंध श्री भैंरोसिंहजी से बिगड़ गए। राष्ट्रीय अध्यक्ष श्री राजनाथ सिंहजी की नाराजगी का भी यह एक बड़ा कारण था। केंद्रीय आदेश की अवहेलना करना भी इसमें दूसरा बड़ा कारण था। राजस्थान में भाजपा नेताओं के मन में कहीं-न-कहीं यह भाव भी हो सकता है, जैसा कि अनेक विश्लेषकों का मानना था कि पुरुष प्रधान राजस्थान में एक नारी

का नेतृत्व कैसे स्वीकार किया जा सकता है। कारण जो भी हो, भाजपा में भी राजे विरोधी स्वर तो मुखर थे। एक विशेष बात यह भी सामने आ रही थी कि वसुंधरा राजे संघ पृष्ठभूमि के नेताओं को एक-एक करके कमजोर करती जा रही हैं और संघ पृष्ठभूमि से इतर के छुटभैया नेताओं को आगे बढ़ा रही हैं। संघ पृष्ठभूमि के कार्यकर्ता जमीन से उठे कार्यकर्ता हैं तथा इतने वर्षों से अपना खून-पसीना एक कर प्रदेश में भाजपा संगठन को ग्राम-ग्राम तक पहुँचाया है। ऐसे कार्यकर्ताओं के अभाव में पार्टी का सुंदर महल कभी भी ढह सकता है। इस विरोध के कारण भी वर्ष 2008 के विधानसभा चुनावों में संघ एकदम तटस्थ रहा था। जिसका परिणाम भी पराजय के रूप में भाजपा को भुगतना पड़ा था, परंतु इन सब चर्चाओं में कितनी सत्यता है, कहना बड़ा कठिन है, परंतु इन स्थितियों को एकदम झुठलाया भी नहीं जा सकता है। जिन 60 विधायकों के लिए कहा जाता है कि वे सभी वसुंधरा राजे के समर्थक थे, उनमें भी आधे से अधिक विधायक संघ पृष्ठभूमि के हैं, जो इस बात को समझते थे कि राजस्थान की वर्तमान परिस्थिति में वसुंधरा राजे ही योग्य नेतृत्व पार्टी को दे सकती हैं, जिन्होंने अपने कार्यों के कारण पूरे प्रदेश में अच्छी छवि निर्माण की है, गाँव-गाँव ढाणी-ढाणी जिनका नाम लोगों की जबान पर है। अन्य नेता एक क्षेत्र विशेष के हो सकते हैं, परंतु पूरे प्रदेश में उनकी ऐसी लोकप्रियता नहीं है। एकमात्र वसुंधरा राजे को छोड़कर श्री ललितकिशोर चतुर्वेदी ऐसे हैं, जिन्हें प्रदेश भर के भाजपा व संघ कार्यकर्ता जानते-पहचानते हैं तथा लोकप्रिय हैं, परंतु उनकी पराजय एवं उम्र भी बाधक हो गई है। वसुंधरा राजे ने इन सब कमियों को पहचाना तथा वर्ष 2009 के बाद धीरे-धीरे सबको ठीक किया। भाजपा के नए-पुराने सभी नेताओं से बनी दूरियों को दूर करने का प्रयास किया। राष्ट्रीय स्वयंसेवक संघ के साथ बनी दूरियों को भी पाटने का प्रयत्न किया। निश्चित रूप से उन्हें सफलता मिली। सन् 2013 के विधानसभा चुनावों में मिली सफलता इसका स्पष्ट प्रमाण है।

प्रदेश कांग्रेस भाजपा की बढ़ती ताकत से परेशान थी। वर्ष 2003 से 2008 तक वसुंधरा राजे के नेतृत्व में प्रदेश में भाजपा ने इतना काम किया कि कांग्रेस के लिए बोलने को विशेष कुछ भी नहीं था। अत: उन्होंने वसुंधरा राजे को ही अपना टार्गेट बनाया तथा उनके व्यक्तिगत जीवन से संबंधित आलोचना पर उतर आए। यह एक गंदी राजनीति है। पूर्व मुख्यमंत्री अशोक गहलोत जैसे व्यक्ति से यह अपेक्षा नहीं की जा सकती कि वे आलोचना के इस हलके स्तर तक उतर जाएँगे। इंडिया टुडे ने लिखा—“The congress party came out with CD’s and posters of utterly disgusting nature that talk about Vasundhara Raje's personal lifestyle. Raje is quite famous in the state because of her drinking. Hence Ashok Gehlot's speeches saw lines like '8 PM, No CM' hinting at Raje's habit of drinking in the evenings. One of his ministers also asked the people once. "How can you vote for somebody who drinks?" According to Congress ministers drinking is a sin and if women do in then it's next to a criminal offence. Otherwise, what could explain making drinking an 'issue' in the election? If that was not enough, Gehlot raised another point in his speeches where he talked about Raje's visit to London. He said "Latka-Jhatka dikhati hai...pata nahin London gayi thi ya Kahan gayi thi" attackig her character. Raje might be an alcoholic; she might be even in love with some one but how does that make her a woman of bad character? How does that make her less worthy for the post of chief minister?"

उपर्युक्त संदर्भ से स्पष्ट है कि कांग्रेसी एवं पूर्व मुख्यमंत्री अशोक गहलोत कितने हलके स्तर पर उतर आए। उन्होंने व्यक्तिगत चरित्र हनन का प्रयास किया, यह उनकी कुत्सित मानसिकता का परिचायक है। ऐसे व्यक्तियों से राष्ट्र एवं समाज के कल्याण की अपेक्षा करना व्यर्थ है। पूर्व मुख्यमंत्री अशोक गहलोत ने वसुंधरा राजे पर 23,000 करोड़ रुपए के घोटाले का आरोप लगाया। वर्ष 2008 के चुनावों में जीतकर कांग्रेसी सरकार के मुख्यमंत्री अशोक गहलोत ने जाँच कमेटी बनाई, परंतु हुआ क्या? वे एक रुपया का घोटाला भी सिद्ध करने में असफल रहे। इंडिया टुडे ने लिखा, "Gehlot failed to prove his charge that she had indulged in corruption to the tune of 23,000 crore during her stint between 2003 and 2008."

चुनाव सभाओं में राजे ने भी कांग्रेस की आलोचना की, मुख्यमंत्री अशोक गहलोत एवं उनकी सरकार के गलत कार्यों की आलोचना की, परंतु अशोक गहलोत का व्यक्तिगत चरित्र हनन करने का प्रयास वसुंधरा राजे व भाजपा नेताओं ने नहीं किया। अशोक गहलोत पर जोधपुर खनन घोटाला, जोधपुर विश्वविद्यालय में अवैधानिक नियुक्ति का मामला, जलमहल लीज, जोधपुर डिफेंस लैंड घोटाला जैसे आरोप सार्वजनिक सभाओं में लगाए गए, ऑयल रिफाइनरी के स्थान बदलने के कारण की बात कही गई, उसके मंत्री भरोसीलाल जाटव की जंगलात जमीन को लीज पर दिलवाने की बात कही गई। मंत्री महिपाल मदेरणा एवं विधायक के

विरुद्ध भँवरीदेवी प्रकरण की बात उठाई गई, मंत्रियों-विधायकों के सेक्स स्कैंडल के मामले उठाए गए। अशोक गहलोत सहित संपूर्ण कांग्रेस पूरी तरह घिर गई। उन्हें जवाब देते नहीं बना। यह है भाजपा की शालीनता। कभी भी व्यक्तिगत चरित्रहनन करने का प्रयत्न नहीं किया। इंडिया टुडे के पत्रकार रोहित परिहार राजे की आलोचना करते हुए लिखते हैं, ''राजे अच्छे सलाहकारों से घिरी हुई नहीं हैं। वे लोग राजे को अच्छी सलाह देने के स्थान पर केवल अपने व्यक्तिगत स्वार्थों का पोषण करने में ही रुचि रखते हैं। इनके उपरांत भी राजे अपने सद्व्यवहार के कारण अनेक राजनीतिज्ञों एवं रिपोर्टर्स में सम्मानित मानी जाती रही हैं।''

राष्ट्रीय महिला आयोग की चेयरमैन गिरिजा व्यास, जो मूलतः राजस्थान की ही हैं, से वसुंधरा राजे के विषय में पत्रकार रोहित परिहार ने चर्चा की। उनके अनुसार व्यास का कहना था कि राजे सरकार ने विकास तो कम किया, परंतु उसका प्रोपेगेंडा (प्रचार) बहुत किया है। व्यास आगे कहती हैं, "Vyas asserted Raje's bad traits are more numerous, including arrogance, corruption, and surrounding herself with bad advisors. According to Vyas, Raje sought advice on how to improve her image, after which she stoped drinking publicly in the evening, began praying at 5 A.M. and getting to work by 7 A.M. instead of her normal 10 A.M. Vyas further commented that even if Raje has a vision to move Rajasthan into the future, her advisors are either not quick or supportive enough to allow it to happen. Vyas admitted that Raje has done "Some good work" including the implementation of gender budgeting programs for women and girls."

गिरजा व्यास ने एक भी ऐसी बात नहीं कही, जो नई हो अथवा भाजपा सरकार के किसी घोटाले की तरफ इंगित करती हो। परंतु उन्होंने भी राजे की प्रशंसा ही की।

आई.बी.एन-7 के पत्रकार श्री भवानीसिंह वर्ष 2003-08 की राजे सरकार के कार्यों का विश्लेषण करते हुए लिखते हैं—''वर्ष 2003 में वसुंधरा ने मुख्यमंत्री बनते ही शासन के परंपरागत तरीके को बदल दिया। पहले खुद के लिए किसी कॉरपोरेट कंपनी के दफ्तर की तरह नया सीएमओ बनवाया। सचिवालय के अंदर और बाहर की तसवीर बदल दी। फाइलों में उलझे अफसरों को लैपटॉप और काम पूरा करने का टारगेट थमा दिया। अफसरों को प्रेजेंटेशन देने पड़ रहे थे। लालफीताशाही को भूलकर सरकारी कर्मचारी काम में डूबे दिखने लगे, दूसरी तरफ काम की

गुणवत्ता में सुधार के लिए उन्होंने सप्ताह में पाँच दिन काम करने की कार्य संस्कृति भी शुरू की।'' पूर्व आई.ए.एस. आर.एस. गढाला कहते हैं, ''वसुंधरा राजे हार्ड वर्किंग तो शुरू से ही हैं। मैं जब कलेक्टर था, तब देखा कि किस तरह आम आदमी की समस्याओं को लेकर वे सीरियस थीं। खुद वसुंधरा राजे ने सरकार की ब्रांडिंग शुरू की। कभी सरकारी डेयरी के दूध की ब्रांडिंग के लिए विज्ञापन करती नजर आईं तो कभी कोटा में बुनकरों की कोटा डोरिया साड़ी की ब्रांडिंग के लिए कैटवॉक किया। डिजाइनरों को काम सौंपा। साड़ी ब्रांड बन गईं। खेलों को बढ़ावा देंने, निशानेबाजी को प्रमोट करने के लिए खुद शूटिंग रेंज में निशाना लगाती दिखीं तो कभी टेनिस कोर्ट में टेनिस खेलते। पानी को तरसते राजस्थान में स्पेशल इकोनॉमिक जोन बनने लगे, तरक्की का रास्ता दिखने लगा। छात्रों और महिलाओं से लेकर हर तबके में उनकी लोकप्रियता मजबूत हो गई।''

वसुंधरा राजे ने अपनी बौद्धिक कुशलता व कूटनीति से इस प्रकार हैंडल किया कि उनका प्रभाव उनके विरोध में नहीं बन पाया। श्री भवानीसिंह लिखते हैं, ''वसुंधरा के शासन करने के अंदाज में एक दूरदर्शिता दिखती थी, लेकिन इस दूरदर्शिता में पासवाली नजर खराब होने का इशारा देने वाले तमाम विवादों का सिलसिला भी मिलता है। वसुंधरा राज के एक साल बीतने के बाद ही अगले चार साल में पुलिस को 16 बार गोली चलानी पड़ी। पूर्व आई.पी.एल. कमिश्नर ललित मोदी के लिए दिखाई गई कथित दरियादिली ने भी विरोधियों को उन पर निशाना साधने का मौका दिया।

''वसुंधरा राज में पानी को लेकर हुए किसान आंदोलन और आरक्षण की माँग को लेकर हुए गुर्जर आंदोलनों ने भी उनकी छवि पर दाग लगाया। दोनों आंदोलनों को काबू में करने के लिए पुलिस को गोलियाँ दागनी पड़ीं। इसके बावजूद ये महारानी के राजनीतिक कौशल का ही कमाल था कि गुर्जर आंदोलन छेड़नेवाले नेता किरोड़ीसिंह बैंसला खुद बीजेपी में शामिल हो गए। बीजेपी नेता कैलाशनाथ भट्ट का दावा है कि वसुंधरा राजे का लोगों से जीवंत संपर्क है।'' सन् 2009 में दीनदयाल ट्रस्ट केस में वसुंधरा राजे सिंधिया समेत पूर्व बीजेपी सरकार के 9 लोगों के नाम कांग्रेस द्वारा उछाले गए थे, परंतु यह आरोप भी बेबुनियाद रहा। वर्ष 2009 के लोकसभा चुनावों में भाजपा राजस्थान की 25 सीटों में से केवल चार पर ही विजय प्राप्त कर सकी थी। इससे भी एक बार तो वसुंधरा राजे के नेतृत्व पर प्रश्नचिह्न खड़ा हो गया था। परंतु ये सब बातें अब गौण हो गई थीं। केंद्रीय नेतृत्व ने अब मानस बना लिया था कि राजस्थान में यदि अगला विधानसभा चुनाव

जीतना है तो वसुंधरा राजे के हाथ में ही राजस्थान की कमान देनी होगी। इसी आधार पर पूर्व प्रधानमंत्री अटल बिहारी वाजपेयी ने यह घोषणा की कि राजस्थान में अगला चुनाव वसुंधरा राजे के नेतृत्व में ही लड़ा जाएगा। इस घोषणा ने पार्टी में वसुंधरा विरोधी खेमे में हड़कंप मचा दिया। ललितकिशोर चतुर्वेदी, गुलाबचंद कटारिया, घनश्याम तिवाड़ी, हरिशंकर भाभड़ा, रामदास अग्रवाल एवं स्वयं अरुण चतुर्वेदी भी इस घोषणा से सहमत नहीं थे।

वास्तव में तो नितिन गड़करी के अध्यक्षीय काल में ही यह तय हो गया था कि अगला विधानसभा चुनाव वसुंधरा राजे के नेतृत्व में ही लड़ा ज़ाएगा; परंतु श्री राजनाथ सिंह के राष्ट्रीय अध्यक्ष बन जाने से समीकरणों में बदलाव आ गया, जिसका वर्णन पूर्व में किया जा चुका है।

श्री आडवाणीजी की घोषणा के पश्चात् मेवाड़ के एक मात्र ताकतवर नेता श्री गुलाबचंद कटारिया ने मेवाड़ में रथयात्रा निकालने की घोषणा की, जिसमें प्रांतीय नेताओं की सहमति थी। कारण यह था कि मेवाड़ के आदिवासी-बनवासी क्षेत्र पर भाजपा की अच्छी पकड़ होने के बावजूद 2008 के विधानसभा चुनावों में तथा 2009 के लोकसभा चुनावों में भाजपा को अपेक्षित सफलता नहीं मिल पाई थी। अत: 28 दिन की रथयात्रा निकालकर एक बार फिर से वे संपूर्ण मेवाड़ में भाजपा के लिए अनुकूल वातावरण बनाने व भाजपा कार्यकर्ताओं में उत्साह-निर्माण करना चाहते थे। परंतु विरोधी खेमे को ऐसा लगा कि कटारिया राजस्थान का नेतृत्व करना चाहते हैं तथा उसी उद्देश्य से यह यात्रा निकालकर राष्ट्रीय नेतृत्व को प्रभावित करना चाहते हैं। अत: उन्होंने इस यात्रा का विरोध करना प्रारंभ किया। विधायक किरण माहेश्वरी द्वारा केंद्र में तथा स्थानीय स्तर पर इसका विरोध प्रारंभ किया गया। इसे नया संघर्ष बनते देखकर केंद्र ने श्री कटारिया की इस रथयात्रा को स्थगित करवा दिया, जो किसी भाँति उचित नहीं हुआ। इसे विडंबना ही कहना चाहिए कि वसुंधरा राजे ने भी इसका विरोध कर राष्ट्रीय नेताओं पर दबाव बनाया। सत्य यह है कि श्री गुलाबचंद कटारिया जैसे अनुशासित कार्यकर्ता को पहचानने में भूल हो गई। ये विशुद्ध कार्यकर्ता हैं, जिनकी किसी भी प्रकार की व्यक्तिगत आकांक्षा नहीं है। संगठन ने उन्हें जो दायित्व दिया, उसे उन्होंने बड़ी गंभीरता और ईमानदारी से हमेशा निभाया। पार्टी अनुशासन के विरुद्ध उन्होंने कभी कदम उठाने के विषय में किंचित् भी विचार नहीं किया। वे तो विशुद्ध कार्यकर्ता ही हैं, नेता तो उन्हें पार्टी एवं उनकी प्रशंसक जनता ने बनाया। केंद्रीय नेतृत्व का निर्देश मिलते ही एक ही क्षण में उन्होंने अपनी पूरी तरह तैयार की हुई यात्रा को

स्थगित कर दिया, अपनी प्रतिष्ठा-अप्रतिष्ठा का कोई विचार ही नहीं किया, परंतु जनता की मनोभावना को समझते हुए उन्होंने उदयपुर में विशाल किसान सम्मेलन आयोजित किया। समाचार-पत्रों का आकलन था कि इतनी विशाल संख्या में इससे पहले किसान आंदोलन कभी नहीं हुआ। श्री कटारिया की लोकप्रियता इससे स्पष्ट झलकती है। कार्यकर्ता दुगुने उत्साह के साथ अपने-अपने क्षेत्रों में कार्य का संकल्प लेकर लौटे। केंद्रीय नेतृत्व एवं वसुंधरा राजे ने श्री कटारिया के व्यक्तित्व का आकलन करने में भूल की। स्मरण रहे 2003 के विधानसभा चुनावों में भी मेवाड़ संभाग से भाजपा ने सर्वाधिक सीटें जीती थीं। यह कटारिया का ही प्रभाव व परिश्रम का परिणाम था।

राष्ट्रीय नेतृत्व ने राजस्थान की संपूर्ण परिस्थिति पर विचार कर इसे सही दिशा में लाने के लिए प्रयास प्रारंभ कर दिए। शीघ्र ही राजस्थान के नेतृत्व के प्रमुख व्यक्तियों को दिल्ली बुलाया गया, जिसमें दोनों ही खेमों के प्रमुख नेता सम्मिलित थे। चर्चा में अधिक कठिनाई नहीं आई तथा शीघ्र ही यह निर्णय हो गया कि वसुंधरा राजे को राजस्थान भाजपा का अध्यक्ष बनाया जाए और इन्हीं के नेतृत्व में 2013 का विधानसभा चुनाव लड़ा जाएगा तथा बहुमत प्राप्त होने पर मुख्यमंत्री वसुंधरा राजे ही होंगी। श्री गुलाबचंद कटारिया विधानसभा में नेता प्रतिपक्ष होंगे। बैठक के इन निर्णयों पर संघ की सहमति भी प्राप्त की गई। एक प्रमुख निर्णय यह भी हुआ कि टिकट वितरण के लिए वसुंधरा राजे को पूरा 'फ्रीहैंड' नहीं होगा। इसके लिए संघ पृष्ठभूमि के प्रमुख नेताओं की सलाह भी महत्त्वपूर्ण होगी तथा उनके कोटे की सीटें उन्हें मिलेंगी। वसुंधरा राजे को इसमें किसी प्रकार की कठिनाई नहीं थी, क्योंकि मुख्यमंत्री तो उन्हें ही बनना था। बस इतना स्पष्ट हो गया कि टिकट वितरण में अन्य कोई हस्तक्षेप नहीं होगा।

दिल्ली से लौटने के तुरंत पश्चात् योजना को क्रियान्वित करने में सब एक साथ जुट गए। वसुंधरा राजे प्रदेश अध्यक्ष हो गईं तथा श्री गुलाबचंद कटारिया विधानसभा में नेता प्रतिपक्ष बन गए। प्रदेश में अब कहीं कोई कठिनाई नहीं थी। सब एकजुट होकर कार्य में जुट गए। पार्टी की अंदरूनी कलह की वजह से मायूस हो चुके कार्यकर्ताओं में उत्साह का संचार हुआ। सभी एक जुट होकर 2013 के विधानसभा चुनावों को ध्यान में रखकर कार्य में अपने-अपने क्षेत्रों में जुट गए। किसी पत्रकार ने सही ही कहा था, "उनकी टक्कर का एक भी ग्लैमरस नेता पार्टी में नहीं है, जो जननेता कहलाने योग्य हो। आगामी विधानसभा चुनाव में केवल वे ही पार्टी की नैया पार कर सकती हैं।"

जयपुर में राजस्थान दिवस समारोह के समापन में पूर्व राष्ट्रपति डॉ. ए.पी.जे. अब्दुल कलाम के साथ।

20 दिसंबर, 2001 को नई दिल्ली में लघु उद्योग मंत्रालय द्वारा आयोजित अंतरराष्ट्रीय शिखर बैठक में तत्कालीन प्रधानमंत्री श्री अटल बिहारी वाजपेयी के साथ।

तत्कालीन राष्ट्रपति श्रीमती प्रतिभा पाटील से भेंट करते हुए।

उपराष्ट्रपति मो. हामिद अंसारी का स्वागत करते हुए।

प्रधानमंत्री श्री नरेंद्र मोदी के साथ।

20 नवंबर, 2013 को जयपुर में तत्कालीन भाजपा अध्यक्ष श्री राजनाथ सिंह के साथ।

जयपुर में 'रिसर्जेंट राजस्थान पार्टनरशिप समिट 2015' के उद्घाटन समारोह में केंद्रीय वित्त मंत्री श्री अरुण जेटली का स्वागत करते हुए।

जयपुर में आयोजित एक सार्वजनिक सभा में केंद्रीय विदेश मंत्री श्रीमती सुषमा स्वराज के साथ।

भाजपा के राष्ट्रीय अध्यक्ष श्री अमित भाई शाह के साथ।

केंद्रीय सड़क परिवहन, राजमार्ग और जहाजरानी मंत्री श्री नितिन गडकरी के साथ।

भाजपा के राष्ट्रीय अध्यक्ष श्री अमित भाई शाह का अभिवादन करते हुए, साथ हैं भाजपा शासित प्रदेशों के मुख्यमंत्री, बाएँ से सर्वश्री देवेंद्र फड़नवीस, मनोहर लाल खट्टर, रमन सिंह, शिवराज सिंह चौहान, रघुवर दास एवं आनंदीबेन पटेल।

नई दिल्ली में आयोजित नीति आयोग की बैठक में श्री रघुवर दास एवं श्री शिवराज सिंह चौहान के साथ

जयपुर में केंद्रीय सूक्ष्म, लघु और मध्यम उद्योग मंत्री श्री कलराज मिश्र के साथ
'राजस्थान सूक्ष्म, लघु और मध्यम उद्योग नीति 2015' का शुभारंभ करते हुए।

जयपुर में चित्रकूट स्टेडियम में आयोजित योग शिविर में
योगगुरु बाबा रामदेव के साथ योग करते हुए।

वरिष्ठ अधिकारियों के साथ बैठक करते हुए।

नीति आयोग की एक बैठक में भाग लेते हुए।

जयपुर मेट्रो रेल का उद्घाटन करते हुए।

जयपुर में आयोजित नागरिक सैन्य संपर्क सम्मेलन (CMLC) में वरिष्ठ सैन्य अधिकारियों के साथ।

खैरवाड़ा चुनावी सभा में हजारों की संख्या में उमड़ी भीड़ का अभिवादन करते हुए।

राजस्थान के नागौर जिले में आयोजित विशाल जनसभा को संबोधित करते हुए।

ओजस्वी एवं प्रभावी वक्ता।

राजस्थान सरकार की अभिनव पहल 'अन्नपूर्णा भंडार योजना' का शुभारंभ करते हुए।

कोलकाता में 'राजस्थान रिसर्जेंट पार्टनरशिप समिट' में निवेशकों को संबोधित करते हुए।

'राजस्थान रिसर्जेंट पार्टनरशिप समिट' में द्विपक्षीय समझौतों की साक्षी।

जयपुर में राजस्थान पुलिस अकादमी में आयोजित दीक्षांत समारोह में परेड का निरीक्षण करते हुए।

नई दिल्ली में आयोजित 'कौशल भारत अभियान' के शुभारंभ समारोह में महाराष्ट्र के मुख्यमंत्री श्री देवेंद्र फड़नवीस और गुजरात की मुख्यमंत्री श्रीमती आनंदीबेन पटेल के साथ।

केंद्रीय रेल मंत्री श्री सुरेश प्रभु के साथ रेल योजना का शुभारंभ करते हुए।

स्कूली छात्राओं के साथ ममतामयी मुख्यमंत्री।

महिलाओं एवं वृद्धों के कल्याण हेतु सदैव प्रयासरत कर्मशील मुख्यमंत्री।

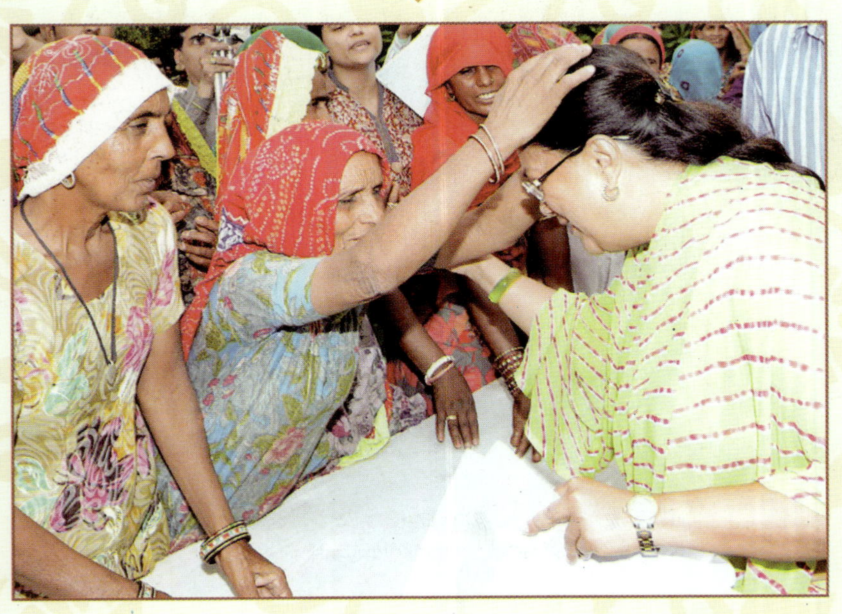

सामाजिक समरसता : वंचित वर्ग के बच्चों के साथ भोजन करते हुए।

संस्कृति एवं परंपरा की संरक्षक : गोमाता को भोजन कराती हुई।

पत्रकार भवानीसिंह कहते हैं, ''राजे समर्थक नेता राजेंद्र राठौड़ कहते हैं कि राजस्थान में बीजेपी वसुंधरा राजे से ही शुरू होती है। राजस्थान में हर हाल में वसुंधरा का साथ देनेवाले ऐसे कट्टर समर्थकों की कमी नहीं है। वर्ष 2008 के जिस चुनाव में वसुंधरा सत्ता से बाहर हुई थीं, कहते हैं उस चुनाव में टिकट बँटवारे पर उनकी तत्कालीन अध्यक्ष राजनाथ सिंह से ठन गई थी। वसुंधरा की पसंद के सिर्फ 10 टिकट ही बाँटे गए थे। पार्टी को सिर्फ 79 सीट पर जीत मिली। वसुंधरा समर्थकों का दावा था कि इनमें 71 विधायक उनके गुट के थे। इन्हीं विधायकों की बदौलत वसुंधरा ने खोया हुआ रुतबा दोबारा हासिल किया।''

उक्त कथन अतिशयोक्तिपूर्ण है। वसुंधरा राजे के पूर्व भी भाजपा ने राजस्थान में राज्य किया था, जिसमें भैंरोसिंह शेखावत मुख्यमंत्री थे। अत: यह कहना कि राजस्थान में बीजेपी वसुंधरा से ही शुरू होती है, उचित नहीं। इसे सामान्य भाषा में खुशामद कहते हैं, जिसे मारवाड़ी में 'ठाकुर सुहाती' कहते हैं। जिन 71 विधायकों की बात कहते हैं, वे किसी गुट विशेष में नहीं हैं, बल्कि वे वसुंधरा राजे का नेतृत्व पसंद करते हैं। ऐसा लगता है कि कहने वाले भाजपा के अनुशासन से अनभिज्ञ हैं। परंतु पत्रकार ही नहीं, सभी स्वतंत्र हैं। वे अपने विश्लेषण के आधार पर बात रख सकते हैं। कारण स्पष्ट है कि पार्टी में फूट थी तथा दो खेमों में बँटी हुई थी, साथ ही 2008 के चुनावों में पराजित हो चुकी थी। अत: लोगों को कहने का मौका मिलता है, परंतु अब सब एकजुट हैं, मिल-जुलकर सामूहिक नेतृत्व खड़ा हो गया है। खेमेबाजी नहीं, केवल वसुंधरा राजे का नेतृत्व है। वर्ष 2003 से 2008 तक शासन में किए गए सार्वजनिक हित के काम तथा 2008 की पराजय के बाद भी प्रदेश की जनता से संपर्क ही वसुंधरा राजे के इतना लोकप्रिय होने का कारण है। पराजय के बाद भी वसुंधरा राजे ने ढाणी-ढाणी प्रवास किया है। वे जानती थीं कि उन्हें जनता ने नहीं हराया, बल्कि उनकी ही पार्टी ने उन्हें हराया। वे यह भी भली-भाँति जानती थीं कि प्रदेश की जनता आज भी उन्हें पसंद करती है, आज भी उन्हें सर-आँखों पर बिठाए हुए है। अब आंतरिक और बाह्य सारी समस्याएँ समाप्त हो गई हैं। अब भाजपा की ताकत 2003 से अधिक हो गई है। अत: भाजपा पूर्ण विश्वास के साथ कह सकती है कि 2013 में वसुंधरा राजे सिंधिया राजस्थान की मुख्यमंत्री होंगी तथा भाजपा स्पष्ट बहुमत से जीतकर आएगी। इस विश्वास के साथ भाजपा एवं संघ परिवार के कार्यकर्ता भी चुनाव की तैयारी में जुट गए। जो-जो भूलें 2008 के चुनाव के समय टिकट वितरण में हो गई थीं, इस बार 2013 के चुनावों में वे भूलें नहीं होंगी। संघ परिवार में भी अंदर- ही-अंदर यह संकल्प था

कि पार्टी प्रत्याशी कोई भी बने, बिना हिचक भाजपा प्रत्याशी को जीतना ही है। यह आगे आनेवाले लोकसभा चुनावों के लिए सेमीफाइनल है। इस जीत में ही नरेंद्र मोदी की जीत भी निर्भर है। अतः किसी भी प्रकार का जोखिम लेने की आवश्यकता नहीं है। हर हाल में 2013 विधानसभा चुनाव जीतना ही है।

इसी संकल्प और एकजुटता का परिणाम था कि देश की पाँच विधानसभाओं के चुनावों में भाजपा को सबसे बड़ी सफलता राजस्थान में ही मिली। राजस्थान विधानसभा की 200 सीटों में से 163 सीटें भाजपा को मिलीं। यह एक ऐतिहासिक जीत थी। इस बार जितनी बुरी तरह कांग्रेस कभी नहीं हारी, मात्र 21 सीटों पर ही सिमट गई। कम्युनिस्ट अपना खाता भी नहीं खोल पाए। डॉ. किरोड़ीलाल मीणा की पार्टी नेशनल पीपुल्स पार्टी ने चार, क्षेत्रीय पार्टियों ने दो तथा सात सीटें निर्दलीय उम्मीदवारों को प्राप्त हुईं।

□

वसुंधरा राजे : एक चमत्कारिक नेतृत्व

वर्ष 2014 के लोकसभा के चुनावों के पूर्व देश की पाँच विधानसभाओं के चुनाव संपन्न हुए। इनमें दिल्ली, राजस्थान, मध्य प्रदेश, छत्तीसगढ़ एवं मिजोरम विधानसभाएँ थीं। दिल्ली, राजस्थान एवं मिजोरम में कांग्रेस की सरकारें तथा मध्य प्रदेश एवं छत्तीसगढ़ में भाजपा सरकारें थीं। मीडिया तथा सभी दलों के नेतागण यह कहते रहे थे कि ये चुनाव लोकसभा चुनावों का सेमीफाइनल हैं। देश में सर्वसाधारण में भी यही बात बोली जा रही थी। पाँचों विधानसभाओं में मुख्यत: दो दलों में ही मुकाबला रहेगा—एक कांग्रेस व दूसरी भाजपा। एन वक्त पर दिल्ली में अरविंद केजरीवाल एवं उनके सहयोगियों ने मिलकर 'आप' दल का निर्माण किया और विधानसभा चुनाव लड़ने की घोषणा कर दी। यह केजरीवाल की 'आप' पार्टी अन्ना हजारे के आंदोलन की ही उपज थी। अन्ना एवं उनके कुछ सहयोगी राजनैतिक दल बनाने के पक्ष में नहीं थे, परंतु मुख्यत: अरविंद केजरीवाल एवं उनके सहयोगियों की यह राय थी कि राजनीति को काबू किए बिना देश में परिवर्तन संभव नहीं है। विचार भिन्नता के कारण अन्ना एवं केजरीवाल के रास्ते अलग-अलग हो गए। थोड़े ही दिनों में आप पार्टी ने सक्रियता, प्रखरता एवं आक्रामक रुख के कारण दिल्ली में अपने पाँव मजबूती से जमाए। इस आक्रामकता के कारण कांग्रेस शासन से दु:खी एवं त्रस्त विशेष रूप से दिल्ली की जनता को लगा कि केजरीवाल ही सब समस्याओं का समाधान हैं। अत: कांग्रेस से हटकर केजरीवाल की पार्टी के साथ लग गए। पानी, बिजली, भ्रष्टाचार, नारी सुरक्षा आदि मसलों को लेकर आप पार्टी ने जबरदस्त आक्रामक रूप अपनाया। परिणाम ऐसा हुआ कि दिल्ली विधानसभा चुनावों में केजरीवाल की पार्टी को 28 सीटें मिलीं। भाजपा 32 सीटें जीतकर प्रथम स्थान पर अवश्य रही, परंतु बहुमत प्राप्त करने में असफल रही। कांग्रेस की शीला दीक्षित, जो गत पंद्रह वर्षों से दिल्ली की मुख्यमंत्री थीं, चुनावों में पराजित हुईं तथा कांग्रेस को

मात्र आठ सीटें ही जितवा सकीं। दिल्ली में अचानक आए केजरीवाल की पार्टी के ज्वार ने भाजपा के आनेवाले बहुमत को अनपेक्षित रूप से बिखेर दिया। भाजपा ने सरकार बनाने का प्रयत्न ही नहीं किया तथा इसके लिए किसी प्रकार के जोड़-तोड़ अथवा मिलने-मिलाने की कोशिश भी नहीं की। विधायक दल के नेता डॉ. हर्षवर्धन बड़े ईमानदार, परिश्रमी एवं आदर्शवादी नेता हैं। उन्होंने ऐसे रास्ते को कभी सीखा ही नहीं। बड़े नाटकीय घटनाक्रम के पश्चात् कांग्रेस के आठ सदस्यों के समर्थन से केजरीवाल की पार्टी ने सरकार बनाई तथा दिल्ली के मुख्यमंत्री बने अरविंद केजरीवाल। परंतु सभी इस बात को जानते थे कि यह सरकार अधिक दिनों तक चलनेवाली नहीं है और हुआ भी ऐसा ही। 49 दिन तक चलकर सरकार धराशायी हो गई।

मध्य प्रदेश के मुख्यमंत्री शिवराज सिंह चौहान दो बार से मध्य प्रदेश के मुख्यमंत्री बन रहे हैं। मध्य प्रदेश में द्विगुणित गति से हुए विकास के कारण मुख्यमंत्री की छवि नरेंद्र मोदी की गुजरात में बनी हुई छवि से किसी भाँति कमजोर नहीं है। भाजपा पार्टी एकजुट है। कहीं टूट-फूट की गुंजाइश नजर नहीं आ रही है। मध्य प्रदेश में कांग्रेस के पास कोई प्रभावी नेतृत्व नहीं है और जो भी है, उनमें भी जबरदस्त सिर फुटौव्वल है। अतः प्रारंभ से ही सभी को स्पष्ट दिखाई दे रहा था कि मध्य प्रदेश में भाजपा को सरकार बनाने से कोई नहीं रोक सकता तथा शिवराज सिंह पुनः मुख्यमंत्री बनेंगे। यह शिवराज सिंह पर मध्य प्रदेश की जनता एवं पार्टी की श्रद्धा ही है कि इनका नाम भी नरेंद्र मोदी के साथ-साथ प्रधानमंत्री के रूप में चलने लगा था। शिवराज सिंह चौहान स्पष्ट बोलते हैं, ''मैं तो पार्टी का एक साधारण कार्यकर्ता हूँ। मुझे पार्टी जब कभी जो भी काम देगी, उसे मैं तन-मन से पूरी ईमानदारी से निभाऊँगा।''

आपातकाल में श्रीमती इंदिरा गांधी ने गरीबों के कल्याण के लिए एक बीस सूत्रीय कार्यक्रम बनाया था, जिसे भारत सरकार सहित सभी राज्य सरकारों को लागू करना था। इंदिरा गांधी सरकार में बनी इस योजना को मोरारजी भाई एवं वाजपेयी सरकार ने भी चालू रखा। आज भी यह योजना चल रही है तथा प्रत्येक तीन माह में प्रत्येक राज्य को इसका लेखा-जोखा केंद्र के समक्ष रखना पड़ता है। आपको यह जानकर आश्चर्य मिश्रित प्रसन्नता होगी कि योजना के लागू होने से लेकर आज तक सफलतापूर्वक इस योजना को लागू करनेवाले प्रदेशों में प्रथम पाँच स्थानों पर बीजेपी एवं एन.डी.ए. की प्रांतीय सरकारों का स्थान है, कांग्रेसी सरकार का एक भी नहीं। शिवराज सिंह चौहान की मध्य प्रदेश सरकार का स्थान भी प्रथम पाँच में है। कारण स्पष्ट है कि शिवराज सिंह चौहान संवेदनशील हैं।

अपने प्रदेश की जनता के प्रति ईमानदार एवं जिम्मेवार हैं, अपने उद्देश्य के प्रति।

अटल बिहारी वाजपेयी और आडवाणी की सरकार जब तक थी, कभी किसी प्रांत के मुख्यमंत्री को यह शिकायत करने की आवश्यकता नहीं लगी कि उनके साथ दुराव हो रहा है अथवा केंद्र सरकार के कारण उन्हें किसी प्रकार की परेशानी उठानी पड़ रही है। परंतु आज तो कांग्रेस सरकार कदम-कदम पर मुसीबतें-परेशानियाँ खड़ी करने में लगी हुई है, उन प्रांतों में जिनमें उनकी सरकारें नहीं हैं। मध्य प्रदेश की शिवराज सिंह सरकार भी उनमें से एक है। मध्य प्रदेश में पुरानी सड़कों का काम नहीं हो रहा है, क्योंकि केंद्र की कांग्रेस सरकार ऐसे कार्यों के लिए जितने पैसे कांग्रेस की प्रांतीय सरकारों को दे रही है, उससे आधे पैसे भी शिवराज सिंह सरकार को नहीं दे रही है। इसलिए परेशानी हो रही है। हालाँकि शिवराज सिंह ने इसकी कभी परवाह नहीं की। संघर्ष चालू है केंद्र से तथा अपने स्थानीय प्रयासों से सड़कों का जाल भी बिछाया जा रहा है।

मध्य प्रदेश को कांग्रेस ने बीमारू प्रांत बताया। कांग्रेस सरकार के समय मध्य प्रदेश में तीन हजार मेगावाट बिजली का भी उत्पादन नहीं होता था। यह पूरे पचास वर्ष के कांग्रेसी शासन का लेखा-जोखा है, परंतु आपको यह जानकर बड़ा सुख मिलेगा कि भाजपा की सरकार आने के पश्चात् शिवराज सिंह ने दस वर्षों में ऐसा प्रयास किया कि आज मध्य प्रदेश सरकार दस हजार से अधिक मेगावाट बिजली का उत्पादन कर रही है। कांग्रेस सरकार से तीन गुना ज्यादा। मध्य प्रदेश की नर्मदा नदी पर गुजरात में सरदार सरोवर बाँध बना है। अभी भी कार्य अधूरा है, क्योंकि केंद्र की कांग्रेस सरकार उस पर गेट लगाने नहीं दे रही है। यदि गेट लग जाए और उससे जितनी बिजली का उत्पादन होगा, उसमें सबसे बड़ी हिस्सेदारी मध्य प्रदेश की होगी तथा आठ सौ मेगावाट बिजली मध्य प्रदेश में मुफ्त मिलेगी। मध्य प्रदेश की जनता को कितनी खुशी मिलेगी, परंतु कांग्रेस की सरकार को ईर्ष्या है कि यदि ऐसा हो गया तो इसका श्रेय शिवराज सिंह की भाजपा सरकार को मिलेगा। कांग्रेस के राजनेता यह भूल जाते हैं कि ऐसा करके वे सर्वसाधारण को कितना दुःख दे रहे हैं। इससे कांग्रेस की लोकप्रियता बढ़ने के स्थान पर घटेगी ही।

शिवराज सिंह सरकार ने मध्य प्रदेश में ग्राम विकास को बड़ी तेजी से बढ़ाया। कृषि उत्पादन बढ़ाया। ग्राम स्वराज्य, ग्राम स्वावलंबन का विकास किया। भारत में सबसे अधिक कृषि विकास दर मध्य प्रदेश में 11 प्रतिशत से ऊपर है। औद्योगिक विकास, प्रति व्यक्ति आय वृद्धि दर, पर्यटन क्षेत्र में अभूतपूर्व प्रगति तथा 24 घंटे बिजली सप्लाई, युवकों को रोजगार तथा सुदूर ग्रामीण अंचल तक

पानी एवं शिक्षा की व्यवस्थाओं में शिवराज सिंह के नेतृत्व में भाजपा सरकार ने अभूतपूर्व प्रगति की। आज मध्य प्रदेश का व्यक्ति बड़ी श्रद्धा से शिवराज सिंह का नाम लेता है तथा उन पर अपना विश्वास प्रकट करता है। शिवराज सिंह कहते हैं, संघ से एक स्वयंसेवक के नाते मैंने राष्ट्र-भक्ति की प्रेरणा व संस्कार पाए हैं। उन्हीं संस्कारों की परीक्षा के लिए मैं राजनीति में प्रस्तुत हूँ। मेरे लिए जनता जनार्दन का स्वरूप है। इनकी सेवा करना, इनके सुख-दुःख में सहभागी बन समाधान ढूँढ़ना, समाधान करना मेरा धर्म है।'' शिवराज सिंह चौहान की छवि मध्य प्रदेश में एक सच्चे, ईमानदार, सरल, सौम्य, सहृदयी एवं उदार राजनेता की बनी हुई होने के कारण वहाँ की जनता ने खुले हृदय से भाजपा का साथ दिया। विशाल बहुमत के साथ भाजपा ने तीसरी बार सरकार बनाई तथा शिवराज सिंह चौहान तीसरी बार मध्य प्रदेश के मुख्यमंत्री बने।

छत्तीसगढ़ विधानसभा में दो बार भाजपा बहुमत प्राप्त करने में सफल रही। मुख्यमंत्री डॉ. रमनसिंह ने छत्तीसगढ़ को बहुत ऊँचा नेतृत्व प्रदान किया। प्रदेश का काफी बड़ा हिस्सा आदिवासी-बनवासी है। भीषण जंगल और पहाड़ हैं, परंतु फिर भी प्रदेश के विकास में डॉ. रमनसिंह ने प्रयत्नों में कहीं भी कमी नहीं छोड़ी है। यह सत्य है कि प्रदेश में जितनी गंभीर समस्याएँ हैं, उनके मुकाबले अभी विकास को बहुत दूर तक जाना है। फिर आज पूर्व की सभी सरकारों के मुकाबले भाजपा की डॉ. रमनसिंह की सरकार को प्रदेश की जनता ने अधिक पसंद किया है। हर प्रकार से पिछड़े राज्य को ऊँचा उठाने के लिए, उसके विकास के लिए, आदिवासियों को सब प्रकार से जीवन के अवसर देने के लिए डॉ. रमनसिंह की सरकार ने भरपूर प्रयत्न किया है। उसी का परिणाम है कि आज छत्तीसगढ़ को कोई पिछड़ा राज्य नहीं कह सकता।

डॉ. रमनसिंह ने एक योजना चलाई गरीबी स्तर से नीचे जीवन जीनेवालों को प्रतिदिन चावल वितरण करने की। इसने सचमुच आदिवासी इलाकों में, गरीबों के जीवन में जान डाल दी। डॉ. रमनसिंह पहले मुख्यमंत्री हैं, जिन्होंने अपने प्रदेश में यह योजना लागू की। उनका लक्ष्य था कि प्रदेश में एक भी व्यक्ति भूखा नहीं रहना चाहिए। यद्यपि दिल्ली की कांग्रेस सरकार ने सहायता देना तो दूर, बल्कि कोई-न-कोई समस्या ही खड़ी की है। भारत के सुप्रीम कोर्ट ने दिल्ली की सरकार को आए दिन कोई-न-कोई डंडा मारा है। परंतु यह वही सुप्रीम कोर्ट है, जिसने सरकारी गोदामों में सड़ रहे अनाज की दुर्दशा पर सरकार को खींचते हुए उन्हें गरीबों में बाँटने के लिए कहा। उसी सुप्रीम कोर्ट ने डॉ. रमनसिंह द्वारा गरीबों में अन्न वितरण करने की पूरी व्यवस्था के संबंध में सराहा था और हिंदुस्तान की सरकार को कहा

था कि छत्तीसगढ़ से कुछ सीखो। छत्तीसगढ़ की योजना को लागू करे। कितने गौरव की बात है। केंद्र सरकार की ओर से 20 सूत्री कार्यक्रम क्रियान्वयन में छत्तीसगढ़ हर तीसरे माह होनेवाले सर्वेक्षण में हमेशा पहले पाँच प्रांतों में रहा है। यह गरीबों की भलाई के कार्यक्रम हैं। भाजपा सरकारें आगे बढ़कर इसे पूरा करने का प्रयत्न करती हैं। यही कारण है कि वर्ष 2013 विधानसभा चुनावों में छत्तीसगढ़ की जनता ने पुन: भाजपा को स्पष्ट बहुमत देकर विजयी बनाया। स्मरण रहे, तीसरी बार डॉ. रमनसिंह मुख्यमंत्री बने हैं। यह उनकी लोकप्रियता को ही प्रकट करता है।

तीसरा प्रांत है राजस्थान, जहाँ से 2013 के विधानसभा चुनावों में वसुंधरा राजे के नेतृत्व में भाजपा ने विशाल बहुमत प्राप्त कर सरकार बनाई है। यह बहुमत अनपेक्षित है। शायद ही किसी ने ऐसी कल्पना की थी। मीडिया ने भी अपनी सर्वे रिपोर्ट में इसके आसपास के बहुमत की भी कल्पना नहीं की थी। अधिक-से-अधिक 120 सीटें दिलाने की बात कही थी। भाजपा का नेतृत्व वर्ग भी खींच-खाँचकर भी 130 से आगे नहीं बढ़ पा रहा था। सटोरियों का आकलन सत्यता के काफी निकट रहता है, क्योंकि वे धन लगाते हैं। अत: उनका आकलन धरातल पर होता है, प्रभावशून्य होता है, परंतु वे भी 130 से अधिक सीटें नहीं दिला रहे थे। कांग्रेस व मुख्यमंत्री अशोक गहलोत ने इन चुनावों में अपनी पराजय तो स्वीकार कर ली थी, परंतु इतनी बुरी हार की कल्पना उन्होंने स्वप्न में भी नहीं की थी। कांग्रेस को मात्र 21 सीटों पर ही संतोष करना पड़ा। 1975 के आपातकाल के पश्चात् 1978 में होनेवाले चुनावों में, इंदिरा सरकार के अत्याचारों के कारण भयंकर जन आक्रोश और असंतोष के बाद भी राजस्थान में कांग्रेस ने 41 सीटें जीती थीं।

वर्ष 2013 के राजस्थान विधानसभा चुनावों में वसुंधरा राजे के नेतृत्व में कुल 200 में से भाजपा को 163 सीटों के साथ विशाल बहुमत मिला। यह एक ऐतिहासिक विजय थी। वाम पार्टियाँ अपना खाता भी इस बार नहीं खोल पाईं, जबकि हर बार चुनाव में एक-दो सीटें अवश्य प्राप्त करते आए हैं। 'नेशनल पीपुल्स पार्टी' ने चार और क्षेत्रीय पार्टी ने दो स्थानों पर अपनी जीत प्राप्त करने में सफलता प्राप्त की। इसी प्रकार सात निर्दलीय उम्मीदवारों ने भी सफलता प्राप्त की। इन चुनावों में भाजपा ने 45 प्रतिशत से अधिक वोट प्राप्त किए, जो कि कांग्रेस को प्राप्त कुल मतों से 12 प्रतिशत अधिक रहे। राजस्थान विधानसभा 2013 के चुनावों का बड़ा अप्रत्याशित चुनाव परिणाम रहा। यद्यपि इन चुनावों में वसुंधरा राजे के नेतृत्व में भाजपा का चुनाव जीतना इतना आसान नहीं लग रहा था। इनके अनेक कारण दिखाई दे रहे थे, जिनमें प्रमुख दो कारण थे—एक, कांग्रेस एकजुट थी तथा अशोक गहलोत के नेतृत्व

में चुनाव लड़ रही थी। अशोक गहलोत चुनावों से छह माह पूर्व से जनता के लिए अनेक सौगातें बाँटने में लग गए। राजकोष जो पहले से ही खाली था, उसके उपरांत भी राजस्व को अपनी योजनाओं को पूरा करने की घोषणाओं में लगा रहा। आगे हम इसका विस्तार से विचार करेंगे। दूसरा कारण था, भाजपा में बिखराव बहुत था। यह निर्णय करना लंबे समय तक भाजपा केंद्रीय नेतृत्व के लिए एक समस्या बना रहा कि राजस्थान का नेतृत्व किसे सौंपा जाए। बिना दूल्हे की बरात का जो हाल होता है, वैसा ही राजस्थान भाजपा का था। राजस्थान भाजपा भी अनेक केंद्रों में बिखरी हुई थी। आगे चलकर इसका विस्तार से वर्णन करेंगे। ये दो ऐसे बड़े कारण थे, जिनके रहते हुए यह कहना असामान्य था कि 2013 के चुनावों में भाजपा अपनी पूर्व स्थिति को भी प्राप्त कर पाएगी क्या?

परंतु परिस्थितियों ने अचानक करवट बदली। एक लंबे मंथन के पश्चात् श्री गुलाब चंद्र कटारिया को विधानसभा में विपक्षी दल का नेता तथा वसुंधरा राजे को भाजपा का प्रदेश अध्यक्ष आपसी सहमति के बाद घोषित किया गया। इसके साथ ही केंद्रीय नेतृत्व ने यह निर्णय भी उद्घोषित किया कि 2013 का विधानसभा चुनाव वसुंधरा राजे के नेतृत्व में लड़ा जाएगा। इस निर्णय ने राजस्थान भाजपा में संजीवनी सा असर किया। संपूर्ण पार्टी कार्यकर्ता अपने छोटे-मोटे विरोधों को छोड़कर एकजुट होकर चुनावों की तैयारी में जुट गए। प्रदेश के छोटे-बड़े सभी कार्यकर्ता एकजुट होकर चुनावों में कांग्रेस को पटकनी देने के लिए अपने-अपने क्षेत्रों में जुट गए। संगठन की नियमित बैठकें लेकर तथा प्रदेश के प्रमुख अधिकारी प्रवास करते हुए संगठन को बूथ स्तर तक मजबूत करने में जुट गए। इसके तुरंत पश्चात् वसुंधरा राजे ने राजस्थान के एक कोने से दूसरे कोने तक 'सुराज संकल्प-यात्रा' का कार्यक्रम बना पार्टी कार्यकर्ताओं को इसे सफल करने का आह्वान किया। वसुंधरा राजे के प्रभावी व्यक्तित्व के विषय में बताते हुए 'इंडिया टुडे' के विशेष संवाददाता श्री रोहित परिहार लिखते हैं—"She is extremely charming, articulate and dynamic and hard working. She diligently wakes up every day at 5 A.M. to pray before coming to work."

वर्ष 2013 के चुनावों से पूर्व वसुंधरा राजे ने विपक्षी (भाजपा) दल के नेता गुलाबचंद कटारिया के साथ संपूर्ण राजस्थान में 'सुराज संकल्प यात्रा' करते हुए प्रदेश की चौदह हजार किलोमीटर का प्रवास किया। 'सुराज संकल्प यात्रा' का रथ पूरी तरह भाजपा के झंडे व बैनरों से सुसज्जित एवं आकर्षक था। स्वयं वसुंधरा राजे लिखती हैं, ''पिछले दिनों चौदह हजार किलोमीटर से भी अधिक की सुराज

संकल्प यात्रा में मिले आपके (राजस्थान की जनता के) भरपूर स्नेह, प्यार, समर्थन, विश्वास और उत्साह ने मुझे एक नई ऊर्जा और नई शक्ति प्रदान की है। इस नई ऊर्जा के भरोसे ही मेरा यह दृढविश्वास हुआ है कि यह सुराज संकल्प नई सोच और नई उम्मीद के साथ एक नए राजस्थान के सपने को पूर्णता प्रदान करेगा।''

गुलाबचंद कटारिया भी प्रभावी व्यक्तित्व के धनी तथा ओजस्वी वक्ता हैं। उन्होंने अपनी सभाओं में वसुंधरा राजे के मुख्यमंत्रित्व के पूर्वकाल के कार्यों को स्मरण करवाया, कांग्रेस की विफलताओं एवं 2013 चुनावों में विजीय होने पर करणीय कार्यों पर जनता के रुझान को आकृष्ट करने का प्रयत्न किया। गुलाबचंद कटारिया के शब्दों में, ''प्रदेश की जनता साक्षी है कि वसुंधरा राजे सरकार के शासनकाल में राज्य का चहुँमुखी विकास हुआ तथा प्रदेश को पिछड़े एवं बीमारू राज्य की श्रेणी से निकालकर तेजी से विकासशील प्रदेशों की अग्रिम पंक्ति में लाकर खड़ा कर दिया। किंतु दुर्भाग्य से वर्ष 2008 के विधानसभा चुनावों में कांग्रेस को सरकार बनाने का मौका मिल गया और वसुंधरा राजे सरकार के विकास कार्यक्रमों एवं जनकल्याणकारी योजनाओं को गहलोत सरकार ने रोक दिया। परिणामस्वरूप प्रदेश में आर्थिक एवं प्रशासनिक ढाँचा पूरी तरह चरमरा गया। भाजपा सरकार द्वारा लागू की गई 32 कल्याणकारी योजनाओं को इस (कांग्रेस) सरकार ने आते ही बंद कर दिया। हमने बेरोजगारी भत्ता योजना शुरू की थी। हमारे कार्यकाल में हमने तो 1,38,000 बेरोजगारों को भत्ता दिया। आज पूरे प्रदेश में जमीनों की सौदेबाजी हो रही है, सरकारी भू-माफिया पनप रहे हैं। इस सरकार की निष्ठा एक परिवार के प्रति, एक दामाद के प्रति है। राजस्थान में रॉबर्ट वाड्रा को औने-पौने दामों में प्रदेश की बेशकीमती जमीनें दे दीं और सरकारी खर्चे से उस क्षेत्र को इतना सरसब्ज बनाया जा रहा है, ताकि रॉबर्ट वाड्रा की जमीनों के दाम (भाव) बढ़ सकें। यह प्रदेश की जनता के साथ धोखा है। यह सरकार ऐसी सरकार है, जो पूर्ण रूप से आकंठ भ्रष्टाचार में लिप्त है। सरकार के मंत्री भ्रष्टाचार के अलावा दुराचार में भी फँसे हुए हैं। चार सालों तक जनता को भुलावे में रखकर अब पाँचवें साल में मतदाताओं को रिझाने के लिए पैसा पानी की तरह बहाया जा रहा है, जो प्रदेश की अर्थव्यवस्था के लिए घातक है।''

अपनी भावी योजनाओं एवं विकास की दिशा पर बोलते हुए कटारिया कहते हैं, ''हमने भाजपा के विगत शासनकाल में विकास कार्य का जो परचम लहराया था, उसे आगे गति देने की आवश्यकता है। जिस समृद्धि की तसवीर हमने बनाई थी, उसमें रंग भरने का अब समय आ गया है। गहलोत सरकार ने पाँच वर्षों में इस

तसवीर पर धूल की मोटी परत चढ़ा दी है, अब आवश्यकता है कि सरकार फिर धूल पोंछकर उस तसवीर पर जीवन और खुशहाली के रंग भर दे। इस पुनीत भाव एवं संकल्प के साथ आपके समक्ष हम स्वयं को प्रस्तुत कर रहे हैं। हम राज्य को एक उच्चस्तरीय आधारभूत ढाँचा जो, वैश्विक स्तर के अनुकूल हो, देना चाहते हैं। इसमें स्तरीय सड़कें, विद्युत् उत्पादन, सिंचाई, सूचना प्रौद्योगिकी एवं संचार साधनों का निर्माण उपलब्ध करना हमारी प्राथमिकता होगी। हम राज्य को पानी की कमी की समस्या से निजात दिलाने और इसे अकाल मुक्त राज्य की श्रेणी में लाने के लिए वचनबद्ध हैं। राज्य में तीव्र गति से रोजगार सृजित करना हमारी प्राथमिकता है, जिससे राज्य की जनता के जीवनस्तर और खुशहाली को बढ़ाने तथा उन्हें गरीबी रेखा से ऊपर उठाने का हमारा सपना साकार हो सके। हम राज्य की महिलाओं को उनका खोया हुआ सम्मान पुनः लौटाना चाहते हैं। उन्हें स्वरोजगार के साधन मिलें तथा अच्छी चिकित्सा, मुफ्त शिक्षा एवं जीवनयापन की मूलभूत सुविधाएँ मिलें, सत्ता में सहभागिता हो, हम इसके लिए प्रतिबद्ध एवं समर्पित हैं। आइए, आप और हम सब मिलकर इसे पूरा करें।''

वसुंधरा राजे के चुंबकीय व्यक्तित्व एवं कटारिया के ओजस्वी भाषणों ने राजस्थान के जन-जन में भाजपा के प्रति एक लहर पैदा की। राजस्थान परिवर्तन की दिशा में आगे बढ़ चला। स्वाभाविक था, इससे कांग्रेस के खेमे में घबराहट और खलबली मच गई। उन्हें अपने हाथों से सत्ता की बागडोर खिसकती नजर आई। कांग्रेस का केंद्रीय नेतृत्व भी चिंता में पड़ गया। शीघ्र ही अशोक गहलोत के साथ बैठकर युद्ध स्तर पर भाजपा से मुकाबले की योजनाएँ बनने लगीं। जनता को लुभाने के लिए नित नए प्रलोभन देना प्रारंभ किया। इनमें वृद्धावस्था पेंशन का लाभ एवं विधवा पेंशन का लाभ सभी को देने की घोषणा के साथ-साथ पेंशन में भी वृद्धि की गई। राज्य कर्मचारियों का डी.ए. सौ प्रतिशत कर दिया गया। मुफ्त मेडिकल जाँच तथा मुफ्त दवाइयों का वितरण प्रारंभ करवाया गया। लैपटॉप, सीएफिल एवं चैक वितरित किए गए। एक रुपए किलो गेहूँ का वितरण, बी.पी.एल. परिवारों को घर, आसान लोन दिलवाना, जैसे कार्य कांग्रेस सरकार ने करने प्रारंभ किए। नरेगा तो पहले से ही चला रखा था, उसमें भी समय की अनुकूलता की गई। इस प्रकार चुनाव के छह माह पूर्व ऐसी लोकलुभावन घोषणाएँ वोट बटोरने के लिए करने का प्रयास अशोक गहलोत की कांग्रेस सरकार ने किए। एक बार सभी को लगा कि अशोक गहलोत ने बाजी मार ली, परंतु अब समय बदल गया है। वोटर अधिक समझदार हो गया है। वह यह भली-भाँति समझ रहा था कि कांग्रेस

की इन घोषणाओं के पीछे मंशा क्या है। राजस्थान का वोटर यह भी जानता था कि सरकार पूरी तरह आर्थिक संकट में फँसी हुई है, उस पर भी ये घोषणाएँ? कैसे पूरी कर पाएगी सरकार?

राजस्थान सरकार तो पहले ही दिवालिया हो चुकी है। वर्तमान समय में इतने साधन उपलब्ध हैं कि प्रत्येक व्यक्ति सब प्रकार की जानकारी रखता है। इसके उपरांत भी इन घोषणाओं का कुछ तो असर होना स्वाभाविक माना जा सकता है। भाजपा नेतृत्व वर्ग भी कुछ-कुछ चिंता का अहसास करने लगा। कार्यकर्ताओं में यह चर्चाएँ होनी स्वाभाविक थीं। यद्यपि जनता केंद्र की कांग्रेसी सरकार एवं राजस्थान सरकार की भ्रष्टाचार एवं महँगाई से पूरी तरह त्रस्त थी, अनेक मंत्रियों के दुराचार में फँस जाने से भी जनता थू-थू कर रही थी; पानी, बिजली, चिकित्सा, दवाइयों एवं खानों के आवंटन के घोटालों से सर्वसाधारण परेशान था। इनके इतने गहरे घावों से जनता इतनी अधिक त्रस्त हो चुकी थी कि कांग्रेस के लोकलुभावन घोषणाओं का मरहम काम नहीं करनेवाला था। ऐसा लग रहा था कि वोटर की मानसिकता भाजपा और वसुंधरा राजे के साथ जुड़ चुकी थी। ऐसे समय में भाजपा के प्रधानमंत्री पद के प्रत्याशी श्री नरेंद्र मोदी की हवा संपूर्ण देश में बह रही थी, उसका असर राजस्थान में होना स्वाभाविक था। स्थान-स्थान की आमसभाओं में एकत्र आता विशाल जनसमूह इस बात का स्पष्ट संकेत दे रहा था कि देश भर में परिवर्तन की लहर चल पड़ी है।

जयपुर के अमरूदों के बाग में नरेंद्र मोदी की जनसभा ने तो गजब ही कर दिया। राजस्थान पत्रिका सहित सभी समाचार-पत्रों ने तथा टी.वी., मीडिया ने इस आम सभा के जो समाचार दिए और जिस प्रकार की भाषा लिखी, उससे इसके प्रभाव की स्पष्ट कल्पना की जा सकती है। सभा के दिन जयपुर शहर में सन्नाटा फैला था। भीड़ की भीड़ अमरूदों के बाग की ओर जा रही थी। क्या स्त्रियाँ, क्या पुरुष और सबसे अधिक युवा अमरूदों के बाग की ओर खिंचे चले जा रहे थे। जिधर देखो, उधर से सड़कों पर चलनेवालों की एक ही दिशा थी—अमरूदों के बाग की ओर। राजस्थान पत्रिका लिखती है—"ऐसा लग रहा था जैसे जयपुर की सभी सड़कें अमरूदों के बाग की ओर जा रही हैं।" इस जनसभा ने जयपुर ही नहीं, राजस्थान की हवा का रुख ही बदल दिया। उसके बाद अनेक स्थानों पर राजस्थान में चुनाव पूर्व नरेंद्र मोदी की आम सभाएँ हुईं। इस जनसमर्थन को देखकर कांग्रेस एवं कांग्रेस की लोकलुभावन घोषणाओं के प्रभाव की हवा निकल गई। अब वसुंधरा राजे ही नहीं, जन-जन की जुबान पर एक ही नाम—मोदी! मोदी!!

राजस्थान में मोदी की अंतिम सभा सुमेरपुर विधानसभा क्षेत्र में हुई थी। यह एक छोटा सा कस्बा है। इसके उपरांत भी पाली, सिरोही, जालौर जिलों के लाखों लोग जनसभा में उपस्थित थे। वहाँ न तो जयपुर जैसा अमरूदों का बाग था, न जोधपुर जैसा बरकतुल्ला स्टेडियम था और न पटना जैसा गांधी मैदान था। वहाँ विशाल खेतों की भूमि में जनसभा थी। जिधर देखो उधर ही नरमुंड अपनी ग्रामीण पोशाकों में दिखाई दे रहे थे। रंग-रंगीले परिधान एवं रंगीन साफों से मैदान अँटा पड़ा था। ग्रामीण महिलाएँ भी विशाल संख्या में उपस्थित थीं। खेत भी छोटे पड़ रहे थे। लोगों में इतना उत्साह दिखाई दे रहा था कि वे पेड़ों पर, पास की पहाड़ी पर टँगे दिखाई दे रहे थे। पहाड़ी भी मानव समुदाय से अँटी पड़ी थी। सुमेरपुर का भाजपा प्रत्याशी मदन राठौड़ 46000 वोटों के अंतर से कांग्रेसी मंत्री बीना काक को हराकर विजयी हुआ। विशेष बात यह है कि देश भर में भाजपा से दो ही छांची प्रत्याशी थे। एक नरेंद्र मोदी और दूसरा मदन राठौड़। नरेंद्र मोदी की सभाओं ने प्रदेश की फिजा ही बदल दी। कांग्रेस की चुनाव सभाएँ केवल नुक्कड़ सभाओं जैसी ही लग रही थीं।

भाजपा कार्यकर्ताओं की मेहनत, वसुंधरा राजे का डायनामिक आकर्षक व्यक्तित्व, गुलाबचंद कटारिया के ओजस्वी भाषणों के साथ सुराज संकल्प यात्रा के बाद जो कमी रह गई थी, वह नरेंद्र मोदी की आम सभाओं ने पूरी कर दी। परिणाम सबके सामने था, भाजपा 163 सीटों के साथ विशाल बहुमत के साथ राजस्थान विधानसभा में 45 प्रतिशत से अधिक वोट लेकर विजयी हुई। कांग्रेस मात्र 21 सीटों पर सिमट गई। ऐसा लगा, जैसे राजस्थान में कभी कांग्रेस थी ही नहीं।

यह कितना बड़ा आश्चर्य था कि इन चुनावों में कांग्रेस के मुख्यमंत्री अशोक गहलोत एवं जनजाति विकास मंत्री महेंद्रसिंह मालवीय के अलावा सभी मंत्रियों को पराजय का सामना करना पड़ा। कांग्रेस के प्रदेश अध्यक्ष डॉ. चंद्रभान भी झुंझुनूँ जिले की मंडावा सीट से अपनी हार नहीं बचा पाए। अशोक गहलोत जोधपुर सरदारपुरा सीट से मात्र 18478 वोटों से ही जीत पाए, जबकि वसुंधरा राजे झालरापाटन सीट से 60,000 से अधिक वोटों से विजयी हुईं। राजस्थान के कुल 33 जिलों में से 15 जिलों से कांग्रेस का बिल्कुल सफाया हो गया; एक भी सीट नहीं जीत पाई। जयपुर जिले में भाजपा ने 16 सीटें जीतीं, वहीं कांग्रेस को मात्र एक सीट पर ही संतोष करना पड़ा।

जाट, मुसलिम, एस.सी. व एस.टी., जो आज तक कांग्रेस के पॉकेट वोट माने जाते थे, उनमें भी भारी परिवर्तन दिखाई दिया। अजमेर सामान्य रूप से मुसलिम बहुल जिला माना जाता है, उस जिले की सभी विधानसभा सीटों पर भाजपा ने परचम

लहराया। अब राजस्थान से यह भ्रम टूट गया कि मुसलिम वोट कांग्रेस के पॉकेट वोट हैं। यहाँ का मुसलमान कांग्रेस की 'फूट डालो और राज करो' की नीति को समझ गया है। अब उसे संघ और भाजपा का नाम लेकर डराया जाना संभव नहीं है। राजस्थान में रहनेवाले मुसलमानों के काफी बड़ी संख्या में संबंधी रिश्तेदार गुजरात में रहते हैं। गुजरात में मुसलमानों के सुरक्षित एवं संपन्न जीवन को देख-सुन उन्हें भी भाजपा पर विश्वास जमने लगा है। उन्हें इस बात पर विश्वास आने लगा कि भाजपा शासन में मुसलमान अधिक सुरक्षित हैं, बजाय कांग्रेसी शासन के।

इस बार ट्राइबल बेल्ट का दायित्व गुलाबचंद कटारिया पर था। वैसे तो इस संपूर्ण क्षेत्र में भाजपा का कार्य खड़ा करने का श्रेय भी उन्हें ही दिया जा सकता है। राजस्थान बनवासी कल्याण परिषद् ट्राइबल क्षेत्र की एक प्रभावी संस्था है, इसने इस बार भाजपा प्रत्याशियों को जिताने में पूरा सहयोग दिया था। चित्तौड़गढ़, डूँगरपुर, बाँसवाड़ा, उदयपुर एवं प्रतापगढ़ के ट्राइबल बेल्ट से कांग्रेस का पूर्ण सफाया कर दिया, जबकि 2008 के चुनावों में कांग्रेस ने इस क्षेत्र से सर्वाधिक सीटें जीती थीं, जिसका श्रेय श्री नाथद्वारा से पराजित और बाद में केंद्रीय मंत्री बने सी.पी. जोशी को मिला था। डॉ. किरोड़ीलाल मीणा की नेशनल पीपुल्स पार्टी 155 प्रत्याशियों में से मात्र 4 सीटों पर ही जीत दर्ज करा पाई। भाजपा की बढ़त को रोकने का उनका स्वप्न स्वप्न बनकर ही रह गया। डॉ. किरोड़ीलाल मीणा का राजनीतिक जीवन भारतीय जनसंघ एवं बाद में भाजपा से ही प्रारंभ हुआ। वे अनेक वर्षों तक भाजपा के उच्च पदों पर रहे थे। भाजपा के युवा मोरचों के प्रदेश अध्यक्ष तक रहे। पूर्वी राजस्थान के दौसा, टोंक, सवाई माधोपुर, करौली क्षेत्रों में भाजपा की जड़ें जमाने में बहुत परिश्रम किया था, परंतु 2008 के चुनावों के समय टिकटों को लेकर मनमुटाव होने से वे पार्टी छोड़कर अलग हो गए। वर्ष 2008 में इनके साथी विधायकों के समर्थन से कांग्रेस की अशोक गहलोत सरकार बनी। इसी प्रकार गुर्जर आंदोलन के नेता किरोड़ीलाल बैंसला, जिन्होंने 2008 में सवाई माधोपुर से भाजपा प्रत्याशी के नाते चुनाव लड़ा और पराजित हुए। परंतु 2013 चुनावों से पूर्व उन्होंने कांग्रेस की सदस्यता ग्रहण कर अपने गुर्जर समर्थन के आधार पर भाजपा की बढ़त को रोकना चाहा, परंतु उनका प्रयत्न भी व्यर्थ रहा। इसलिए यह कहावत सत्य ही है कि राजनीति में कोई भी किसी का स्थायी दोस्त और न स्थायी दुश्मन होता है। श्रीमती वसुंधरा राजे ने इस शानदार विजय के लिए पार्टी के नेताओं एवं जमीनी कार्यकर्ताओं को श्रेय दिया। वसुंधरा राजे ने अपने स्वागत भाषण में चुनावों में विजय के लिए धन्यवाद देते हुए कहा, "The party dedicated the victory to the people of

Rajasthan and its workers. She also credited BJP president Rajnath Singh and PM Candidate Shri Narendra Modi. Modi is a very big factor, People have seen what he has done in Gujarat, she said, adding the results in the State are 'Semi-final' to what is going to happen in next Lok Sabha elections."

अर्थात् भाजपा की जीत वस्तुत: राजस्थान की जनता एवं कार्यकर्ताओं के समर्पित परिश्रम का प्रतिफल है। उन्होंने भाजपा अध्यक्ष राजनाथ सिंह तथा भाजपा के प्रधानमंत्री प्रत्याशी श्री नरेंद्र मोदी को भी इस जीत का श्रेय देते हुए कहा कि नरेंद्र मोदी इस जीत के पीछे सबसे बड़े कारण थे, जिन्होंने गुजरात के विकास को जनता के समक्ष रखा। उन्होंने कहा कि राज्यों के चुनावों में जीत, आनेवाले लोकसभा चुनावों का सेमीफाइनल है, जो प्रत्यक्ष करता है कि आगे क्या होने वाला है।''

तमिलनाडु का प्रसिद्ध अंग्रेजी समाचार-पत्र 'हिंदू' राजस्थान विधानसभा 2013 के चुनावों में वसुंधरा राजे के नेतृत्व में भाजपा की विशाल बहुमत से विजय पर लिखता है, "In Rajasthan, the BJP rode on the strong anti-incumbency Sentiment,bringing Vasundhara Raje back to another term in office. The Congress Government under Ashok Gehlot failed miserably to make an impact, the development work in the state was uneven, and some of the populist schemes did not reach all the intended beneficiaries."

इंडिया टुडे पत्रिका से बातचीत में वसुंधरा राजे ने विजयी मुद्रा में कहा, "Let me state it on record: I want to make a lasting improvement in quality of life of people through sustainable growth and not one time freebie of a few hundred rupees before elections." इंडिया टुडे लिखता है, "An experienced BJP hand and a powerful state chief-minister who has experience working in the union cabinet: the political future looks bright for Vasundhara Raje."

एक पत्रकार ने वसुंधरा राजे की विजय पर लिखा है, ''आज अंतरराष्ट्रीय महिला दिवस है और आज ही उस महिला का जन्मदिन भी है, जो समाज की स्त्री विरोधी रूढ़ियों और परंपराओं को पीछे ढकेलते हुए राज्य की पहली महिला मुख्यमंत्री बनी। राजस्थान की पूर्व मुख्यमंत्री वसुंधरा राजे सिंधिया के लिए यह सब आसान नहीं था, क्योंकि वह जिस राज्य से ताल्लुक रखती हैं, वहाँ पुरुषों से भरी राजनीति में अपने लिए जगह बना पाना और काम कर पाना उनके लिए बेहद कठिन था।''

□

विधानसभा चुनाव 2013

राजस्थान भाजपा में सब विवादों को समाप्त कर मार्च 2011 को वसुंधरा राजे को फिर से नेता प्रतिपक्ष बनाया गया, परंतु पार्टी में धड़ेबंदी पूरी तरह समाप्त नहीं हुई। लालकृष्ण आडवाणी की इस घोषणा कि 2013 का राजस्थान विधानसभा का चुनाव वसुंधरा राजे के नेतृत्व में लड़ा जाएगा, के पश्चात् पुनः पार्टी की आंतरिक धड़ेबाजी तेज हो गई। इस परिस्थिति को समाप्त करने के लिए केंद्र ने हस्तक्षेप किया। दोनों धड़ों के प्रमुख नेताओं को दिल्ली बुलाया। काफी मशक्कत के पश्चात् दोनों धड़े इस बात पर सहमत हो गए कि विधानसभा में नेता प्रतिपक्ष गुलाबचंद कटारिया को बनाया जाए तथा भाजपा प्रदेश अध्यक्ष वसुंधरा राजे को बनाकर उन्हीं के नेतृत्व में 2013 का विधानसभा चुनाव लड़ा जाए तथा पार्टी को बहुमत मिलने पर अगला मुख्यमंत्री वसुंधरा राजे होंगी। फरवरी 2013 के इस निर्णय के पश्चात् पार्टी की धड़ेबाजी समाप्त हो गई तथा एकजुट होकर सभी कार्यकर्ता चुनावों की तैयारी में जुट गए। केंद्र की ओर से राजस्थान के प्रभारी कप्तानसिंह सोलंकी, सहप्रभारी श्योदानसिंह एवं राष्ट्रीय सचिव भूपेंद्र यादव विधानसभा चुनाव 2013 के लिए नियुक्त किए गए थे। समय-समय पर मार्गदर्शन हेतु राष्ट्रीय सहसंगठन मंत्री वी. सतीश एवं पूर्व सांसद किरीट सौमैया भी लगाए गए थे। ऐसी संगठनात्मक संरचना के पश्चात् प्रदेश के सभी कार्यकर्ताओं को सक्रिय करने एवं प्रदेश के मतदाताओं को जागरूक करने के लिए सभी नेता जुट गए।

इस वर्ष का कांग्रेस सरकार का बजट मुख्यमंत्री अशोक गहलोत ने 2013 के चुनावों को ध्यान में रखकर घोषित किया। कांग्रेस सरकार उद्योगों, शिक्षा क्षेत्र तथा स्वास्थ्य की दृष्टि से कुछ भी नहीं कर पाई, पानी और बिजली के क्षेत्र में कुछ विशेष कार्य नहीं हो पाया। इससे प्रदेश में असंतोष था। मुख्यमंत्री अशोक गहलोत इसे अनुभव कर रहे थे। इसलिए भी इस बार का बजट लोकलुभावन रखने का

निर्णय किया तथा इसमें अनेक नई आकर्षक योजनाओं को भी प्रस्तावित किया गया। मीडिया की टिप्पणी थी, "He brought a populist welfare budget this year, which was hailed even by a section of the opposition as one of the best election budgets in the state's history." And then weeks before the model code of conduct set in, he went on a path of frantic pre-poll activity, launching several new projects and welfare schemes to woo voters. on October 2, Rajasthan became the first state in the country to implement the National Food Security act, aimed at benefiting around 46.4 million people."

बीते एक साल में मुख्यमंत्री अशोक गहलोत ने प्रदेश की जनता को लुभाने के लिए मुफ्त दवा, मुफ्त जाँच योजना, पेंशन और स्कॉलरशिप जैसी कई जनकल्याणकारी योजनाएँ शुरू कीं। रिफाइनरी और मेट्रो रेल जैसी परियोजना से उन्होंने विकास का सपना ही नहीं दिखाया, बल्कि उसका खूब प्रचार भी किया। ऐसी स्थिति में भाजपा व वसुंधरा राजे के समक्ष चुनौती पिछले एक साल में रचे गए गहलोत के इस चक्रव्यूह को तोड़ने की थी। अत: जनता को फिर से वर्ष 2003 से 2008 की भाजपा सरकार द्वारा किए गए विकास कार्यों को स्मरण कराने की थी, जिससे वे दोनों के विकास कार्यों की तुलना कर सकें। अत: वर्ष 2003 में निकाली गई परिवर्तन यात्रा, जिसमें जनसैलाब उमड़ पड़ा था, वैसी ही एक और यात्रा निकालने का निर्णय लिया गया, जिसका नाम रखा 'सुराज संकल्प यात्रा'। इस यात्रा के माध्यम से प्रदेश भर को आंदोलित किया जाना तथा कांग्रेस सरकार व अशोक गहलोत के भ्रष्टाचार-घोटालों को उजागर करना, जिससे राजस्थान की जनता गहलोत के दिखाए गए सब्जबाग की असलियत पहचान सके। इस संकल्प यात्रा का एक उद्देश्य यह भी था कि वर्ष 2003 से 2008 तक की भाजपा सरकार और वर्ष 2008 से 2012 तक की कांग्रेस सरकार द्वारा प्रदेश में करवाए गए विकास कार्यों की तुलना की जा सके। प्रदेश के लोग जान सकें कि कैसे एक गरीब प्रदेश को गरीबी से उठाकर मुख्यमंत्री वसुंधरा राजे ने विकसित प्रदेशों की पंक्ति में लाकर खड़ा कर दिया था तथा राजस्थान का राजकोष पूरी तरह भर दिया था। उसी कोष को पाँच वर्षों में कांग्रेसी नेताओं ने गहलोत के नेतृत्व में लूट-लूटकर खाली ही नहीं किया, वरन् प्रदेश को कर्जदार बना दिया, जिससे प्रदेश पुन: दस साल पीछे चला गया।

अप्रैल 2013 से सुराज संकल्प यात्रा प्रारंभ हुई। गरमियों के दिन, प्रदेश पूरी तरह गरम लू से तपता रहता है। 5 जून, 2013 तक चार संभागों—उदयपुर, कोटा,

भरतपुर व अजमेर की यात्रा संपन्न कर ली थी। स्मरण रहे—यात्रा प्रारंभ करने से पूर्व वे बाँसवाड़ा जिले में स्थित त्रिपुर सुंदरी मंदिर में जाकर माता का आशीर्वाद लेना नहीं भूली थीं। इन चार संभागों में उनका रथ जिधर से भी निकला, विशाल जनसमुदाय ने उनका स्वागत किया, विशेष रूप से महिलाओं ने उनकी सभी सभाओं में बढ़-चढ़कर हिस्सा लिया। महिलाएँ यह शिकायत करती पाई गईं कि 'न पानी, न बिजली, हम कैसे जीएँ?' इन चारों संभागों में पानी बहुत गहराई तक चला गया है। क्या गाँव, क्या शहर, बिजली की अघोषित कटौती ने बेहाल कर रखा है। आज जीवन की हर आवश्यक वस्तु, विशेष रूप से खाने-पीने की सामग्री बहुत महँगी हो गई है। इस महँगाई एवं अभावों की मार से पूरा प्रदेश हाहाकार कर रहा है। सरकार है कि बिल्कुल सुनती ही नहीं। हमारी बातों की, हमारी परेशानी की सरकार को परवाह ही नहीं है। ऐसी अंधी-बहरी-गूँगी सरकार से क्या अपेक्षाएँ रखी जाएँ। वसुंधरा राजे ने लोगों के समक्ष रखा कि राजस्थान की राजधानी जयपुर के लोग भी इस सरकार में दूषित पानी पीने को बाध्य हैं, अतः शेष प्रांत के लोगों की कैसी हालत है, यह जाना जा सकता है। जाँच करनेवाली टीम ने जयपुर एवं उससे जुड़े ग्रामीण क्षेत्र के पीने के पानी के नमूने लेकर जाँच की तो पाया गया कि यह पानी अनेक प्रकार से दूषित है। इस जाँच ने गहलोत सरकार की पोल खोल दी। वसुंधरा राजे ने कहा कि जो सरकार व्यक्ति को जीने की मूलभूत सुविधाएँ भी उपलब्ध नहीं करा सकती, उस सरकार से क्या अपेक्षा की जाए।

एक स्थान पर आमसभा को संबोधित करते हुए वसुंधरा राजे ने कहा कि गहलोत सरकार की इतनी गलतियाँ हैं कि उन्हें कहाँ तक गिनाएँ? पाँच बार सांसद और दो बार मुख्यमंत्री रहने के बावजूद मारवाड़ की पेयजल समस्या का समाधान मुख्यमंत्री गहलोत नहीं कर सके। आज भी जोधपुर जिले में आधे से ज्यादा पानी खारा और अधिक फ्लोराइडयुक्त है। जिनसे अपने गृह जिले की समस्याओं का भी निदान नहीं हो सका, वह प्रदेश का क्या विकास करेंगे? वादा करके भी गहलोत यहाँ हिमालय का पानी और बर से बिलाड़ा तक रेल नहीं ला सके। जनता कहाँ तक भुलावे में रहेगी?''

22 अप्रैल, 2013 को सुराज संकल्प यात्रा के अवसर पर कोटा की भव्य जनसभा को संबोधित करते हुए वसुंधरा राजे ने कहा, ''गत बार हमने बीमारू राज्य को अग्रणी बनाया था। उसे कांग्रेस की गहलोत सरकार ने फिर से बीमारू स्थिति में धकेल दिया। एम.पी., गुजरात जैसा यहाँ क्यों नहीं हो सकता, जब वहाँ हो सकता है तो?'' उन्होंने कहा कि मैं विश्वास दिलाती हूँ कि यहाँ भी विकास हो

सकता है। किसी के हाथ में जादू नहीं होता है। आज हम सबको एक साथ मिलकर चलना होगा।

मध्य प्रदेश के मुख्यमंत्री शिवराज सिंह ने कहा कि आँखें तो सबके पास होती हैं, लेकिन विजन सबके पास नहीं होता। इस विजन का एकमात्र इलाज है, भाजपा को जिताओ और वसुंधरा राजे को सीएम बनाओ। देश में हजारों लोगों ने अजादी के लिए कुरबानी दी। आजादी आई और हम उन्हें भूल गए। कांग्रेस आई और एक ही पाठ पठाया जा रहा है कि एक ही परिवार ने आजादी दिलाई। उन्होंने कहा कि वे राजस्थान के हालात से दुःखी हैं। यदि आज भाजपा का राज होता तो राजस्थान विकसित राज्यों की श्रेणी में खड़ा होता। जिस राज्य में समय पर बिजली नहीं मिलती, उस राज्य में कुछ नहीं हो सकता। न किसान खुश हो सकता है और न ही उद्योग विकसित हो सकते हैं। मध्य प्रदेश में तेरह जिले ऐसे हैं, जहाँ 24 घंटे बिजली मिल रही है, जबकि यहाँ के हालात विकट हैं। यहाँ की सरकार ने एम.पी. की कई योजनाएँ शुरू कीं, लेकिन नकल में भी अकल की जरूरत होती है। लोक सेवा गारंटी कानून की बात हो या फिर लाडली लक्ष्मी योजना की बात हो, सभी कानून पूरी तरह लागू नहीं हो पा रहे हैं। समर्थन मूल्य पर राजस्थान में अनाज की खरीद पूरी तरह से नहीं हो पा रही है। हमने 85 लाख टन गेहूँ, खरीदा और यहाँ की सरकार ने मात्र 19 लाख टन की खरीद की। म.प्र. में मीटर रीडिंग की समस्या ही खत्म कर दी और वहाँ प्रतिवर्ष प्रति हॉर्स पावर मात्र 1200 रु. लिये जा रहे हैं। मैं वसुंधरा राजे की तरफ से यह आश्वासन देता हूँ कि यदि यहाँ भाजपा की सरकार बनी तो मीटर रीडिंग व्यवस्था खत्म कर दी जाएगी।

राज्यसभा में नेता प्रतिपक्ष श्री अरुण जेटली ने सुराज संकल्प यात्रा के चौथे चरण के समापन समारोह की विशाल आमसभा में 5 जून, 2013 को अजमेर में कहा, ''आने वाले विधानसभा चुनाव में भाजपा को प्रदेश में 150 सीटें मिलेंगी और वसुंधरा राजे राजस्थान की मुख्यमंत्री होंगी।''

शेष संभागों की यात्रा प्रारंभ करने से पूर्व देश एक भीषण त्रासदी में फँस गया। उत्तराखंड के केदारनाथ मंदिर क्षेत्र में भीषण बाढ़ से भयंकर स्थिति पैदा हो गई। बरबादी इतनी भयंकर थी कि हजारों यात्री मारे गए, गाँव के गाँव नष्ट हो गए और ऐसी स्थिति बनी, जैसे यहाँ कभी बस्ती थी ही नहीं। बड़े-बड़े होटल, धर्मशालाएँ, बाजार-दुकानें नष्ट हो गए। केवल मंदिर ही बचा। सारे देश से प्रांतीय सरकारों ने तथा स्वयंसेवी संस्थाओं ने भोजन, वस्त्र आदि सहित धन से राहत कार्यों में सहयोग दिया। राजस्थान की अशोक गहलोत सरकार ने भी अच्छी-खासी धनराशि भेजी।

परंतु राजस्थान में जो भाजपा ने किया, वह अनूठा था। जहाँ बाढ़ राहत के लिए सहायता पहुँचाई, वहीं जनजागरण भी किया। प्रदेशवासियों को यह अहसास करवाया कि यह राष्ट्रीय आपदा है तथा इसमें सहयोग करना प्रत्येक भारतीय का दायित्व है। पूरे प्रदेश में भाजपा व संघ के स्वयंसेवक घर-घर जाकर वस्त्र, भोजन, दवाइयाँ आदि एकत्र करने में संलग्न हो गए। लोगों ने भी दिल खोलकर सहयोग दिया।

भाजपा प्रदेशाध्यक्ष वसुंधरा राजे भी 26 जून, 2013 को जयपुर के जौहरी बाजार में पैदल चलकर उत्तराखंड में फँसे श्रद्धालुओं के लिए सहायता राशि एकत्र करने निकल पड़ीं। प्रत्येक दुकान मालिक को आह्वान किया और सहायता राशि एकत्र की। आपको जानकर आश्चर्य होगा कि लोगों ने, दुकानदारों ने, युवाओं ने, महिलाओं ने, यहाँ तक कि बच्चों ने भी आगे बढ़कर सहायता राशि पात्र में अपनी सहयोग राशि डाली। राजे ने कहा, ''यह अभियान पार्टी कार्यकर्ताओं द्वारा पूरे प्रदेश में किया जा रहा है। हमारे लिए सहायता राशि इकट्ठा करना उतना महत्त्वपूर्ण नहीं है, जितना प्रदेश के लोगों को प्रोत्साहित कर उन्हें श्रद्धालुओं की सहायता में भागीदार बनाना है। हम एक राष्ट्र हैं, इसका अहसास कराना है। हम अपने इस पुनीत कार्य से देशवासियों को यह संदेश देने का प्रयास कर रहे हैं कि कश्मीर से कन्याकुमारी तक संपूर्ण भारत एक है और उसमें निवास कर रहे सभी भारतीयों के दुःख-दर्द में सहयोग के लिए हम सब भारतीय जी-जान से जुटे हुए हैं। उन्होंने प्रदेशवासियों से अपील भी की कि उत्तराखंड में संघर्ष कर रहे हमारे भाइयों की सहायता के लिए अपना हाथ आगे बढ़ाएँ।''

जुलाई, अगस्त, सितंबर में संभागों में 'सुराज संकल्प यात्रा' लेकर वसुंधरा राजे फिर निकलीं। सारे प्रदेश में वसुंधरा राजे का अभूतपूर्व स्वागत हुआ। राजस्थान में कहावत है, ''भोला बामण अबकी खाई फेर खावाँ तो रामदुहाई।'' ऐसा ही भाव पूरे प्रदेश के जनमानस में दिखाई दे रहा था। सभी के मुँह से यही शब्द निकल रहे थे, प्रदेश में वसुंधरा राजे और दिल्ली में नरेंद्र मोदी। वस्तुतः 'सुराज संकल्प यात्रा' के समय ही यह निश्चित हो गया था कि राजस्थान में मात्र भाजपा और कुछ नहीं। नरेंद्र मोदी के नाम की गूँज प्रदेश के हर घर में, गली-गली में, गाँव, शहर में यहाँ तक झोंपड़ी में पहुँच चुका था। पहुँच चुका था यह नारा—'अबकी बार मोदी सरकार।'

'सुराज संकल्प यात्रा' का समापन समारोह 10 सितंबर, 2013 को जयपुर के अमरूदों के बाग में हो रही ऐतिहासिक सभा को भाजपा प्रदेश अध्यक्ष वसुंधरा राजे के अलावा राष्ट्रीय अध्यक्ष राजनाथ सिंह, भाजपा की राष्ट्रीय चुनाव अभियान

समिति के प्रमुख और गुजरात के मुख्यमंत्री नरेंद्र मोदी के अलावा प्रतिपक्ष के नेता गुलाबचंद कटारिया ने भी आम सभा को संबोधित किया। यह आम सभा कैसी थी, इसके मात्र दो उदाहरण दूँगा। राजस्थान पत्रिका लिख रही है, ''ऐसा लगता है, जैसे जयपुर के सभी रास्ते अमरूदों के बाग की ओर ही जाते हैं।'' एक शब्द प्रयोग किया, ''ऐसा सुनसान वातावरण जैसे जयपुर में कर्फ्यू लगा दिया गया हो।''

'सुराज संकल्प यात्रा' के समापन समारोह की ऐतिहासिक सभा को संबोधित करते हुए भाजपा की प्रदेशाध्यक्ष वसुंधरा राजे ने कहा, ''कांग्रेस कुराज में राजस्थान विकास को तरस गया है। आनेवाले विधानसभा चुनाव में उनकी सरकार बनेगी, जिसका लक्ष्य प्रदेश का सर्वांगीण विकास होगा। वे प्रदेश को एक ऐसी सरकार देंगी, जिसमें सबकी भागीदारी होगी, 36 की 36 कौम का विकास होगा। एक ऐसे नए राजस्थान का नवनिर्माण होगा, जिसमें समृद्धि के साथ-साथ स्वाभिमान होगा। ऐसा राजस्थान जिस पर हम गर्व कर सकेंगे। 24 घंटे घरेलू बिजली, नौजवानों को व्यापक स्तर पर रोजगार और महिलाओं की सुरक्षा का वादा भी होगा। योजना पर करोड़ों रुपयों के विज्ञापन खर्च करने के बाद भी लोगों का मुफ्त इलाज नहीं हो रहा है। अस्पतालों में डॉक्टरों, टेक्नीशियनों एवं उपकरणों का अभाव है। पूरी-की-पूरी सरकार अपने पूरे कार्यकाल में भ्रष्टाचार में डूबी रही। मुख्यमंत्री हम पर आक्षेप लगाते रहे और उसकी आड़ में खुद भ्रष्टाचार करते रहे। बेटे को ऐसी कंपनियों का सलाहकार बना दिया, जिन पर तमाम नियम-कायदे ताख पर रखकर मुख्यमंत्री मेहरबान रहे। इतना ही नहीं; मुख्यमंत्री ने रॉबर्ट वाड्रा को राजस्थान के किसानों की हजारों बीघा जमीन दिलवा दी।''

भाजपा के राष्ट्रीय अध्यक्ष राजनाथ सिंह ने कहा, ''राजस्थान में सबसे ज्यादा लोकप्रिय अगर कोई जननेता है तो वो वसुंधरा राजे हैं। जिनके नेतृत्व में आगामी विधानसभा चुनाव में भाजपा दो-तिहाई बहुमत से सरकार बनाएगी। वसुंधरा राजे भूतपूर्व मुख्यमंत्री नहीं, भावी मुख्यमंत्री भी हैं। हम उनका अभिनंदन मुख्यमंत्री के नाते करने दोबारा राजस्थान आएँगे।'' राजनाथ सिंह ने सुराज संकल्प सम्मेलन में जुटी ऐतिहासिक भीड़ को देखकर कहा कि राजस्थान के इतिहास की ही नहीं, यह उनके राजनीतिक जीवन की सबसे बड़ी रैली है। इतना विशाल जन-सैलाब उन्होंने कभी नहीं देखा। जिसे देखकर दावे के साथ कहा जा सकता है कि राजस्थान की जनता वसुंधरा राजे को मुख्यमंत्री बनाने के लिए बेताब है।

भाजपा की राष्ट्रीय चुनाव अभियान समिति के प्रमुख और गुजरात के मुख्यमंत्री नरेंद्र मोदी ने सुराज संकल्प यात्रा के समापन समारोह में विशाल भीड़ को संबोधित

करते हुए कहा, ''राजस्थान की जनता बदलाव के लिए तैयार है। आनेवाले विधानसभा चुनाव में राजस्थान रंग लाएगा और यहाँ वसुंधरा राजे मुख्यमंत्री बनेंगी।'' उन्होंने युवाओं का आह्वान किया कि देश और प्रदेश के भविष्य के लिए भाजपा का साथ दें और विकास की पर्याय भाजपा की वसुंधरा सरकार राजस्थान में लाएँ। सुराज संकल्प सम्मेलन में लाखों की तादाद में आए युवाओं ने मोदी को हाथ उठाकर कांग्रेसी सरकार को उखाड़ फेंकने का विश्वास भी दिलाया।

मोदी ने अपने धाराप्रवाह और प्रभावी उद्‍बोधन में कहा कि राजस्थान में हवा का रुख साफ है। राजस्थान की धरती पर परिवर्तन की आँधी उन्हें साफ दिखाई दे रही है। वे भी राजस्थान में बहन वसुंधरा राजे की तपस्या के बीच पुण्य कमाने आए हैं। वसुंधरा राजे ने 14 हजार किलोमीटर लंबी यात्रा 78 दिनों में पूरी कर जनता का दुःख-दर्द बाँटा है। मोदी ने कहा, ''मैंने भी यात्राएँ की हैं, लेकिन इतनी बड़ी और लंबी नहीं। वसुंधरा बहन के इस पुण्य के लिए मैं उन्हें प्रणाम करता हूँ, उन्हें इस यात्रा का पुण्य जरूर मिलेगा। गुजरात में जिस किसी राजस्थानी से बात करते हैं, वह यही कहता है—हम राजस्थान जाएँगे, वसुंधराजी की सरकार बनानी है, उनकी यात्रा में जाना है। वसुंधराजी की यात्रा राजस्थान में निकल रही थी और उसकी धूम गुजरात में सुन रहे थे।''

मोदी ने कांग्रेस राज की स्थिति बताते हुए कहा कि रुपए की ताकत मारवाड़ी और गुजराती ही जानते हैं। आज रुपया बीमार है और अस्पताल में है, क्योंकि केंद्र की कांग्रेसी सरकार की नीयत में खोट है। कांग्रेस के पास नेता, नैतिकता, नीति और नीयत का नितांत अभाव है। ऐसी पार्टी को जड़ से उखाड़ फेंकना राजस्थान और देश के विकास के लिए जरूरी है। मोदी ने कांग्रेस सरकार में बढ़ रहे भ्रष्टाचार को परिभाषित करते हुए कहा कि भविष्य में बच्चों को शिक्षित करने के लिए नए तरीके की किताबें पढ़ाई जाएँगी, जिनमें अंग्रेजी वर्णमाला के अक्षरों को इस रूप में सिखाया जाएगा। ए फोर आदर्श घोटाला, बी फोर बोफोर्स घोटाला, सी फोर कोलगेट और कॉमनवेल्थ घोटाला तथा डी फोर डिफेंस व दामाद घोटाला पढ़ाया जाएगा। कांग्रेस के लिए यूथ वोटर और भाजपा के लिए पावर है। सबसे खासकर युवाओं से निवेदन किया कि संविधान द्वारा प्रदत्त मतदान की शक्ति का उचित उपयोग करें।

सम्मेलन में जयपुर राजपरिवार की दीया कुमारी और खेल-जगत् में प्रसिद्ध राज्यवर्द्धन सिंह को राजनाथ सिंह व नरेंद्र मोदी ने माला पहनाकर भाजपा परिवार में सम्मिलित होने पर स्वागत किया।

समापन समारोह में भाजपा नेताओं में नेता प्रतिपक्ष गुलाबचंद कटारिया, राष्ट्रीय उपाध्यक्ष सतपाल मलिक, राजस्थान के प्रभारी कप्तानसिंह सोलंकी, सहप्रभारी श्योदानसिंह, राष्ट्रीय सहसंगठन मंत्री वी. सतीश, राष्ट्रीय प्रवक्ता निर्मला सीतारमण, राष्ट्रीय सचिव भूपेंद्र यादव, पूर्व सांसद किरीट सोमैया, सांसद दुष्यंतसिंह, विधानसभा सचेतक राजेंद्र राठौड़, पूर्व प्रदेशाध्यक्ष अरुण चतुर्वेदी, किरण माहेश्वरी, डॉ. दिगंबरसिंह, कालीचरण सर्राफ, ओंकारसिंह लखावत, सतीश पूनिया, रामचरण बोहरा, सभी मोर्चा अध्यक्ष, प्रकोष्ठ संयोजक आदि हजारों कार्यकर्ता उपस्थित थे।

वर्ष 2013 के राजस्थान विधानसभा चुनावों में कांग्रेस चारों खाने चित्त हो गई। कांग्रेस को ऐसी शर्मनाक हार इससे पूर्व कभी देखने को नहीं मिली। वह मात्र 21 सीटों पर सिमट गई। भाजपा को 200 की विधानसभा में 163 सीटों पर विजय मिली। वसुंधरा राजे के व्यक्तित्व, लोकप्रियता एवं परिश्रम, भाजपा के बूथ स्तर तक के कार्यकर्ताओं की मेहनत, संघ (आर.एस.एस.) के कार्यकर्ताओं, स्वयंसेवकों की जागरूकता एवं एक-एक वोटर तक संपर्क और सबसे बड़ी प्रभावी भूमिका प्रधानमंत्री प्रत्याशी नरेंद्र मोदी के नाम एवं उसकी प्रदेश भर में की गई विशाल आम सभाओं और उनमें नरेंद्र मोदी के धाराप्रवाह ओजस्वी भाषणों का परिणाम था कि भाजपा को इतना भारी बहुमत मिला। कांग्रेस का मात्र अस्तित्व भर रहा। राजनीतिक विश्लेषकों की मान्यता है कि भाजपा को मिले इस विशाल बहुमत के पीछे मुख्य कारण प्रदेश के जाट समुदाय एवं राज्य के सरकारी कर्मचारियों का समर्थन है। राजनीतिक विश्लेषक कहते हैं, "BJP's prime ministerial candidate Narendra Modi's magic definitely got the party road-rolling over its opponents in the state. It is because of his promises of development that even rural voters opted for the BJP, rejecting Gehlot's populist Schemes like free medicines, old age pension and power sops for farmers. Aslo it now is clear where the massive surge in the precentage of youth and women voters in the state was headed. According to analysts the near-decimation of the congress and ouster of Gehlot was also a result of Jats and government employees voting for the BJP."

वर्ष 2013 के विधानसभा चुनावों की भाजपा के लिए एक विशेष चमत्कारी बात रही कि हर बार की तरह इस बार कार्यकर्ताओं की वोटर्स को घरों से निकालने की रेलमपेल बिल्कुल नहीं दिखाई दी। वोटर स्वप्रेरणा से अपने-अपने घरों से निकलकर वोट देने पहुँचे। वोट के दिन हर बार कार्यकर्ताओं को जितना परिश्रम

करना पड़ता है, उतना परिश्रम नहीं करना पड़ा। वोटर की जागरूकता का ही परिणाम था कि इस बार रिकॉर्ड तोड़ वोटिंग हुई। इसे निश्चित रूप से नरेंद्र मोदी का जादू ही कहना चाहिए। सब मतदाता इस बात को भली-भाँति समझ गए थे कि वस्तुतः यह चुनाव लोकसभा चुनाव 2014 का सेमीफाइनल ही है। यदि मोदी को केंद्र में सत्तासीन करना है तो विधानसभा चुनावों में भाजपा को भारी बहुमत से जिताया जाए, जो उन्होंने कर दिखाया। सभी की जबान पर, चाहे ग्रामीण हो या शहरी, मोदी! मोदी! मोदी! ही चढ़ा हुआ था—'अबकी बार मोदी सरकार।'

□

राजे का राजतिलक–2013

13 दिसंबर, 2013 को जयपुर जनपथ पर सार्वजनिक समारोह में भाजपा के प्रधानमंत्री प्रत्याशी नरेंद्र मोदी एवं प्रदेश के लाखों लोगों की उपस्थिति में श्रीमती वसुंधरा राजे का मुख्यमंत्री के नाते शपथ ग्रहण समारोह संपन्न हुआ। राज्यपाल मार्ग्रेट अल्वा ने उन्हें शपथ दिलवाई।

शपथ ग्रहण समारोह से पूर्व श्रीमती राजे प्रातः प्रदेश कार्यालय पहुँचीं, जहाँ कार्यकर्ताओं ने गर्मजोशी से उनका स्वागत किया। राजे वहाँ एक घंटा रहीं। कार्यकर्ताओं को संबोधित करते हुए राजे ने कहा, ''पार्टी कार्यकर्ताओं का सम्मान बनाए रखना मेरी प्राथमिकता रहेगी। मैंने जनता से अच्छे शासन का वादा किया है और आप सभी मेरी चुनरी से बँधे हैं। राज्य के दुःख-दर्द में भागीदार बनना एवं समस्याओं का समाधान करना सरकार की सर्वोच्च प्राथमिकता होगी। पार्टी कार्यकर्ता जनता से सीधे संपर्क में रहें। उनकी खुशी में भागीदार बनें और दुःख में आँसू पोंछें, साथ ही नई सरकार की कल्याणकारी योजनाओं को लागू करने में महत्त्वपूर्ण भूमिका निभाएँ। हमें जाति-बिरादरी से ऊपर उठकर काम करना है और सबको मिलकर राज्य को आगे बढ़ाना है।'' (राजस्थान पत्रिका, 24.12.2013)

शपथ ग्रहण समारोह का आयोजन बड़ा ही ऐतिहासिक रहा। मुख्यमंत्री वसुंधरा राजे भगवा रंग की साड़ी में थीं। समारोह की भीड़ इतनी थी कि सँभालना ही भारी पड़ रहा था। राजस्थान पत्रिका लिखती है, ''जनपथ पर उमड़े लोगों के जेहन में मुख्यमंत्री वसुंधरा राजे और भाजपा के प्रधानमंत्री पद के उम्मीदवार नरेंद्र मोदी का जादू छाया रहा। समारोह शुरू होने से पहले करीब चार घंटे के इंतजार के दौरान चाहे पार्टी पदाधिकारी हों, कार्यकर्ता हों या समर्थक, हर किसी की जबान पर राजे-मोदी का नाम रहा। प्रातः 11.30 बजे तक सभास्थल खचाखच भर गया था। लोग कुरसियों के बीच भी जहाँ जगह मिली, बैठ गए। चार घंटे इंतजार के बाद जैसे ही मोदी मंच

पर दिखे तो जनता का जोश दोगुना हो गया। 'बच्चा माँगे गोदी, जनता माँगे मोदी' के नारों से आसमान गूँज उठा।'' ठीक एक बजकर तेरह मिनट पर वसुंधरा राजे ने मुख्यमंत्री पद की शपथ ली। भगवा रंग की खादी सिल्क की साड़ी पहने, भाजपा का चिह्न कमल निशान लगाए वसुंधरा राजे ने हिंदी में ईश्वर के नाम पर पद व गोपनीयता की शपथ ली। राजस्थान की एकत्र विशाल जनमेदिनी नरेंद्र मोदी के आशा एवं विश्वास से भरपूर एवं ओजस्वी भाषण सुनने के लिए बड़ी आतुर थी। परंतु जनता को निराश होना पड़ा। कार्यक्रम में किसी का भी भाषण नहीं हुआ। मात्र दस मिनट में ही कार्यक्रम संपन्न हो गया। 1.09 बजे राज्यपाल मार्ग्रट अल्वा कार्यक्रम स्थल पर पहुँचीं, 1.13 बजे वसुंधरा राजे ने मुख्यमंत्री पद की शपथ ली, 1.15 बजे राज्यपाल अल्वा ने हस्ताक्षर किए, 1.17 बजे राष्ट्रगान व 1.18 बजे कार्यक्रम संपन्न हुआ। मुख्यमंत्री कार्यालय में कार्यभार सँभालने के बाद पत्रकारों के साथ राजे ने कहा, ''किसी से कोई वैर-भाव नहीं है। सभी के साथ प्यार का माहौल रहेगा और 36 कौमों को साथ लेकर चलेंगे। जनता ने जो चुनरी ओढ़ाई है, उसकी लाज रखूँगी और जनता के भरोसे पर खरा उतरने की कोशिश करूँगी। कभी डर लगता है कि जिस तरह जनता ने भारी बहुमत दिया है, उसी तरह कैसे उसकी उम्मीदों पर खरे उतरें।''

शपथ ग्रहण समारोह में भाजपा के अनेक वरिष्ठ नेता मंच पर उपस्थित थे। मुख्यत: लालकृष्ण आडवाणी, नरेंद्र मोदी, भाजपा अध्यक्ष राजनाथ सिंह, मध्य प्रदेश के मुख्यमंत्री शिवराज सिंह चौहान, छत्तीसगढ़ के मुख्यमंत्री रमनसिंह, भाजपा के राष्ट्रीय प्रवक्ता शाहनवाज हुसैन, हेमा मालिनी, पंजाब के मुख्यमंत्री प्रकाशसिंह बादल, उपमुख्यमंत्री सुखवीर सिंह बादल तथा शिवसेना प्रमुख उद्धव ठाकरे आदि।

पूर्व मुख्यमंत्री अशोक गहलोत भी मंच पर पहुँचे और एक-एक कर सभी नेताओं से मिले। गहलोत मोदी से मिलने ज्यों ही पहुँचे तो मोदी ने उन्हें गर्मजोशी से गले लगाया, तभी जनता ने जोरदार तालियों की गड़गड़ाहट से अभिवादन किया।

21 फरवरी, 2014 को लेखानुदान (अंतरिम बजट) पेश करते हुए विधानसभा में मुख्यमंत्री वसुंधरा राजे ने विधायकों को संबोधित करते हुए कहा, ''हम पिछली बार सत्ता में आए थे, तब भी हमें हालात खराब मिले थे। हमने इसे सुधारा था। इस बार भी पिछली सरकार ने कोई कसर नहीं छोड़ी। बहुत गैर-जिम्मेदारी से काम किया। इसे सुधारने के लिए हमने पहले दिन से काम किया है। अब राजस्व-आय बढ़ाएँगे। मितव्ययता पर जोर देंगे और फिर राज्य को घाटे की स्थिति से उबारेंगे।''

8 दिसंबर, 2013 को राजस्थान विधानसभा के चुनाव परिणाम की घोषणा के तुरंत पश्चात् कार्यकर्ताओं के समक्ष वसुंधरा राजे ने घोषणा की कि वे स्वयं के आवास

में ही रहेंगी। ट्रैफिक सिग्नल पर रुकने, गाड़ियों का काफिला कम करने, सीएम सुरक्षा में पुलिसकर्मियों की संख्या आधी करने, यथासंभव नियमित फ्लाइट से यात्रा करने का फैसला किया है। राजे ने आगे कहा कि सरकारी खर्चों में कटौती के लिए वे अपने पास निजी वाहन ही रखेंगी। जयपुर और दिल्ली में निजी वाहन से ही यात्रा करेंगी। कभी जल्दी जाकर वापस लौटना हो और ऐसे स्थान पर नियमित फ्लाइट की सुविधा नहीं होने की स्थिति में ही वे हेलीकॉप्टर का इस्तेमाल करेंगी।

कांग्रेस की अशोक गहलोत सरकार ने राजस्थान को भारी कर्जे के बोझ तले दबाया है। राजे ने बताया कि प्रदेश पर पिछली सरकार ने 2 लाख 10 हजार करोड़ रुपए का कर्ज छोड़ा है। 1 लाख 31 हजार सरकार का, 75 हजार करोड़ से ज्यादा बिजली कंपनियों का और बाकी रोडवेज आदि का कर्जा प्रदेश पर है। जो सरकार हम पर लाइबिलटीज छोड़कर गई है, उसे पूरा करने की हम कोशिश भी करें तो हमारा राजस्व घाटा 7 हजार 950 करोड़ और वित्तीय घाटा 28 हजार करोड़ होगा। आज जेडीए की आर्थिक स्थिति भी चिंताजनक है। जिसके पास पाँच करोड़ फिक्स-डिपोजिट और छह करोड़ नगदी है, उससे सिर्फ अगले माह की तनख्वाह ही चुकाई जा सकती है। (राजस्थान पत्रिका, 14.1.14)

कर्ज की मार से परेशान प्रदेश को विकास के मार्ग पर बढ़ाना सचमुच राजे सरकार के समक्ष विकट समस्या थी, परंतु राजे ने इसकी चिंता नहीं की। उन्होंने आत्मविश्वास में भरकर प्रदेश की जनता को कहा था, ''हमने पहले भी कर्ज से डूबे प्रदेश को उबारा था और अब भी उबारेंगे।'' प्रथम दिन से ही अपनी टीम के साथ राजे कार्य में जुट गईं। स्वयं के सादगी में रहने की घोषणा और सभी मंत्री-विधायकों को सादगी में रहने की हिदायत दी। लोकसभा चुनाव-14 की आचार-संहिता लागू होने से पूर्व के 60 दिनों की कार्ययोजना बना डाली और मंत्रियों को गति से कार्य करने का आह्वान किया। पुराना अनुभव एवं नई सोच के आधार पर कार्ययोजना बनाई गई। मुख्यमंत्री राजे ने एक आम नागरिक की तरह व्यवहार प्रारंभ कर प्रदेशवासियों को ही नहीं, संपूर्ण देश में यह संदेश देना चाहती हैं कि संकल्प में कितनी बड़ी ताकत है तथा वे संकल्प को व्यवहार में परिणित करने एवं करवाने की शक्ति रखती हैं। लाल बत्ती पर रुकना, काफिला कम करना, सुरक्षाकर्मियों की फौज में कटौती, मुख्यमंत्री आवास के स्थान पर एक सामान्य आवास में रहना, ऐसे निर्णय थे, जिन्होंने प्रदेशवासियों को हैरत में डाल दिया। मुख्यमंत्री राजे के आभामंडल, लाव-लश्कर और शानो-शौकत से दूर रहकर एक साधारण इनसान की तरह काम करने के निर्णय ने प्रदेशवासियों में उनकी छवि एवं उनके कद को और बढ़ा दिया।

शपथ ग्रहण के तुरंत बाद से राजे ने लगातार अफसरों की बैठकें लेनी प्रारंभ कर दीं। प्रथम बैठक में उन्होंने स्वयं को सीईओ की तरह प्रस्तुत किया। स्वयं प्रेजेंटेशन दिया और अपनी सोच का प्रारूप अफसरों एवं मंत्रियों के समक्ष रखा। 1 जनवरी, 2014 से सरकार की 60 दिवसीय कार्ययोजना पर काम प्रारंभ हुआ।

अपनी कैबिनेट की दूसरी बैठक में 1975-77 के आपातकाल, जो इंदिरा गांधी सरकार ने देश पर लागू किया था, के दौरान मीसा एवं डी.आर. बंदियों को पेंशन देने का निर्णय किया। इस निर्णय से कार्यकर्ताओं एवं राष्ट्रहित के लिए आगे बढ़नेवालों को अत्यधिक संतोष एवं प्रसन्नता हुई। तत्कालीन प्रधानमंत्री इंदिरा गांधी ने अपने स्वार्थ एवं पूर्णरूपेण व्यक्तिगत लाभ के लिए देश पर आपातकाल थोपकर नागरिकों के मौलिक अधिकारों को छीनने की कोशिश की थी। लोकनायक जयप्रकाश नारायण के नेतृत्व में देश भर में कांग्रेस सरकार के भ्रष्टाचार एवं तानाशाही के विरोध में जबरदस्त आंदोलन चला। सत्याग्रह हुआ। विरोधी पार्टियों के लाखों नेताओं को जेल में डाल दिया गया। समाचार-पत्रों एवं मीडिया पर सेंसर लगाकर सत्य की आवाज को प्रतिबंधित कर दिया गया। देश में इसके विरोध में सत्याग्रह चला। सत्याग्रहियों को यातनाएँ दी गईं और मीसा, डी.आई.आर. लगाकर जेलों में बंद कर दिया गया। इनमें सर्वाधिक संख्या भारतीय जनसंघ, विश्व हिंदू परिषद्, मजदूर संघ, विद्यार्थी परिषद् एवं राष्ट्रीय स्वयंसेवक संघ के स्वयंसेवकों की थी। 1977 में हुए लोकसभा चुनावों में देश की जनता ने इंदिराजी की कांग्रेस सरकार को उखाड़ फेंका। सभी विरोधी दलों को मिलाकर श्री मोरारजी देसाई के नेतृत्व में बने जनता दल ने इन चुनावों में विजयश्री प्राप्त की। जनता दल की सरकार बनी। आपातकाल उठा लिया गया। राष्ट्रीय स्वयंसेवक संघ पर लगाया गया प्रतिबंध समाप्त कर दिया तथा मीसा डी.आई.आर. व 107-151 में गिरफ्तार कार्यकर्ता-नेताओं को जेलों से मुक्त किया गया। 19 माह जेलों में रहे कार्यकर्ताओं को वस्तुतः तुरंत सम्मानित किया जाना चाहिए था। उन्हें स्वतंत्रता सेनानी घोषित करते हुए, उन्हें सभी प्रकार की सुविधाएँ, जो पूर्व के स्वतंत्रता सेनानियों को मिल रही हैं, दिए जाने की घोषणा होनी चाहिए थी। परंतु दुर्भाग्य से यह नहीं हो पाया। इसमें सबसे बड़ा कारण था कि जेलों में गए कार्यकर्ताओं में सर्वाधिक संख्या राष्ट्रीय स्वयंसेवक संघ एवं संघ परिवार के संगठनों की थी। समाजवादी एवं कम्युनिस्ट पार्टियाँ यह नहीं चाहती थीं, अतः उन्होंने संघ परिवार के बलिदानों की अनदेखी ही नहीं, विरोध भी किया। आगे चलकर कुछ प्रदेशों में, जैसे मध्य प्रदेश, उत्तर प्रदेश आदि में पेंशन प्रारंभ की गई। राजस्थान में भी वसुंधरा राजे की भाजपा सरकार ने 2008 विधानसभा के अंतिम दिनों में इसे

लागू करने की घोषणा की, परंतु 2008 के चुनावों में भाजपा सरकार गिर गई तथा कांग्रेस की अशोक गहलोत सरकार आने से यह घोषणा स्थगित कर दी गई। इस बार वसुंधरा राजे की भाजपा सरकार अपने कार्यकर्ताओं को सम्मान देने में देरी नहीं करना चाहती थी। अत: कैबिनेट की दूसरी बैठक में ही यह निर्णय घोषित कर जनवरी 2014 से प्रतिमाह प्रत्येक मीसा बंदी व डी.आई.आर. बंदी को 12 हजार रुपए पेंशन एवं 1300 रुपए चिकित्सा सहायता देना तय किया। कार्यकर्ताओं में उत्साह की लहर दौड़ गई। परंतु इसमें भी एक भारी कमी रह गई कि इन्हें स्वतंत्रता सेनानी घोषित नहीं किया। फिर भी जितना किया, वह स्वागत योग्य है। कार्यकर्ताओं में विश्वास जमा कि भाजपा सरकार संगठन एवं कार्यकर्ताओं की अपेक्षाओं पर खरी उतरेगी।

साठ दिन की कार्ययोजना में राजे सरकार ने अत्यंत महत्त्व के निर्णय किए। सादगी के अलावा पूर्ववर्ती सरकार के अंतिम छह महीने के कामकाज की समीक्षा के लिए ग्रामीण विकास मंत्री गुलाबचंद कटारिया के नेतृत्व में एक तीन सदस्यीय कमेटी का गठन किया। इसके साथ ही प्रशासन में बड़े फेरबदल करने का निर्णय किया गया। आई.ए.एस., आर.ए.एस., आई.पी.एस., आर.पी.एस. अधिकारियों को उनकी क्षमताओं के आधार पर स्थानांतरित करने का निर्णय कर प्रदेश के प्रशासन को अधिक चुस्त एवं दुरुस्त करने की ओर कदम बढ़ाया। 24 घंटे बिजली एक हजार गाँवों से शुरुआत तथा किसानों को साढ़े छह घंटे बिजली देने की योजना पर कार्य प्रारंभ किया। मंत्री क्षेत्र के अस्पतालों में औचक निरीक्षण एवं व्यवस्थाओं में सुधार करवाएँगे। राशन की दुकानें महीने में 15 दिन लगातार खुले रखने का निर्णय प्रसारित किया। प्रदेश में स्थानीय निकायों को सफाई अभियान चलाकर सुंदरता को बढ़ावा देने के आदेश दिए। 60 दिन की कार्ययोजना के अंतर्गत जिन मुद्दों पर ज्यादा फोकस किया गया, उनमें मुख्य-मुख्य हैं—

- गाँव, गरीब, किसान, युवाओं और महिलाओं पर ज्यादा फोकस।
- 'बेटी बचाओ' के तहत बालिकाओं के जन्म के प्रति परिवारों को प्रोत्साहन।
- समाज के सभी वर्गों को कुछ-न-कुछ देने की योजना।
- अल्पसंख्यकों के कल्याण के लिए विशेष योजना। शासन-प्रशासन में सादगी के प्रयास।
- 5 लाख रोजगार, शिक्षित बेरोजगारों को भत्ता, शिक्षित बेरोजगार महिलाओं को उद्योग-व्यापार के लिए रियायती ऋण।
- राज्य को विशेष दरजा दिलाना।
- महिला विश्वविद्यालय एवं हर उपखंड पर महिला कॉलेज।

- 10वीं एवं 12वीं में 80 प्रतिशत से ज्यादा अंक लानेवाले विद्यार्थियों को सरकारी कॉलेजों में मुफ्त शिक्षा।
- नदियों को आपस में जोड़कर पानी की समस्या का समाधान।
- व्यापारियों का दो लाख का बीमा।
- खनन को उद्योग का दरजा।
- जयपुर में खरड़ व्यापार केंद्र।
- खेती के दौरान दुर्घटना होने पर पाँच लाख रुपए तक का मुआवजा।

13 जनवरी, 2014 को मंत्रियों-विधायकों एवं पार्टी कार्यकर्ताओं के सम्मेलन को संबोधित करते हुए मुख्यमंत्री राजे ने अपनी नीति स्पष्ट करते हुए कहा, ''हम विकास में राजनीति नहीं, राजनीति में विकास चाहते हैं। पहली बार हुआ है कि राजस्थान में कांग्रेस सिर्फ 21 सीटों तक सिमटकर रह गई। कांग्रेस अपना एक भी अल्पसंख्यक या दलित उम्मीदवार नहीं जिता पाई। जनता ने इस बार विधानसभा चुनाव में एक संदेश भी दिया कि उसे न प्रलोभन देकर खरीदा जा सकता है और न झूठे वादों के सब्जबाग दिखाकर बहलाया जा सकता है। हमें सरकारी खर्चों में कटौती करके सादगी का आदर्श प्रदेश की जनता के समक्ष रखना होगा।'' राजे ने केवल घोषणा ही नहीं की, बल्कि स्वयं से प्रारंभ कर कार्यकर्ताओं के समक्ष एक आदर्श प्रस्तुत किया।

चौदहवीं विधानसभा के प्रथम सत्र को संबोधित करते हुए राज्यपाल मार्गेट अल्वा ने अपने अभिभाषण में कहा, ''पिछली सरकार की योजनाएँ विवेकहीन थीं। उसने प्रदेश को बीमारू होने का कलंक लगा दिया। उनकी अनेक योजनाओं की उपयोगिता संदेहास्पद है, जिनके कारण भविष्य में राज्य की वित्तीय स्थिति पर विपरीत असर पड़ेगा। टेबलेट, साइकिल और साड़ी वितरण जैसी योजनाओं के तहत नगद राशि देने के कारण बजट का सही उपयोग नहीं हो सका। देश के 20 बड़े राज्यों में राजस्थान 11वें से 16वें स्थान पर आ गया। अब हम ऐसी योजनाओं को हाथ में लेंगे तथा प्रदेश की विकास दर 12 प्रतिशत प्राप्त करेंगे।'' राज्यपाल का अभिभाषण सरकार द्वारा ही अनुमोदित होता है। अभिभाषण में आगे कहा, ''सरकार ने वर्ष 2020 में नए राजस्थान के निर्माण के लिए विकास की पाँच मुख्य प्राथमिकताएँ तय की हैं। इनमें निवेश प्रोत्साहन, रोजगार के अवसर उपलब्ध कराने, आर्थिक ढाँचे में सुधार तथा शिक्षा व कौशल विकास पर विशेष महत्त्व दिया गया है। इनके साथ ही महिलाओं व बच्चों के बेहतर स्वास्थ्य को भी प्राथमिकता दी गई है।

20 फरवरी, 2014 को मुख्यमंत्री वसुंधरा राजे ने विधानसभा में अंतरिम बजट पेश करते हुए संबोधित किया और कहा, ''हम पिछली बार सत्ता में आए थे, तब भी हमें हालत खराब मिली थी। हमने इसे सुधारा था। इस बार भी पिछली सरकार ने कोई कसर नहीं छोड़ी। बहुत गैर-जिम्मेदारी से काम किया। इसे सुधारने के लिए हमने पहले दिन से काम किया है। अब राजस्व आय बढ़ाएँगे। मितव्ययिता पर जोर देंगे और फिर राज्य को घाटे की स्थिति से उबारेंगे।'' एक वाक्य में उन्होंने कहा, ''कांग्रेस ने किया बंटाधार—हम करेंगे बेड़ा पार।'' राजे ने कहा, ''वित्तीय प्रबंधन की अनदेखी कर आनन-फानन में योजनाएँ लागू कीं। इसके लिए पिछले बजट में गलत ढंग से राजस्व आधिक्य दिखाया, जबकि हम घाटे में हैं। हम राज्य के चरमराते आर्थिक ढाँचे को पटरी पर लाएँगे।'' राजे ने रिफाइनरी और मेट्रो पर भी संशय दूर कर वित्तीय प्रावधान किए। भामाशाह योजना फिर शुरू करने का ऐलान किया, परंतु यह भी कहा कि राज्य को कुल मिलाकर अभी 'सियासी इंतजार' करना होगा। चार माह बाद केंद्र की नई सरकार के पूर्ण बजट के बाद राज्य की आर्थिक तसवीर और विजन साफ होगा। जुलाई 14 तक का अंतरिम बजट पारित किया गया।

राजस्थान सरकार के नए मंत्रियों की घोषणा एवं शपथ ग्रहण के पश्चात् मुख्यमंत्री वसुंधरा राजे की अध्यक्षता में प्रथम बैठक हुई, जिसमें तीन अहम निर्णय हुए। इन निर्णयों के आधार पर नई सरकार की मंशा के बारे में जानकारी हो जाती है—

1. पिछली कांग्रेस सरकार के अंतिम छह माह में किए निर्णय-योजनाओं की समीक्षा। विशेषतौर पर वे निर्णय, जो किसी तरह के विशेषाधिकार के तहत हों या भेदभावपूर्ण लगे। इस समीक्षा समिति में गुलाबचंद कटारिया की अध्यक्षता में राजेंद्र राठौड़, कालीचरण सर्राफ एवं अरुण चतुर्वेदी सम्मिलित किए गए। यह समिति पिछली भाजपा सरकार की योजनाओं को फिर से प्रारंभ करने की सिफारिश भी करेगी।
2. 60 दिन की कार्ययोजना लागू करेगी। प्राथमिकतावाले काम शामिल होंगे। संबंधित विभागों को निर्देश दिए जाएँगे।
3. भाजपा ने अपने घोषणा-पत्र को कैबिनेट से पारित कर सरकारी दस्तावेज बनाया। 60 पृष्ठों का संकल्पपत्र रखा तथा उसकी घोषणा को पूरा करना अपनी प्राथमिकता बताया।

8 जनवरी, 2014 को मुख्यमंत्री राजे ने प्रदेश के कलेक्टर्स एवं एस.पी. की कॉन्फ्रेंस बुलाई। उनसे उनके जिलों का फीड बैक लिया गया तथा कहा कि शासन

की साफ छवि लोगों तक पहुँचाने का प्रयास करें। सरकारी दफ्तरों का माहौल ऐसा होना चाहिए कि वहाँ तक आनेवालों की न केवल सुनवाई हो, बल्कि सरकार द्वारा निर्धारित काम और सेवाओं की उपलब्धता भी आसानी से हो। जिलों में विशेष सफाई अभियान चलाने, बिजली आपूर्ति व्यवस्था में सुधार, बिजली ट्रिपिंग की समस्या का निवारण, सांप्रदायिक सद्भाव बनाए रखने आदि पर जोर दिया। इसके साथ ही राजे ने कलेक्टरों को ग्रामीण क्षेत्रों में रात्रि विश्राम करने की भी नसीहत दी। मुख्यमंत्री राजे ने कॉन्फ्रेंस में सरकारी कामकाज में सादगी बरतने की नसीहत दी। आम लोगों के काम पहली प्राथमिकता से हों। राजे ने कहा सरकार प्रदेश में जल्द गुड गवर्नेंस ऐक्ट को लागू करेगी। कॉन्फ्रेंस में इनके अलावा भी अनेक निर्णय हुए, उनमें से मुख्य हैं—

- कलेक्टर जिलों में सफाई, पानी, बिजली, शिक्षा, चिकित्सा और सड़कों की स्थिति सुधारें।
- जिलों में 24 घंटे घरेलू और साढ़े छह घंटे किसानों को निर्बाध बिजली सप्लाई करवाएँ।
- युवाओं को रोजगार के लिए दक्षता-प्रशिक्षण, नि:शक्तजनों को विशेष उपकरण मिलें।
- हालिया व्यवस्था में जल्द सुधार हो।
- साठ दिन कार्ययोजना की साप्ताहिक समीक्षा होगी।
- राज्य के मंत्री भी सादगी का परिचय देते हुए कार्य करेंगे।
- पुलिस एस्कॉर्ट नहीं रखेंगे।
- सरकारी कार्यक्रम, गोष्ठी, सेमिनार आदि पंचसितारा होटलों में नहीं होंगे।
- सरकारी कार्यक्रमों में सामूहिक भोज का आर्थिक बोझ सरकार पर नहीं होगा।
- अभिनंदन जैसे कार्यक्रमों पर कम खर्च हो।
- सरकारी अधिकारी एक से अधिक गाड़ी नहीं रखेंगे। अफसर निजी काम में सरकारी गाड़ियों का उपयोग नहीं करेंगे।
- निजी आवास पर सरकारी चौकीदार नहीं रहेंगे।
- बेसहारा बच्चों को चिह्नित कर उनकी शिक्षा, पालन-पोषण की व्यवस्था कलेक्टरों के जिम्मे रहेगी।

इनके अलावा मुख्यमंत्री राजे ने कॉन्फ्रेंस में कुछ हिदायतें दीं, जिनमें प्रमुख हैं—

- सभी कलेक्टर्स जिलों में एक-एक बालिका को गोद लें तथा उसकी लालन-पालन और शिक्षा की जिम्मेदारी उठाएँ।

- 11वीं व 12वीं की कक्षाओं के छात्र-छात्राओं की कॅरियर काउंसलिंग कराएँ।
- एक-एक गाँव गोद लेकर आदर्श गाँव के रूप में विकसित करें।
- ग्राम पंचायतें विकास के सभी काम एक ही स्थान से कराएँ।

मुख्यमंत्री वसुंधरा राजे ने विधानसभा में राज्यपाल के अभिभाषण पर धन्यवाद प्रस्ताव पर चर्चा का जवाब देते हुए सदन के समक्ष अपने विजन को रखते हुए सरकार का रोडमैप रखा। इससे राजे सरकार की सोच की जानकारी मिलती है कि वे आखिर राजस्थान का विकास किस तरीके से करेंगी।

राजे ने पिछली सरकार के दो बड़े कार्यों की चर्चा करते हुए कहा, ''मेट्रो के 11 किलोमीटर ट्रेक के लिए 3400 करोड़ रुपए लगा दिए, इससे तो राज्य में 110 फ्लाईओवर या 5000 किमी. लंबी सड़कें बन जातीं। मेट्रो के लिए हमने भी मेट्रोमैन श्रीधरन से बात की थी, लेकिन उन्होंने इसे वर्ष 2020 तक आर्थिक रूप से मुफीद नहीं बताया था। रिफाइनरी को लेकर भी जो समझौता हुआ है, उससे राज्य को नुकसान ही हो रहा है।'' इसके उपरांत भी राजे सरकार ने मेट्रो के पहले चरण के लिए 486 करोड़ रुपए रखे। इसी प्रकार राजे ने कहा, ''पिछली सरकार ने रिफाइनरी के लिए 26 करोड़ रखे, परंतु हम 402 करोड़ रुपए दे रहे हैं।'' शर्तों व जगह पर स्थिति साफ नहीं की गई।

सरकार ने रोडमैप इस प्रकार प्रस्तुत किया—

- राजस्थान अधीनस्थ एवं मंत्रालयिक सेवा चयन बोर्ड का गठन कर दिया गया। राज्यपाल की स्वीकृति के बाद कार्मिक विभाग ने अधिसूचना जारी की। आर.पी.एस.सी. की तर्ज पर इसका एक अध्यक्ष होगा, जिसके अधीन सदस्य मंडल होगा।
- शिक्षक भरती के लिए अब एक ही परीक्षा होगी और टेट के कानून में ही इसका हल ढूँढ़ा जाएगा। बेरोजगार युवकों को लाभ पहुँचेगा।
- मल्टी ब्रांड रिटेल में प्रत्यक्ष विदेशी निवेश के प्रति असहमति। पिछली सरकार ने मंजूरी दे दी थी।
- 7 नदी बेसिनों को जोड़कर वाटर ग्रिड बनाएँगे। शुरुआत माही चंबल से। सरस्वती नदी पर शोध। पानी की समस्या का समाधान।
- हर जिले एवं संभाग मुख्यालय पर जाएगी सरकार। 8 फरवरी से भरतपुर से शुरुआत। लोगों तक सीधी पहुँच का संदेश जाएगा।
- आदिवासी क्षेत्रों में सरकारी नौकरी के अलग सेवा नियम। नौकरी उन्हीं

क्षेत्रों में करनी होगी।

- महाराणा प्रताप के नाम से अलग आर्म्स बटालियन बनेगी। इसमें एक हजार जवान होंगे और प्रतापगढ़ में मुख्यालय होगा।
- वर्ष 2014-15 में सरकारी एस.टी.सी. कॉलेजों में छात्रों की संख्या 50 से बढ़ाकर सौ की जाएगी।

उपर्युक्त विवरण के आधार पर यह बात जानी जा सकती है कि भाजपा की वसुंधरा राजे सरकार ने बड़ी तेजी से कार्य प्रारंभ कर दिया। इनमें जहाँ पिछली कांग्रेस सरकार के अच्छे कार्यों को जारी रखने का निर्णय है, वहीं उनके बिगड़े कार्यों के सुधार का कार्यक्रम भी हाथ में लिया गया। राजे के जीवन में विश्राम का कोई स्थान नहीं है। उनकी एक ही आकांक्षा है कि कैसे शीघ्रातिशीघ्र प्रदेश की विकास की गति को बढ़ाया जाए। उन्होंने अपने समक्ष 12 प्रतिशत की विकास दर का लक्ष्य रखा है। प्रशासनिक अधिकारियों की बैठकें लेकर उन्हें दिशा देते हुए नई सरकार की योजनाओं को शीघ्र लागू करने की हिदायत देने के तुरंत पश्चात् अपनी योजनानुसार चुनाव पूर्व जनता से किए गए वादों को पूर्ण करने में जुट गईं। सर्वप्रथम भरतपुर संभाग से अपनी कार्ययोजना प्रारंभ की। भरतपुर में राज्य की कैबिनेट प्रारंभ कर राजस्थान की जनता को संदेश दिया कि जनता से किए गए वादों को सरकार कार्य रूप में परिणित करने में सन्नद्ध है। सरकार सीधे जनता से रूबरू होना चाहती है। गुजरात की मोदी सरकार की तर्ज पर राजे यह बात जानती हैं कि जब तक ग्रामीण क्षेत्रों का विकास नहीं होगा, तब तक प्रदेश का विकास नहीं होगा। ग्राम विकास की रीढ़ है, इसीलिए भरतपुर में राज्य सरकार ने पंचायत राज संस्थाओं के पुनर्गठन का निर्णय किया। 30 साल बाद पंचायतों का पुनर्गठन 2011 की जनसंख्या के आधार पर होगा। इसके लिए ग्रामीण विकास मंत्री गुलाबचंद कटारिया की अध्यक्षता में तीन सदस्यीय मंत्रिमंडलीय उपसमिति का गठन किया गया। गाँवों के विकास के लिए 'श्री' नामक विशेष योजना चलेगी। इसमें गाँवों के पंचवर्षीय मास्टर प्लान बनेंगे, जिसकी शुरुआत 1 अप्रैल से भरतपुर संभाग से होगी। पाँच हजार की जनसंख्या वाले गाँव योजना में शामिल होंगे। जिला एवं उपखंड स्तर पर योजना की मॉनीटरिंग के लिए समितियाँ बनेंगी। सॉफ्टवेयर तैयार किया जाएगा। योजना के तहत स्वच्छता, स्वास्थ्य, ग्रामीण संपर्क, शिक्षा और विद्युतीकरण पर विशेष फोकस रहेगा। पिछली सरकार की कोई योजना बंद नहीं होगी। पेंशन योजना से वंचितों को पेंशन मिलेगी। गोपालन विभाग का गठन, गो-तस्करी पर रोक के लिए प्रभावी कानून बनाया जाना निश्चित किया। गुजरात की

तर्ज पर पीपीपी मॉडल पर प्राथमिक स्वास्थ्य केंद्र संचालित किए जाएँगे तथा सेवानिवृत्त चिकित्सकों को फिर से नौकरी पर रखा जाएगा। किसान कलेवा योजना में 17 मंडियों में पाँच रुपए में भोजन के दो कूपन दिए जाएँगे।

विस्तृत रूप से इस विषय की चर्चा पूर्व पृष्ठों में की जा चुकी है। यहाँ हम उन विषयों को लेंगे, जिनके आधार पर वसुंधरा राजे सरकार राजस्थान को समृद्धशाली बनाने का संकल्प किए हुए हैं। उनकी कुछ प्राथमिकताएँ, जो उन्होंने उद्घोषित की हैं, इस प्रकार हैं—

- हमारा लक्ष्य 36 की 36 कौमों और सभी मजहबों को साथ लेकर चलना, गरीब के आँसू पोंछना, नि:शक्त को सशक्त बनाना और पिछड़ों को विकास की मुख्यधारा से जोड़कर अग्रिम पंक्ति में लाना है। गाँवों और शहरों का समान विकास हो, इसके लिए योजनाओं का त्वरित गति से क्रियान्वयन करना है। सुराज का जो सपना हमारे प्रदेश की जनता ने देखा है, उसको संकल्प के साथ साकार करना है।
- जनता की तकलीफों को प्रभावी ढंग से दूर करने और जनसमस्याओं के निवारण के लिए 'गुड गवर्नेंस ऐक्ट' बनाया जाएगा, जिसका आधार होगी, टास्क फोर्स द्वारा गठित रिपोर्ट, जो राजस्थान और अन्य राज्यों के अधिनियमों, प्रक्रियाओं, प्रावधानों और नवाचारों का गहन अध्ययन कर बनाई जाएगी।
- भ्रष्टाचार पर प्रभावी नियंत्रण के लिए भ्रष्टाचार निरोधक विभाग को और अधिक मजबूत किया जाएगा। भ्रष्ट व्यक्तियों को किसी भी स्थिति में बख्शा नहीं जाएगा, चाहे वह कितना ही बड़ा और प्रभावशाली व्यक्ति क्यों न हो। भ्रष्टाचार के छोटे-छोटे प्रकरणों में तो काररवाई होती है, लेकिन अमूमन बड़े लोगों पर हाथ डालने से बचा जाता है, जो न्यायसंगत नहीं है। राजस्थान के लोग जानते हैं कि राजे पर 23000 करोड़ के घोटाले के आरोप अशोक गहलोत ने लगाए थे। कमेटियाँ बनाकर पाँच वर्ष तक खोजबीन करते रहे, समाचार-पत्र एवं मीडिया में प्रसारित करते रहे, परंतु वे यह बेबुनियाद आरोप सिद्ध कर पाए? नहीं। परंतु हमने कांग्रेस सरकार (गहलोत सरकार) का ब्लैक पेपर राष्ट्रपति को दिया, जिसमें अशोक गहलोत एवं उनके मंत्रियों के घोटालों की विस्तृत रिपोर्ट दी गई है, उन सब घोटालों को सामने लाकर दोषी को दंडित किया जाएगा।
- वर्ष 2003 की तरह एक बार फिर राज्य की वित्तीय स्थिति बहुत चिंताजनक है, क्योंकि पूर्ववर्ती सरकार द्वारा चुनावों को ध्यान में रखते हुए अनेक

लोक-लुभावनी योजनाएँ चलाई गई थीं, जिससे राज्य की आर्थिक स्थिति पर प्रतिकूल प्रभाव पड़ा। आनेवाले वर्षों में आर्थिक स्थिति को सही दिशा में ले जाने के लिए राज्य सरकार कुशल वित्तीय प्रबंधन का हर संभव कदम उठाएगी और आशा है कि वित्त आयोग इसमें मददगार साबित होगा।

- पूर्ववर्ती सरकार की योजनाओं को बंद करना हमारा उद्देश्य नहीं है। हमारा उद्देश्य है कि योजनाओं की निरंतर समीक्षा हो, उनमें आवश्यक सुधार हो और जनता को ऐसी योजनाओं का भरपूर लाभ मिले। जनता को लाभ पहुँचानेवाली ऐसी किसी योजना को हम बंद नहीं करेंगे, चाहे वह मुफ्त दवा योजना हो या एक रुपए किलो गेहूँ की योजना या फिर पेंशन योजना। हम ऐसी योजना में सुधार करेंगे और इन योजनाओं का धरातल पर जनता को लाभ मिल सके, ऐसी व्यवस्था करेंगे। हमारी मानसिकता बदले की भावना अथवा प्रतिक्रिया स्वरूप काररवाई की नहीं है। हमारा तो लक्ष्य है—प्रदेश को विकास की ओर ले जाना।

मुख्यमंत्री वसुंधरा राजे ने विजन 2020 प्रस्तुत करते हुए कहा कि वर्तमान में राज्य की आर्थिक स्थिति चिंताजनक है। वर्ष 2003-04 में वित्तीय घाटा राज्य सकल घरेलू उत्पाद का 6.6 प्रतिशत था (कांग्रेस राज के समय) जो 2007-2008 में घटकर 1.75 प्रतिशत हो गया (यानी लगभग 5 प्रतिशत घटा), लेकिन यह वित्तीय घाटा अब फिर से बढ़ रहा है (कांग्रेस राज के कारण) और 2013-14 के बजट-प्रस्ताव के अनुसार यह फिर से बढ़कर 2.48 प्रतिशत तक पहुँच गया है। राजे ने कहा कि राज्य के आर्थिक हालात सुधारना राज्य सरकार की प्राथमिकता रहेगी।

मुख्यमंत्री राजे ने कहा, ''भाजपा सरकार ने 50 लाख परिवारों की महिलाओं को अपने पाँव पर खड़ा कर उन्हें स्वावलंबी बनाने के उद्देश्य से 'भामाशाह नारी सशक्तीकरण योजना' शुरू की थी, जिसे कांग्रेस ने रुकवा दिया। हम इसे पुनः चालू करेंगे। यदि यह योजना चालू रहती तो दूसरी योजनाओं की ज्यादा जरूरत नहीं रहती। राजस्थान में भ्रूण हत्याएँ गत वर्षों में तेजी से बढ़ी हैं। कांग्रेस सरकार के द्वारा बनाई योजना आयोग कह रहा है कि राजस्थान में महिलाओं की स्थिति बेहद खराब है, यह कितने शर्म की बात है। महिलाओं के साथ ज्यादती के मामले में राजस्थान देश में पहले नंबर पर आ गया है। अब महिला सशक्तीकरण की प्रक्रिया को आगे बढ़ाना हमारी प्राथमिकता होगी।''

मुख्यमंत्री राजे का कहना है कि हमने 2003-08 के समय लाखों युवकों को रोजगार दिया था। कांग्रेस सरकार ने 2008-12 तक केवल रोजगार की बातें ही कीं,

रोजगार दिया नहीं। अब हमें रोजगार सृजन का कार्य तेजी से प्रारंभ कर युवाशक्ति का उपयोग राजस्थान के विकास में करना होगा। रोजगार के अवसर सृजित करने एवं कौशल प्रशिक्षण देने के लिए कार्य कर रही विभिन्न एजेंसियों के बीच बेहतर समन्वय स्थापित किया जाएगा। बहुत सारी योजनाओं के बजाय ऐसी प्रक्रिया अपनाई जाएगी, जिससे अपेक्षित काररवाई सुनिश्चित हो और किसी प्रकार की पुनरावृत्ति भी न हो। योजनाओं का लाभ ज्यादा-से-ज्यादा लोगों तक पहुँचना चाहिए। श्रम एवं नियोजन विभाग को बेरोजगार युवाओं के लिए कौशल विकास एवं रोजगार के अवसर सुलभ कराने की दृष्टि से सुविधा प्रदाता के रूप में कार्य करने के निर्देश दिए गए हैं। वर्ष 2003-08 में भी 143 रोजगार मेलों का आयोजन किया गया था तथा 42539 बेरोजगार स्नातकों को बेरोजगारी भत्ता दिया गया था।

मुख्यमंत्री वसुंधरा राजे ने अपनी सरकार की प्राथमिकताएँ बताते हुए कहा, ''सूचना तकनीक एवं नवाचारों को बढ़ावा देंगे और उपभोक्ता बिलों में ऐसे बदलाव लाए जाएँगे कि वे अपने बिल को आसानी से समझ सकें। बिलिंग सिस्टम में सुधार, ग्रामीण क्षेत्रों में विद्युत् चौपालों के नियमित आयोजन के साथ ही समय-समय पर संभाग और जिलों में सरपंचों व अन्य जनप्रतिनिधियों के साथ बैठकें आयोजित की जाएँगी।''

मुख्यमंत्री ने आगे कहा, ''विद्युत् तंत्र में सुधार कर उपभोक्ताओं को निर्बाध सप्लाई सुनिश्चित करना और छीजन में कमी लाने के लिए फीडर सुधार कार्यक्रम को फिर पटरी पर लाना सर्वोच्च प्राथमिकता है। पिछले कार्यकाल में हमने जनता को गुणवत्तायुक्त बिजली देने के लिए फीडर सुधार कार्यक्रम चालू किया था, जिसके सकारात्मक परिणाम भी मिले। लेकिन गत पाँच वर्षों में हुई लापरवाही के कारण फिर हम उसी स्थिति में पहुँच गए हैं, जहाँ से हमने शुरुआत की थी। ऐसे राज्य, जिनसे हमारा 'कंपिटीशन' था, वे हमसे आगे निकल गए। अब फिर हमारे सामने इस अंतर को पाटकर आगे बढ़ने की चुनौती है। विद्युत् उपभोक्ताओं से सतत संपर्क बनाए रखने के लिए जी.एस.एस. स्तर पर नियमित विद्युत् चौपाल का आयोजन किया जाएगा और वहाँ आनेवाली शिकायतों और समस्याओं के निवारण को सर्वोच्च प्राथमिकता दी जाएगी। 72 घंटे में ट्रांसफॉर्मर बदलने के साथ ही विद्युत् आपूर्ति तंत्र के मॉनिटरिंग सिस्टम को मजबूत किया जाएगा।''

इनके अलावा भी अनेक प्राथमिकताएँ मुख्यमंत्री वसुंधरा राजे ने घोषित की हैं। राजे ने बताया, ''हम जल्द ही घिलोठ, खुशखेड़ा-टपूकड़ा विस्तार और करौली में नए औद्योगिक क्षेत्र स्थापित करेंगे। इससे इन क्षेत्रों में ही नहीं, पूरे प्रदेश में युवाओं

के लिए रोजगार के नए अवसर पैदा होंगे। यह राजस्थान का सबसे तेज विकसित होता हुआ औद्योगिक क्षेत्र है। राजस्थान के 323 विकसित औद्योगिक क्षेत्रों में भिवाड़ी, खुशखेड़ा, टपूकड़ा और चौपानकी राष्ट्रीय राजधानी क्षेत्र में महत्त्वपूर्ण इंडस्ट्रीयल हब के रूप में उभरे हैं।

''सहकारिता विभाग कार्य योजना के तहत रबी सीजन में किसानों को एक हजार करोड़ रुपए के लघु अवधि के फसली ऋण वितरित किए जाएँगे। साथ ही सहकारी समितियों के माध्यम से एक लाख मीट्रिक टन यूरिया तथा 10 हजार मीट्रिक टन डी.ए.पी. खाद किसानों को उपलब्ध करवाया जाएगा। जिन किसानों ने दिसंबर 2013 तक ऋण चुकता कर दिया है, उन्हें भूमि-रिहाई प्रमाण-पत्र जारी किए जाएँगे।''

मुख्यमंत्री वसुंधरा राजे ने धौलपुर में बिजली, पानी, सड़क, एवं सिंचाई संबंधी संभाग स्तरीय बैठक ली। अधिकारियों को शिकायतों के शीघ्र निराकरण, संभाग में घरेलू विद्युत् आपूर्ति 24 घंटे बनाए रखने और किसानों को निर्धारित समयावधि में सिंचाई के लिए थ्री फेस विद्युत् आपूर्ति के निर्देश दिए। जले हुए ट्रांसफॉर्मर 72 घंटे में आवश्यक रूप से बदलने तथा जिन उपभोक्ताओं ने डिमांड नोटिस की राशि जमा करा दी है, उन्हें शीघ्र कनेक्शन देने के भी निर्देश दिए।

चिकित्सा एवं स्वास्थ्य विभाग को प्रदेश में चिकित्सा व्यवस्था में गुणात्मक सुधार के लिए 60 दिन की कार्ययोजना को प्रभावी तरीके से लागू करने के निर्देश दिए गए। इसके अंतर्गत प्रत्येक सरकारी मेडिकल कॉलेज में एक-एक सुपर स्पेशिलिटी केंद्र स्थापित करने एवं आपातकालीन सेवाओं के तहत 108 मेडिकल एंबुलेंस सेवा की गहन समीक्षा करने के निर्देश दिए गए।

जन स्वास्थ्य अभियांत्रिकी विभाग की 60 दिवसीय योजना के प्रस्तुतीकरण की समीक्षा कर प्रदेश के उन क्षेत्रों में जहाँ पर्याप्त पानी नहीं मिल रहा है, वहाँ की पेयजल योजनाओं को त्वरित गति से पूरा कर जनता को जल्द-से-जल्द स्वच्छ पेयजल उपलब्ध करवाने एवं प्रदेश में पानी के गिरते हुए स्तर को देखते हुए व्यर्थ पानी का उपयोग करने के लिए रिसाइक्लिंग की व्यवस्था की जाएगी।

उपर्युक्त प्राथमिकताओं के अलावा भी अनेक कार्यों की घोषणाएँ मुख्यमंत्री ने समय-समय पर की थीं, जिनका विवरण पूर्व पृष्ठों में दिया जा चुका है।

समय कम और दायित्व अधिक को समझते हुए मुख्यमंत्री वसुंधरा राजे ने अपनी मंत्रिमंडलीय टीम को तेजी से विकास कार्य करने के निर्देश दिए, जिनका वर्णन भी पूर्व में किया जा चुका है। फिर भी कुछ विशेष निर्देश रह गए, उनका यहाँ वर्णन किया जा रहा है। इससे हम समझ सकते हैं कि राजे कितनी गंभीरता से अपने

किए हुए 'समृद्ध राजस्थान' के निर्माण के वादे को कार्यान्वित करने में लगी हुई हैं।

मुख्यमंत्री वसुंधरा राजे ने सामाजिक सुरक्षा पेंशनधारियों को पेंशन का भुगतान नियमित रूप से सुनिश्चित किए जाने के निर्देशन दिए हैं, इसमें किसी प्रकार का विलंब नहीं होगा। राज्य सरकार की स्पष्ट मंशा है कि स्वीकृत पेंशनधारियों को पेंशन का मासिक भुगतान नियमित रूप से प्राप्त हो। पेंशन योजना में भुगतान के लिए समस्त जिलों में आवश्यकतानुसार बजट आवंटन 3 व 10 फरवरी, 2014 को कर दिया गया है, इसलिए नियमित भुगतान में किसी भी प्रकार की समस्या नहीं है।

मुख्यमंत्री राजे ने 14वें वित्त आयोग के समक्ष राज्य के हितों की पुरजोर पैरवी करते हुए माँग की है कि केंद्रीय करों में राज्यों का हिस्सा 32 प्रतिशत से बढ़ाकर 50 प्रतिशत किया जाए। राज्य सरकार की प्रमुख चिंताओं को रेखांकित करते हुए मुख्यमंत्री ने वित्त आयोग की अनुशंसाओं को बिना किसी परिवर्तन के लागू करने और बिना किसी देरी के राशि जारी करने की आवश्यकता पर जोर दिया। अकसर वित्त आयोग की अनुशंसाओं के अनुसार राज्यों को अनुदान के रूप में जो राशि का आवंटन होता है, केंद्र सरकार द्वारा उसे समय पर और पूरी तरह नहीं दिया जाता है।

मुख्यमंत्री ने केवल शहरों के विकास की दृष्टि से ही नहीं, बल्कि गाँवों का विकास भी उनकी प्राथमिकताओं में है। वे अच्छी तरह जानती हैं कि जब तक प्रदेश में गाँवों का विकास नहीं होगा, राजस्थान विकसित प्रदेश नहीं बन सकता। अत: मुख्यमंत्री ने गाँवों के एकीकृत विकास के लिए एक रोडमैप तैयार करने के निर्देश दिए हैं, जिससे गाँवों में विकास की दृष्टि से क्रांतिकारी परिवर्तन लाया जा सके। ग्रामीण विकास, मनरेगा, जलग्रहण विकास, मिड-डे मील, आजीविका कौशल विकास परियोजनाओं सहित पंचायती राज व्यवस्था से जुड़ी योजनाओं तथा भविष्य की योजनाओं की समीक्षा कर अधिकारियों को निर्देश दिए गए हैं।

मुख्यमंत्री राजे ने 'परिवहन विभाग' एवं 'राजस्थान राज्य पथ परिवहन निगम' की प्रगति की समीक्षा बैठक में कहा, ''व्हीकल ट्रेकिंग सिस्टम' और 'पैसेंजर इन्फॉर्मेशन सिस्टम' को मजबूत बनाया जाएगा, ताकि यात्रियों को बसों के आवागमन के समय की उचित जानकारी मिल सके। बस अड्डों का आधुनिकीकरण इस प्रकार हो कि बसों के सुगम संचालन के साथ-साथ वहाँ पर यात्रियों की सुविधा के लिए व्यावसायिक गतिविधियाँ भी संचालित हो सकें। जयपुर के सिंधी कैंप बस स्टैंड में मॉल, शॉपिंग सेंटर एवं होटल आदि विकसित करने की संभावना तलाशने के भी निर्देश दिए गए।

गाँवों की समृद्धि का मूल है किसान की समृद्धि। अत: प्रदेश के किसानों

को समस्याओं से मुक्त किया जाना आवश्यक है। अतः मुख्यमंत्री राजे ने किसानों की खुशहाली एवं समृद्धि के लिए खेतों को मिट्टी के स्वास्थ्य कार्ड का डाटाबेस तैयार कर उसके अनुरूप किसानों को फसल उत्पादन एवं उर्वरक के उपयोग की जानकारी दी जाए, ताकि रिकॉर्ड कृषि उत्पादन प्राप्त किया जा सके और किसानों को उनकी फसल का पूरा मूल्य मिल सके। कृषि के क्षेत्र में नवाचार को अपनाया जाए, ताकि नवीन तकनीक का काश्तकारों को पूरा लाभ मिल सके।

मुख्यमंत्री बनने के बाद ही वसुंधरा राजे ने अपने 60 दिनों के कार्य लक्ष्य को बताते हुए निर्देश दिए थे कि आगामी 60 दिनों में प्रदेश की सभी सड़कों की मरम्मत की जाएगी। इसके साथ ही 250 गाँवों को संपर्क सड़क से जोड़ा जाएगा। प्रदेश में चिह्नित सड़कों का रोड सेफ्टी ऑडिट किया जाएगा।

गत पाँच वर्षों में कांग्रेस के शासनकाल में प्रदेश की कानून-व्यवस्था में काफी ढिलाई आ गई। परिणामस्वरूप पूरे प्रदेश में अपराध बढ़ गए, प्रदेश की शांति बिखर गई। यह चिंता की बात है। कानून-व्यवस्था की कमजोरी के कारण अनेक प्रकार के भू-माफिया, स्मगलर एवं अवैध कार्यों में लिप्त रहनेवालों की संख्या में भी बढ़ोतरी हो गई। राजस्थान के विकास के लिए ये रोग हैं, बाधक हैं। अतः इन पर तुरंत नियंत्रण आवश्यक है, समझकर मुख्यमंत्री राजे ने कहा, "अपराधों पर नियंत्रण कर कानून-व्यवस्था को बनाए रखना सरकार की प्राथमिकता होगी। कानून-व्यवस्था बिगाड़ने वालों को बख्शा नहीं जाएगा। अपराध किसी भी स्थिति में बरदाश्त नहीं होंगे। शांत वातावरण के अभाव में न तो विभिन्न समुदाय के लोग शांति और सद्भाव से रह सकते हैं और न ही ऐसे वातावरण में विकास ही संभव हो पाता है। राज्य सरकार जनता की आकांक्षाओं के अनुरूप प्रदेश में मजबूत और बेहतर कानून-व्यवस्था बनाए रखने के लिए संकल्पबद्ध है।"

मुख्यमंत्री वसुंधरा राजे ने भू माफिया, खनन माफिया, शराब माफिया, ब्याज माफिया, बजरी माफिया आदि के बीच में गहरे गठजोड़ को तोड़ने और किसी भी स्थिति में ऐसे माफिया को बख्शा नहीं जाने के निर्देश दिए हैं। प्रभावी एवं कठोर काररवाई नहीं होने के कारण इनकी संख्या लगातार बढ़ती जा रही है। हिस्टरीशीटर और असामाजिक तत्त्वों के खिलाफ विशेष अभियान चलाने के निर्देश भी दिए।

मुख्यमंत्री राजे ने राजस्थान में टूरिज्म को विकसित करने को महत्त्वपूर्ण बताया। राजस्थान ऐसा प्रदेश है, जहाँ विदेशी आक्रमणकारियों से देश की रक्षा एवं भारतीय संस्कृति को बचाने के लिए वीरों ने चप्पे-चप्पे पर संघर्ष किया है।

शताब्दियों तक राजस्थान ने पश्चिम की सीमा प्राचीर एवं देश की रक्षापंक्ति बने रहने का कार्य किया। सारे प्रदेश में स्थान-स्थान पर धरोहर बिखरी पड़ी है। उनका भली प्रकार से रखरखाव कर उन्हें सुंदर और आकर्षक बनाकर रखा जा सकता है। शहरों को भी सुंदरता के लिए सजाया जा सकता है। वैसे भी जयपुर गुलाबी नगर के नाम से, उदयपुर झीलों की नगरी के नाम से, जोधपुर छीतर पत्थर से बने सुंदर भवनों व आकर्षक बावड़ियों के कारण प्रसिद्ध है तो जैसलमेर धोरों के कारण प्रसिद्ध है। महाराणा कुंभा, महाराणा सांगा व महाराणा प्रताप, राठौड़ दुर्गादास, पृथ्वीराज चौहान जैसे महान् वीर सारे भारत में ही नहीं तो विश्व में जाने जाते हैं। राजस्थान ने भारत में ही नहीं, बल्कि विश्व में अपना स्थान बनाया है। टूरिस्ट बार-बार राजस्थान की ओर आकर्षित हों, ऐसा विकास चाहती हैं मुख्यमंत्री वसुंधरा राजे।

मुख्यमंत्री राजे ने अधिकारियों को शहर के सौंदर्यीकरण, रोड लाइट, पार्किंग, कचरा परिवहन की उचित व्यवस्था, साफ-सफाई तथा सड़कों को दुरुस्त करने के निर्देश दिए। इस कार्य को प्राथमिकता से करने के साथ ही इस संबंध में किसी भी प्रकार की कोताही नहीं बरतने को कहा।

मुख्यमंत्री राजे ने शासन सचिवालय स्थित गार्डन तथा शहर के प्रमुख सर्किल एवं पार्कों का समयबद्ध सौंदर्यीकरण कर इन्हें हरा-भरा बनाने के निर्देश दिए हैं। शहर के प्रमुख सर्किल, गार्डन एवं सचिवालय स्थित लॉन में आकर्षक फुलवारी विकसित की जाएगी, जिससे शहर की सुंदरता बढ़ेगी। मुख्यमंत्री ने यह भी निर्देश दिए कि रामनिवास बाग, स्टैच्यु सर्किल, सेंट्रल पार्क, जवाहर सर्किल तथा नेहरू बाल-उद्यान में मनमोहक फुलवारी विकसित की जाए तथा लैंडस्कोप आर्टिस्ट के माध्यम से इन प्रमुख सर्किल एवं पार्कों के सौंदर्यीकरण की योजना बनाकर उसे समयबद्ध रूप से क्रियान्वित किया जाए।

मुख्यमंत्री वसुंधरा राजे ने कहा कि राज्य के प्रत्येक जिले में एक या दो प्रमुख मंदिर एवं धार्मिक स्थलों को चिह्नित कर उनका जयपुर के हनुमानजी मंदिर की तर्ज पर विकास किया जाएगा। आस्था के इन केंद्रों पर श्रद्धालुओं एवं पर्यटकों की सुविधा के लिए पार्किंग, आवागमन, आवास सहित अन्य सुविधाओं को भी विकसित किया जाएगा।

□

राजे का मिशन–25

राजस्थान विधानसभा चुनावों (2013) में वसुंधरा राजे के नेतृत्व में भाजपा ने प्रचंड बहुमत प्राप्त कर प्रदेश से कांग्रेस का लगभग सफाया ही कर दिया। 200 सदस्यों के सदन में भाजपा को 163 सीटें मिलीं। इसका पूर्वानुमान तो सभी पत्र-पत्रिकाओं एवं मीडिया स्रोतों ने किया था कि भाजपा को बहुमत मिलेगा, परंतु इतने प्रचंड बहुमत की कल्पना भाजपा सहित किसी ने नहीं की थी, सट्टा बाजार ने भी नहीं। स्पष्ट है कि मतदाताओं के रुझान का थोड़ा-बहुत अनुमान तो संभव है, परंतु पूरी तरह से यह अनुमान कठिन है कि उनमें अंदर-ही-अंदर कौन सी लहर चल रही है। आपातकाल में भी जबकि लाखों लोग जेलों में बंद थे, विपक्षी दलों एवं संगठनों के ऐसे समय 1977 में तत्कालीन प्रधानमंत्री इंदिरा गांधी ने लोकसभा चुनाव करवाए। अनेक एजेंसियों एवं रॉ जैसी एजेंसी से चुनाव पूर्व इंदिरा गांधी ने आकलन करवाया था। उसी आकलन के आधार पर चुनाव करवाने का निर्णय किया था। इंदिरा गांधी सहित संपूर्ण कांग्रेस दल आश्वस्त था कि बहुमत उन्हें ही मिलेगा। परंतु हुआ क्या? विपक्षी दलों को मिलाकर मोरारजी देसाई के नेतृत्व में बना जनता दल को भारतीय मतदाता ने प्रचंड बहुमत दिया। इंदिराजी की कांग्रेस सरकार पराजित हुई। इसी प्रकार 1998-99 में केंद्र में अटल बिहारी वाजपेयी के नेतृत्व में एन.डी.ए. की सरकार बनी। बड़े विकास के कार्य हुए। देश आगे बढ़ा। सब ओर सरकार की प्रशंसा हो रही थी। कांग्रेस सहित विपक्षी दलों के पास इस सरकार के विरुद्ध कहने को कुछ खास नहीं था। बड़े विश्वास के साथ समय से छह माह पूर्व 2004 में आम चुनावों की घोषणा की गई। भाजपा के सभी नेताओं को विश्वास था कि आम चुनावों में अवश्य उन्हीं की जीत होगी। परंतु हुआ क्या? उनका 'फील गुड' धरा रह गया और देश के मतदाता ने सोनिया गांधी के नेतृत्व में कांग्रेस को बहुमत दिया। सभी समाचार-पत्र एवं

मीडिया ऐसा पूर्वानुमान लगाने में बिल्कुल नाकाम रहे। अतः मतदाता की नब्ज को पहचान पाना आसान नहीं है। इस बात को मुख्यमंत्री वसुंधरा राजे भली-भाँति जानती हैं। अतः उन्होंने नवनिर्वाचित विधायकों एवं भाजपा कार्यकर्ताओं को किसी भी गफलत में नहीं रहने के लिए चेताया। छह माह बाद आनेवाले लोकसभा के आम चुनावों के लिए सावधान किया। उन्होंने कार्यकर्ताओं के समक्ष मिशन-25 के लिए अभी से ही जुट जाने के लिए जागरूक किया।

मुख्यमंत्री राजे स्वयं भी बड़े सजग एवं जागरूक रहकर पहले ही दिन से कार्य में जुट गईं। सरकार चलाने के लिए छह माह का सकारात्मक बजट प्रदेश के लिए पारित करवाकर जन-हितैषी कार्यों को त्वरित करवाने का बीड़ा उठाया। सरकार और प्रशासन को चुस्त-दुरुस्त किया। अपने मंत्रिमंडल के सदस्यों को अपने-अपने विभागों में सक्रिय रहते हुए जनभावनाओं के अनुरूप कार्यों को निपटाने में प्रमुखता देने का निर्देश दिया। विधायकों को निर्देश दिया कि वे जनता के बीच जाकर उनके सुख-दुःख में भागीदार बनते हुए उनकी कठिनाइयों को शीघ्र दूर करने में प्रयासरत रहें।

लोकसभा चुनावों से पूर्व एवं भाजपा सरकार बनने के बीच के छह माह के कार्यकाल में राजे सरकार ने प्रदेश की जनता को दिखा दिया कि जनप्रिय सरकार कैसी होती है। इस छोटे से कार्यकाल में भी जन-हितैषी कार्यों को प्रमुखता से निपटाया, अनेक नए नीतिगत निर्णय लिये गए, बिना किसी प्रतिक्रिया के कांग्रेस की अशोक गहलोत सरकार के द्वारा प्रारंभ किए गए उन सभी कार्यों को जारी रखा, जो जनता के हित में थे। अपने शपथ ग्रहण समारोह के बाद पत्रकारों को संबोधित करते हुए मुख्यमंत्री राजे ने घोषणा की, 'वैर नहीं, सबका साथ'। किसी के साथ वैर-भाव नहीं है। सभी के साथ प्यार का माहौल रहेगा और 36 कौमों को साथ लेकर चलेंगे। जो बीत गई सो बीत गई। अब चुनावों की हार-जीत पुरानी बात हो गई। अब तो सबको मिलकर राजस्थान को विकास की राह पर आगे बढ़ाना है।

20 फरवरी, 2014 को अंतरिम बजट में कोई लोकलुभावन घोषणाएँ नहीं कीं, परंतु जो कुछ कहा, उससे सरकार की दिशा की जानकारी अवश्य होती है। कुल 46,989.33 करोड़ योजना का आकार रखा। 25000 मेगावाट बिजली उत्पादन का लक्ष्य रखा, पाँच वर्षों में सौर ऊर्जा से, 20,000 किमी. राजमार्ग का निर्माण, पूर्वी प्रदेश को पश्चिम से जोड़ने का कॉरिडोर, 20,000 गाँवों को पेयजल उपलब्ध करवाना, बड़े जिला मार्गों को मेगा हाईवे में बनाना तथा 5,13,688 करोड़

जी.एस.डी.पी. अनुमानित की गई। जनता का विश्वास टूटे नहीं और न विपक्ष का विश्वास टूटे, अत: योजना को उचित नहीं ठहराते हुए भी मेट्रो के लिए 486 करोड़ एवं रिफाइनरी के लिए 402 करोड़ देने की मुख्यमंत्री राजे ने घोषणा की। पेंशन योजना भी बंद करने के स्थान पर उसमें वृद्धि की घोषणा की। गत पृष्ठों में इन्हें एवं मुख्यमंत्री की भावी योजनाओं को विस्तार से लिखा गया है।

मिशन-25 के अंतर्गत नई राज्य सरकार को प्रदेश की जनता में यह विश्वास जमाना था कि नई भाजपा सरकार एक संवेदनशील सरकार है, जो जनता के दु:ख-दर्द को मिटाने एवं प्रदेश को विकास के मार्ग पर आगे बढ़ाने के लिए कृत संकल्प है। यह सरकार प्रतिशोध या बदला लेने की भावना से दूर प्रदेश के विकास में सभी को साथ लेने की इच्छा रखती है। वस्तुत: राजे सरकार ने ऐसा कर दिखाया। सरकार को प्रत्येक संभाग स्तर पर ले जाकर जनता से सीधे संवाद करने की योजना के अंतर्गत सर्वप्रथम भरतपुर संभाग से कार्य प्रारंभ किया तथा क्षेत्र की समस्याओं से अवगत होते हुए वहाँ की समस्याओं के समाधान की ओर कदम बढ़ाए।

मुख्यमंत्री राजे के लिए सबसे अधिक प्रसन्नता की बात थी कि इस समय भाजपा संगठन भी एकजुट था। विरोधी स्वर शांत हो चुके थे। राष्ट्रीय स्वयंसेवक संघ, विश्व हिंदू परिषद्, भारतीय मजदूर संघ, विद्यार्थी परिषद्, शिक्षक संघ, कर्मचारी महासंघ आदि सभी संगठनों के कार्यकर्ता मिशन-25 के लिए एकजुट थे। सभी की आकांक्षा के प्रतीक नरेंद्र मोदी अपनी पूरी शक्ति के साथ धुआँधार प्रचार में लगे हुए थे। वस्तुत: उन्होंने परिश्रम की पराकाष्ठा कर दिखाई। भारत के इतिहास में ऐसा राजनेता अभी तक नहीं हुआ, जिसने अनथक अहोरात्र प्रयत्न किए हों। भारत के एक छोर से दूसरे छोर तक जनता से सीधे संवाद स्थापित किए हों। परिणामस्वरूप 'घर-घर मोदी, हर-हर मोदी' हो गया। बच्चे-बच्चे की जबान पर 'अबकी बार, मोदी सरकार' का नारा बुलंदी छू रहा था। इसके असर से राजस्थान भी अछूता नहीं रह सका। अनेक लोगों का तो यहाँ तक विचार है कि लोगों ने कमल के निशान पर यह कहकर वोट दिया कि 'हम तो मोदी को वोट कर रहे हैं, प्रत्याशी चाहे कोई भी हो।' मोदी लोकप्रियता के शिखर तक पहुँच चुके थे। ऐसी स्थिति में राजस्थान में पार्टी का आंतरिक विरोध भी समाप्त हो चुका था।

'मिशन-25' का दायित्व केंद्रीय नेतृत्व ने कप्तानसिंह सोलंकी को दिया था। डॉ. किरीट सोमैया राजस्थान के सहप्रभारी थे। सबसे प्रथम कार्य था लोकसभा चुनावों के लिए प्रदेश में 25 प्रत्याशियों का चयन। बड़ी सावधानीपूर्वक क्षेत्रों में

जाकर परिस्थितियों का आकलन करते हुए मुख्यमंत्री राजे के नेतृत्व में पार्टी ने 25 प्रत्याशियों का चयन किया, जिस पर केंद्रीय पार्लियामेंट बोर्ड ने सहमति प्रकट की। 25 प्रत्याशियों की घोषणा के बाद प्रदेश के कुछ क्षेत्रों में विरोध के स्वर भी उठे, जिनमें प्रमुख रूप से सीकर व बाड़मेर-जैसलमेर क्षेत्र थे। दोनों ही स्थानों में भाजपा के पूर्व सांसदों एवं पार्टी के वरिष्ठ कार्यकर्ता होने के बावजूद पार्टी छोड़कर निर्दलीय प्रत्याशी के नाते चुनाव लड़ा। अत: दोनों ही क्षेत्र पार्टी के लिए प्रतिष्ठा का प्रश्न बन गए थे, विशेष रूप से मुख्यमंत्री राजे के लिए। बाड़मेर-जैसलमेर से भाजपा के वरिष्ठ नेता जसवंत सिंह जसोल थे। श्री जसवंत सिंह दार्जलिंग (पं. बंगाल) से भाजपा के सांसद थे। श्री वाजपेयी सरकार में विदेश मंत्री एवं वित्तमंत्री जैसे महत्त्वपूर्ण विभागों के मंत्री के नाते दायित्व सँभाल चुके थे। ये अटलजी एवं आडवाणीजी के विश्वस्त व्यक्तियों में रहे हैं। तत्कालीन सरकार के 'कोर कमेटी' में भी रहे हैं। ऐसे व्यक्ति से यह अपेक्षा नहीं की जा सकती थी कि वे पार्टी से विद्रोह कर निर्दलीय रूप में पार्टी प्रत्याशी के सामने चुनाव लड़ेंगे। उन्हें समझाने के सभी प्रयास बेकार रहे। उन्हें पार्टी से अधिक महत्त्वपूर्ण सांसद बनना लगा।

ऐसे ही समय कार्यकर्ता की वैचारिक परिपक्वता एवं निष्ठा की पहचान होती है। बड़ा होना, बुद्धिमान होना एक बात है, निष्ठा एवं समर्पण होना दूसरी बात है। यही तो कार्यकर्ता के लिए परीक्षा की घड़ी होती है। प्रसंगवश यह लिखना भी आवश्यक है कि श्री जसवंत सिंहजी ने एक क्षेत्र से कभी भी दूसरी बार चुनाव नहीं लड़ा। कहा यह जाता है कि ये जिस क्षेत्र से चुनाव जीतकर जाते हैं, वहाँ फिर मुड़कर नहीं देखते। अत: दुबारा जीत की संभावना नहीं रहती। अभी तक वे अपने प्रभाव से हर बार अपना क्षेत्र बदलते रहे हैं। दूसरा क्षेत्र था सीकर लोकसभा का। इस बार उस क्षेत्र से सुभाष महरिया के स्थान पर किसी अन्य को टिकट दिया गया। ऐसी स्थिति में भाजपा सांसद सुभाष महरिया ने पार्टी से विद्रोह कर निर्दलीय प्रत्याशी के नाते लोकसभा का चुनाव लड़ा तथा पराजित हुए। वाजपेयी सरकार में राजस्थान से दो मंत्री थे—एक श्रीमती वसुंधरा राजे एवं दूसरे सुभाष महरिया। सुभाष महरिया की निष्ठा भी दाँव पर लगी। समझाने के सारे प्रयास व्यर्थ हुए। भाजपा कार्यकर्ताओं ने उनका साथ न देकर दोनों ही क्षेत्रों में भाजपा प्रत्याशियों का साथ दिया। दोनों हारे व भाजपा प्रत्याशी विजयी रहे। इसीलिए पूर्व में मैंने लिखा कि भाजपा पूरी तरह एकजुट थी तथा अपनी पूरी शक्ति से 'मिशन-25' को सफल बनाने में लगी हुई थी।

राजस्थान के पूर्वी प्रदेशों में भी कुछ कठिनाइयाँ अवश्य थीं। डॉ. किरोड़ीलाल मीणा के कारण मीणा वोटों पर पकड़ बनाना एक समस्या थी। प्रदेश की 12 प्रतिशत आबादी मीणा है। विधानसभा 2013 के चुनावों के पूर्व संपूर्ण क्षेत्र में हेलीकॉप्टर से घूम-घूमकर भाजपा एवं वसुंधरा राजे के विरुद्ध डॉ. किरोड़ीलाल मीणा ने खूब प्रचार किया तथा अपने नेतृत्व में उन्हें संगठित करने का प्रयास किया। परंतु उन्हें वांछित सफलता नहीं मिली। कुछ विधानसभा क्षेत्रों को छोड़कर सभी जगह भाजपा प्रत्याशी ही जीते। परंतु लोकसभा में नक्शा बदल गया। डॉ. किरोड़ीलाल मीणा के प्रयत्नों से कांग्रेस को ही नुकसान हुआ, उन्हीं के वोट-बैंक में सेंध लगी। सभी स्थानों पर भाजपा प्रत्याशी जीते। वे स्वयं भी जहाँ से सांसद रहे, वहाँ से भी हारे। एक जमाने में मीणा समाज कांग्रेस का वोट-बैंक हुआ करता था।

गुर्जर समुदाय भी विशेष रूप से पूर्वी राजस्थान में प्रभावी स्थिति में रहा है। इनके नेता कर्नल किरोड़ीलाल बैंसला ने गुर्जर समाज के आरक्षण के लिए राजस्थान में गत भाजपा सरकार के समय बड़ा भारी आंदोलन किया था। उस समय भी राजस्थान की मुख्यमंत्री वसुंधरा राजे ही थीं। परंतु 2008 के विधानसभा चुनावों के पूर्व उन्होंने भाजपा ज्वॉइन कर ली थी तथा चुनावों में भाजपा प्रत्याशी के नाते सवाई माधोपुर से चुनाव भी लड़ा था; परंतु वे पराजित हुए। 2013 के विधानसभा चुनावों से पूर्व उन्होंने कांग्रेस की शरण ले ली तथा भाजपा का विरोध प्रारंभ कर दिया। परंतु अब तक उनका नेतृत्व कमजोर पड़ गया तथा गुर्जर समाज के अन्य नेताओं ने भाजपा का साथ दिया। उनमें से कुछ भाजपा प्रत्याशी के बतौर विधानसभा चुनाव जीतकर भी आ गए। अतः 'मिशन-25' के समय उनका विरोध विशेष कारगर नहीं हुआ।

जाट मतदाता भी राजस्थान की एक शक्ति हैं। जाट भी कांग्रेस के पॉकेट वोट माने जाते रहे हैं। ये प्रदेश की कुल जनसंख्या के 18 प्रतिशत हैं तथा जोधपुर, पाली, बाड़मेर, जालौर, नागौर, चुरू, बीकानेर, सीकर, झुंझुनूँ जिलों में प्रभावी स्थिति में हैं। ये कांग्रेस के परंपरागत वोट हैं। यहाँ का जाट अपने आपको जन्मजात कांग्रेसी समझता रहा है। इनमें सबसे पहले परिवर्तन 1977 में जनता पार्टी के समय दिखाई दिया। परंतु वह स्थायी नहीं रहा। वसुंधरा राजे के राजस्थान राजनीति में आने के पश्चात् इस परिवर्तन में तेजी आई। उन्होंने अपने आपको जाट की पुत्रवधू कहकर प्रचारित किया। यद्यपि भरतपुर-धौलपुर के जाटों में एवं पश्चिमी-उत्तरी क्षेत्र के जाटों में न कोई संबंध है, न इनके स्वभाव में मेल है और

न परंपराओं में। पूर्वी राजस्थान के जाट वहाँ की राजशाही में रहे हैं, विकसित रहे हैं, परंतु उत्तर-पश्चिमी राजस्थान के जाट कृषक हैं तथा हर प्रकार से पिछड़े हुए हैं। शिक्षा भी कम है। अतः इनका रुझान धीरे-धीरे बदला। प्रदेश की सरकार बनाने में इनका महत्त्वपूर्ण योगदान हमेशा ही रहा है। परंतु तत्कालिक कारण बड़ा प्रभावशाली रहा। जोधपुर जिले के परशराम मदेरणा पश्चिमी राजस्थान के जाटों के एक प्रभावी नेता रहे तथा कांग्रेस के भी वरिष्ठ नेता रहे हैं। उनके सुपुत्र महीपाल मदेरणा, जो कांग्रेस की अशोक गहलोत सरकार में वरिष्ठ मंत्रियों में से एक थे, भँवरी देवी प्रकरण में आज भी जेल में हैं। उनके साथ कांग्रेसी विधायक भी हैं, जो विश्नोई हैं। विश्नोई भी अधिकांश कृषक हैं तथा इन क्षेत्रों में इनकी प्रभावी स्थिति मानी जाती है। यह प्रकरण इतना लंबा चल रहा है कि इसने जाट-विश्नोई समाज को झिंझोड़कर रख दिया है। तत्कालीन मुख्यमंत्री अशोक गहलोत को महीपाल मदेरणा का विरोधी माना जाता है। अतः इस समाज में इसकी प्रतिक्रिया होना स्वाभाविक था। इस प्रकार कांग्रेस का जाट वोट-बैंक का स्रोत भी समाप्त हो गया है।

झुंझुनूँ क्षेत्र में कांग्रेस के केंद्रीय मंत्री शीशराम ओला का भी उस क्षेत्र के जाटों पर अच्छा प्रभाव है। परंतु चुनाव अभियान के दौरान बीमारी में उनकी मृत्यु हो जाने से भी उस क्षेत्र के अधिकांश जाटों ने कांग्रेस से किनारा कर लिया।

राजस्थान का मुसलिम मतदाता भी कांग्रेस का परंपरागत वोटर रहा है। ये कुल मतदाताओं के 8 प्रतिशत हैं। इनमें अधिकांश का रुझान आज भी कांग्रेस की ओर ही है, परंतु ये अशोक गहलोत से नाराज हैं। दो वर्ष पूर्व भरतपुर में पुलिस गोलीबारी में दस मुसलिम मारे गए थे, परंतु एक अपराधी को भी सजा नहीं हुई। सोनिया गांधी ने भी इसमें सरकार की गलती मानी। इसके अलावा भी प्रदेश में हुए 'कम्युनल राइट्स' में सरकार की भूमिका को लेकर प्रदेश के मुसलिम मतदाता अशोक गहलोत से नाराज थे। इसके उपरांत भी अधिकांश मुसलिम मतदाताओं ने कांग्रेस के पक्ष में ही मतदान किया, ऐसा माना जाता है।

उपर्युक्त सभी कारणों के पश्चात् भी विधानसभा चुनाव 2013 में भाजपा अपना प्रचंड बहुमत बना सकने में सफल रही। लोकसभा 2014 के चुनावों के समय भी लगभग ऐसी ही विरोध की स्थिति थी। परंतु अंतर यह था कि जाट, गुर्जर, मीणा बहुलता के साथ भाजपा के साथ थे। इन समुदायों के भाजपा विधायकों ने बड़े प्रभावी रूप से भाजपा के लोकसभा प्रत्याशियों के लिए कार्य किया। अनुसूचित जाति-जनजाति क्षेत्रों में भाजपा प्रभावी बन चुकी थी। एक समय था,

जब ये भी कांग्रेस के परंपरागत वोट-बैंक माने जाते थे। राजस्थान विधानसभा चुनाव 2013 जैसे अशोक गहलोत सरकार के लिए 'वाटर लू' साबित हुआ, वैसे ही लोकसभा चुनाव 2014 केंद्र की कांग्रेसी सरकार के लिए राजस्थान में 'वाटर लू' साबित हुआ।

इन सभी के साथ-साथ कांग्रेस की राज्य सरकार एवं केंद्र सरकार के घोटाले, भ्रष्टाचार, कुशासन, देश की सीमाओं की असुरक्षा, बड़े-बड़े राजनेताओं एवं पूँजीपतियों का काला धन विदेशी बैंकों में जमा होना, निरंतर कमरतोड़ महँगाई, देश के आर्थिक जगत् पर बढ़ता विदेशी शिकंजा, शिक्षित युवकों की बेहिसाब बढ़ती बेरोजगारी, रुपए की घटती कीमत जैसे ऐसे गंभीर कारण थे, जिन्हें देश का जनमानस बर्दाश्त करने के लिए तैयार ही नहीं था। केंद्र में कांग्रेस सरकार द्वारा कोयला घोटाला, 2जी स्पैक्ट्रम घोटाला, कॉमनवेल्थ गेम्स घोटाला ने एवं केंद्रीय मंत्रियों को होनेवाली जेल की घटनाओं ने देश के मतदाताओं को झकझोरकर रख दिया था। देश के सर्वोच्च न्यायालय का डंडा भी कांग्रेस सरकार पर, उनके कारनामों एवं निर्णयों पर लगातार चोट पर चोट कर रहा था। इन्हीं दिनों योगगुरु बाबा रामदेव के शांतिपूर्ण आंदोलन पर दिल्ली में सरकार द्वारा लाठीचार्ज व अत्याचारों ने देश में भीषण रोष उत्पन्न किया। टेंटों व शामियानों में सोये लोगों पर लाठीचार्ज किया गया। बाबा रामदेव को भी वहाँ से अपनी जान बचाने के लिए पलायन करना पड़ा था। योगगुरु रामदेव के योग-शिविर पर हुए इस अत्याचार ने सुप्रीम कोर्ट सहित देश के बुद्धिजीवी वर्ग कों आक्रोशित किया। उसके कुछ समय पश्चात् लोकपाल बिल के लिए अन्ना हजारे के नेतृत्व में दिल्ली में आंदोलन चला। लाखों लोग देश भर से जुटे। अन्ना हजारे एवं उसके प्रमुख सहयोगियों ने अनशन प्रारंभ किया। अन्ना हजारे के साथ जिस प्रकार का व्यवहार किया गया, उनके आंदोलन को कुचलने के लिए सरकार ने सब प्रकार के हथकंडे अपनाए, परंतु जनता का आक्रोश दबा नहीं। सारे विपक्षी दल अन्ना हजारे के आंदोलन के साथ थे। संसद् के अंदर एन.डी.ए. ने सरकार को घेर रखा था तथा बाहर जनता ने। कांग्रेस सरकार ने अड़ियल रवैया अपना रखा था। राष्ट्रीय स्वयंसेवक संघ ने पूरी तरह अन्ना हजारे के आंदोलन में सहयोग किया। बाहर से आए आंदोलनकारियों के लिए धरना स्थल पर चाय-नाश्ता एवं भोजन की व्यवस्था में जुटे रहे तथा स्वयंसेवकों ने आंदोलनकारियों की व्यवस्था करने में अपनी सहभागिता दिखाई। इस आंदोलन ने देश के जनमानस को कांग्रेस शासन के प्रति पूरी तरह आक्रोशित किया।

देश के पाँच प्रदेशों के विधानसभा चुनाव इस आंदोलन के कुछ समय बाद

ही होने थे। ये चुनाव एक प्रकार से लोकसभा चुनाव 2014 का सेमीफाइनल ही था। राजस्थान में वसुंधरा राजे के नेतृत्व में एकजुट होकर भाजपा ने चुनाव लड़ा। 13 दिसंबर, 2013 को विपक्ष के नेता गुलाबचंद कटारिया एवं प्रदेश के सहप्रभारी डॉ. किरीट सोमैया के नेतृत्व में भाजपा के 21 नेताओं के प्रतिनिधिमंडल ने राष्ट्रपति प्रणब मुखर्जी को राजस्थान कांग्रेस की गहलोत सरकार द्वारा किए गए घोटालों का 1500 पन्नों का ब्लैक पेपर सौंपा। ब्लैक पेपर बताता है, ''राजस्थान की अशोक गहलोत सरकार भ्रष्टाचार, दुराचार, अनाचार, अत्याचार के लिए प्रसिद्ध हो गई है। कांग्रेसी नेताओं, मंत्रियों के एक के बाद एक काले कारनामे जनता के सामने आ रहे हैं। केंद्र में कांग्रेसी सरकार कोयला घोटाला, 2जी-स्पैक्ट्रम घोटाला, कॉमनवेल्थ गेम्स घोटाले में लिप्त है, तो राजस्थान सरकार ने भी केंद्र से प्रतिस्पर्धा करते हुए राजस्थान में 100 घोटाले कर दिए। यहाँ तक कि शिक्षा व मरीज को भी नहीं बक्शा। एक तरफ महँगाई की मार तो दूसरी तरफ सरकार के घोटाले से जनता हैरान है। कांग्रेस के दामाद ने राजस्थान के गरीब किसान की जमीन लूटी तथा देश के तथाकथित राजकुमार राहुल गांधी ने नवीन जिंदल के साथ खनन पट्टे की आड़ में राजस्थान की लूटी खनिज संपदा।

''गत पाँच वर्षों में गहलोत सरकार के मंत्रियों ने, उनके बेटे-दामादों, भाई-भतीजों, भानजे-भानजियों, नाते-रिश्तेदारों, उनके व्यावसायिक संबंधियों ने लूटा है—सरकारी खजाना, गरीबों की जमीन, आम आदमी व बेरोजगार युवाओं का हक, सेना की जमीन, नदी-नाले बाँध, सोने-चाँदी की खानें, मरीजों की एंबुलेंस व यहाँ तक कि बच्चे के मिड-डे मील को भी नहीं बक्शा।''

माननीय राष्ट्रपति को 'ब्लैक पेपर' सौंपते हुए सभी घोटालों की जाँच के लिए निवेदन किया। साथ ही राजस्थान के माननीय राज्यपाल, मुख्य सचिव, लोकायुक्त, भ्रष्टाचार निरोधक ब्यूरो, संबंधित विभागों के शासन सचिवों, विभागाध्यक्षों तथा प्रेस कॉन्फ्रेंस के माध्यम से भी भाजपा ने गहलोत सरकार के घोटालों को उजागर किया। इतना ही नहीं, तथ्यों सहित सभी घोटालों की पुस्तिका प्रकाशित कर प्रदेश की जनता तक पहुँचाया। अंतिम चोट कांग्रेसी सरकार पर नरेंद्र मोदी की प्रदेश में हुई धुआँधार आम सभाओं ने की। आम मतदाता इस कांग्रेसी कुशासन को उखाड़ फेंकने के लिए तैयार था। भाजपा संगठन ने तथा संघ के स्वयंसेवकों ने प्रदेश के घर-घर जाकर इस अभियान को पूरा किया। अशोक गहलोत सरकार मतदाता के इस मानस परिवर्तन को समझ नहीं पाई। वह चुनाव पूर्व छह माह तक जनता को रेवड़ियाँ बाँटने में ही मगशूल रही तथा सोचती रही कि उनके इन कार्यों

के कारण हमारा वोट सुरक्षित है। परंतु उनकी आँखें तब खुलीं, जब मतदान हो रहा था। परंतु अब क्या हो सकता था? अब तो बाजी हाथ से निकल गई। राजस्थान के मतदाताओं ने मोदी लहर से प्रभावित वसुंधरा राजे एवं भाजपा के प्रति अपना विश्वास व्यक्त किया। मेरे एक मित्र ने बताया, जो अशोक गहलोत के अत्यंत निकट हैं, "मैंने अशोकजी को कहा कि आपकी पेंशन योजना बड़ी प्रभावी है, यह यदि ढंग से लागू हो जाए तो आप बहुत बड़ी मात्रा में वोट खींच सकते हैं। परंतु अभी तो पेंशन प्राप्त करनेवालों की ठीक तरह से सूचियाँ ही नहीं बनी हैं, पेंशन मिलना तो बहुत दूर की बात है। यदि इसमें गलती हो तो आप पता कर लीजिए। और मेरी बात सत्य निकली।" आगे उसने अशोकजी को कहा, "मुझे तो ऐसा लगता है कि आपकी घोषित सभी घोषणाओं की ऐसी ही स्थिति बनी हुई है।" अशोकजी ने कहा, "अब क्या करें? अब तो समय ही नहीं है।" इससे स्पष्ट है कि मुख्यमंत्री सहित सभी कांग्रेसी गफलत में रहे। चुनाव बाद गहलोत कहते हैं, "हमें तो ब्यूरोक्रेसी ने हरवा दिया।"

विधानसभा चुनावों के समय के वातावरण को राजस्थान में वसुंधरा राजे सरकार ने जिंदा रखा। न तो मंत्रियों को सुस्त होने दिया और न भाजपा कार्यकर्ताओं को सुस्त होने दिया। स्वयं भी सजगता के साथ निरंतर कार्य में जुटी रहीं। प्रदेश के प्रशासन को भी शांत नहीं रहने दिया। स्थान-स्थान पर प्रशासनिक अधिकारियों की बैठकें लेकर जनता के कार्यों को करवाने के लिए सजग रखा। मंत्रियों एवं विधायकों ने अपने-अपने विभागों एवं क्षेत्रों के मतदाताओं से सजीव संपर्क साधा। बानगी के रूप में भरतपुर में सरकार की मीटिंग रखकर सारे क्षेत्र के प्रशासनिक अधिकारियों द्वारा जनता की समस्याओं का तुरंत समाधान करते हुए प्रदेश की जनता को यह विश्वास दिलाया कि भाजपा सरकार उनकी अपेक्षाओं पर खरी उतरेगी। राजे ने भरतपुर संभाग के गाँवों में प्रवास किया, जनता से रूबरू हुईं, उनकी समस्याओं को सुना, वीडियो कॉन्फ्रेंस की, पुलिस अधिकारी के उपस्थित न रहने पर उच्च अधिकारियों को फटकार लगाई। राजौरी कला की एक महिला की विपदा सुनी, जिसकी बेटी को दहेज के लोभी दहेज के लिए प्रताड़ित कर रहे थे तथा उस पर कैरोसीन छिड़ककर आग लगाने से वह झुलस गई थी। थाने में रिपोर्ट करने पर भी कारवाई नहीं हुई। मुख्यमंत्री राजे के फटकार लगाने पर प्रशासन हरकत में आया और तुरंत आरोपियों के विरुद्ध कारवाई की गई।

दस दिनों में राजे ने भरतपुर संभाग के 945 ग्राम पंचायतों में जाकर जनता से संपर्क साधा। शेष बचे 354 ग्राम पंचायतों पर जिला कलेक्टरों को जाने के

निर्देश दिए एवं व्यवस्था की कि प्रत्येक सप्ताह प्रमुख शासन सचिव के स्तर का अधिकारी भरतपुर संभाग का दौरा करेगा। एक माह बाद मंत्री भरतपुर संभाग में जाएँगे और विभागवार कामों की समीक्षा करेंगे। इस प्रकार नियमित फोलोअप करने की व्यवस्था की। वसुंधरा राजे की यह विशेषता ही है कि वे पर्यटन स्थानों एवं सांस्कृतिक मूल्य के स्थानों को विकसित करने को पूरा महत्त्व देती हैं। भरतपुर संभाग के प्रवास के समय उन्होंने जनता के बीच घोषणा करते हुए कहा, ''राज्य सरकार भरतपुर के पास खानवा में राणा साँगा की स्मृति में भव्य स्मारक बनाएगी।'' मेवाड़ नरेश महाराणा साँगा ऐसे संगठन कुशल व्यक्ति थे, जिन्होंने संपूर्ण राजस्थान एवं पश्चिमी मध्य प्रदेश के राजाओं को एक छत्र के नीचे लाने में सफलता प्राप्त की। सभी ने मिलकर विदेशी आक्रांता बाबर का मुकाबला किया। यह युद्ध खानवा में हुआ था। महाराणा साँगा बड़े तेजस्वी एवं पुरुषार्थी वीर थे। उनके शरीर पर अस्सी घाव थे, एक आँख और एक हाथ तथा एक पैर युद्धों में खो दिए। ऐसी स्थिति में सेना लेकर मुगल आक्रमणकारी बाबर से भयंकर युद्ध किया। युद्ध जीत रहे थे, मुगल शासक बाबर निराश हो चुका था, उसके सैनिकों ने जवाब दे दिया था। परंतु देश का दुर्भाग्य था कि बाबर ने चालाकी से लालच देकर अग्रिम मोरचे के एक सेनानायक को खरीदने में सफलता प्राप्त कर ली, जिसने महाराणा से दगा किया। फिर भी मुगलों को सफलता की कोई आशा नहीं थी। ऐसे में एक तीर का महाराणा की आँख में लगना, महाराणा का बेहोश होकर गिरना, इन घटनाओं ने युद्ध का पासा पलट दिया और बाबर की सेना विजय प्राप्त कर पाई। ऐसा अलबेला योद्धा था महाराणा साँगा कि जिसने मांडु (मध्य प्रदेश) के मुसलिम शासक, गुजरात के मुसलिम शासक एवं दिल्ली सल्तनत के मुसलिम सुल्तान की सेना को एक साथ पराजित किया था। ऐसे महान् योद्धा का स्मारक बनवाना मुख्यमंत्री राजे कैसे भूल सकती थीं। उन्होंने जन भावनाओं का सम्मान किया और राजस्थान के गौरव को द्विगुणित किया।

भरतपुर में इन दस दिनों में राज्य कैबिनेट ने अनेक महत्त्वपूर्ण निर्णय लिये। समापन पर छह घंटे चली बैठक में 50 से ज्यादा फैसले किए तथा उन्हें आगामी बजट में शामिल करने की घोषणा की। सबसे महत्त्वपूर्ण निर्णयों में एक था—30 साल बाद 2011 की जनसंख्या के आधार पर राज्य की पंचायतों का पुनर्गठन होगा।

'मिशन-25' अभियान को प्रारंभ करने के लिए भाजपा राजस्थान द्वारा 13 जनवरी, 2014 को एकदिवसीय बैठक हैवंस गार्डन आगरा रोड में आयोजित की

गई। इस बैठक की अध्यक्षता प्रदेश अध्यक्ष एवं मुख्यमंत्री वसुंधरा राजे ने की। इस बैठक में सभी प्रदेश पदाधिकारी, राजस्थान से राष्ट्रीय पदाधिकारी, राष्ट्रीय कार्यकारिणी के सदस्य, सांसद, विधायक, हारे हुए विधानसभा प्रत्याशी, जिलाध्यक्ष एवं महामंत्री, मोरचों के प्रदेशाध्यक्ष एवं प्रभारी, प्रदेशों के प्रदेश संयोजक, लोकसभा संयोजक एवं चुनाव प्रबंधन समिति के संयोजकों को बुलाया गया था। ये सभी भाजपा राष्ट्रीय परिषद् के सम्मेलन में आमंत्रित हैं। इनकी संख्या 450 से अधिक है। अकेले जिलाध्यक्ष, महामंत्री एवं विधायक ही 300 से अधिक हैं।

इस प्रथम बैठक में मुख्यमंत्री वसुंधरा राजे, राष्ट्रीय सहसंगठन मंत्री सौदानसिंह, प्रदेश प्रभारी कप्तानसिंह सोलंकी एवं राष्ट्रीय सचिव भूपेंद्र यादव ने उपस्थित कार्यकर्ताओं को संबोधित किया। इस बैठक में मिशन-25 को सफल करने बनाने की रणनीति बनी, जिसमें अति शीघ्र प्रदेश में मंडलों के अनुसार बैठकों का आयोजन, वक्ताओं के लिए प्रशिक्षण वर्ग, संसदीय सम्मेलन आदि विषयों पर विचार-विमर्श किया गया। 16 जनवरी को विधायक दल की बैठक आयोजित की गई।

उक्त वर्णन करने का एक लक्ष्य यह है कि इस समय तक कांग्रेस अपने आपसी झगड़ों एवं आरोप-प्रत्यारोपों में ही उलझी हुई थी, वहीं भाजपा अध्यक्ष एवं मुख्यमंत्री वसुंधरा राजे ने मिशन-25 को सफल बनाने के लिए व्यूह-रचना भी प्रारंभ कर दी। यही है जीत की बाजी।

नई दिल्ली में भाजपा राष्ट्रीय परिषद् के अवसर पर वसुंधरा राजे का भाव भरा स्वागत हुआ। उन्हें राजस्थान विधानसभा चुनाव में अप्रत्याशित सफलता के लिए बधाई दी। परिषद् में लोकसभा चुनावों के लिए नरेंद्र मोदी ने कार्यकर्ताओं को नवीन उत्साह दिया, अपना राष्ट्रीय विजन कार्यकर्ताओं के सम्मुख प्रस्तुत किया। सात बिंदुओं का राष्ट्र-निर्माण विजन, 3000 से ज्यादा पार्टी नेता और 75 मिनट का मोदी का भाषण अपने आप में अभूतपूर्व था। यह आयोजन दिल्ली के प्रसिद्ध रामलीला मैदान में आयोजित किया गया था। मोदी ने भाषण में किसान, मध्यम वर्ग, युवाओं, गाँवों, शहरों और गैर-भाजपा शासित राज्यों की बात अपने विजन में रखी। मोदी ने कहा कि मेरा भारत सत्यमेव जयते और वसुधैव कुटुम्बकम् है। मोदी ने आगे कहा कि हमें महिलाओं के प्रति अपने दृष्टिकोण को बदलने की आवश्यकता है। अब महिलाओं को होम-मेकर की बजाय नेशन बिल्डर के रूप में देखने की जरूरत है। मोदी ने स्पष्ट कहा कि सरकार-बनने पर भाजपा संघीय ढाँचे को शक्तिशाली बनाने में रुचि दिखाएगी। उन्होंने भारत को सिरमौर बनाने के

लिए 5 टी प्लान का विजन दिया। 5 टी यानी टेलेंट, टूरिज्म, टेक्नोलॉजी, ट्रेडिसन और ट्रेड। मोदी ने देश के समक्ष विकास के सात सूत्र रखे—

- एक, सेटैलाइट शहर— देश भर में शहरीकरण, ताकि ग्रोथ बढ़े।
- दो, कालाधन वापस— विदेशों में जमा पाई-पाई वापस लाई जाएगी। उसे गरीबों के हित में लगाया जाएगा।
- तीन, कौशल विकास— कौशल विकास केंद्रित संस्थान होंगे, जो उद्योग की जरूरत पर आधारित प्रशिक्षण देंगे।
- चार, महँगाई नियंत्रण— मूल्य स्थिरीकरण फंड, ताकि गरीब को दो वक्त की रोटी सुनिश्चित की जा सके।
- पाँच, गैस ग्रिड, बुलेट ट्रेन— एलपीजी किल्लत से निजात के लिए राष्ट्रीय गैस ग्रिड होगी। बुलेट ट्रेन नेटवर्क से जोड़ेंगे देश।
- छह, गरीब को ताकत— हर राज्य में उच्च शिक्षा, स्वास्थ्य सेवा सुधार, डेयरी उद्योग, देशभर में बिजली सप्लाई।
- सात, कारोबारी फॉर्मूला— पैदावार का रीयल टाइम डाटा, ताकि पता रहे कब करना है, आयात-निर्यात।

नई दिल्ली में भाजपा राष्ट्रीय परिषद् के अधिवेशन में राजस्थान की मुख्यमंत्री वसुंधरा राजे सिंधिया ने भाजपा प्रधानमंत्री प्रत्याशी नरेंद्र मोदी को विश्वास दिलाया कि राजस्थान भाजपा मिशन-25 को सफल करेंगी तथा केंद्र में भाजपा की ताकत बढ़ाएँगी। अधिवेशन से सभी कार्यकर्ता नई ताकत, स्फूर्ति और दृष्टि लेकर अधिक ऊर्जावान होकर अपने क्षेत्रों में लौटे।

मिशन-25 को सफल बनाने के लिए वसुंधरा राजे कोई कोर-कसर छोड़ना नहीं चाहती थीं। देश भर में चल रही मोदी लहर से बने प्रदेश के वातावरण को वे वोटों में तब्दील करना चाहती थीं। नरेंद्र मोदी की सभाओं के अलावा वसुंधरा राजे ने स्वयं पूरे प्रदेश के सभी लोकसभा क्षेत्रों में सभाएँ कीं। 9 अप्रैल, 2014 तक भरतपुर छोड़कर शेष 24 लोकसभा सीटों की 38 चुनाव सभाओं को संबोधित कर चुकी थीं। कुछ प्रमुख मंत्रियों को छोड़कर शेष सभी को अपने-अपने लोकसभा क्षेत्र का ही दायित्व दे रखा था। ग्रामीण विकास एवं पंचायत राजमंत्री गुलाबचंद कटारिया, ऊर्जा मंत्री गजेंद्र सिंह खींवसर, चिकित्सा मंत्री राजेंद्र राठौड़, पी.डब्ल्यू.डी. मंत्री यूनुस खान को स्वयं के लोकसभा क्षेत्र के अलावा राजस्थान के अन्य क्षेत्रों में भी सभाएँ करने का दायित्व सौंपा। गुलाबचंद कटारिया को जनजाति क्षेत्रों का

विशेष रूप से दायित्व सौंपा था। वैसे मंत्री नंदलाल मीणा भी उन क्षेत्रों में लगे हुए थे। केंद्रीय कार्यालय एवं प्रचार की दृष्टि से अन्य व्यवस्थाओं के अलावा प्रदेश उपाध्यक्ष श्री ओंकारसिंह लखावत एडवोकेट को विशेष रूप से दायित्व दिया गया था। कुल मिलाकर बड़े व्यवस्थित एवं योजनाबद्ध तरीके से मिशन-25 को पूरा करने में वसुंधरा राजे की पूरी टीम पूरी शक्ति के साथ लगी हुई थी। मुख्यमंत्री राजे ने कितना परिश्रम किया, इसका अनुमान इसी से लगाया जा सकता है कि उन्होंने छोटे-से-छोटे कार्यकर्ता तक को फोन से संपर्क किया। प्रदेश प्रभारी कप्तानसिंह सोलंकी ने भी प्रदेश भर में खूब सभाएँ कीं। केंद्र की ओर से राजस्थान के लोकसभा चुनावों की पूरी कमान तथा बागियों से निपटने के लिए सारी रणनीति का दायित्व इन्हीं के जिम्मे था। प्रदेश अध्यक्ष अशोक परनामी प्रदेश कार्यालय में रहकर ही चुनाव अभियान चला रहे थे। अभियान के लिए चुनावी फंड की व्यवस्था का दायित्व भी इन्हीं के पास था। भूपेंद्र यादव पहली बार मतदाता बने युवाओं को पार्टी के साथ जोड़ने की रणनीति में लगे हुए थे। मीडिया की मानें तो भाजपा के चुनाव अभियान एवं रणनीति के मुकाबले कांग्रेस का चुनाव अभियान एवं रणनीति बहुत फीकी थी। अशोक गहलोत के अलावा राजस्थान कांग्रेस के सभी बड़े नेता सी.पी. जोशी सहित स्वयं चुनाव लड़ रहे थे और ऐसे फँसे हुए थे कि अपना क्षेत्र छोड़ अन्य में जाना भी संभव नहीं था। कांग्रेस के प्रदेश अध्यक्ष सचिन पायलेट अजमेर से प्रत्याशी थे, जहाँ जिले की सभी विधानसभा सीटों पर भाजपा का कब्जा था। जबकि भाजपा की मुख्यमंत्री सहित सभी बड़े नेता पूरे प्रदेश में चुनाव अभियान में जुटे हुए थे। कांग्रेस के उपाध्यक्ष राहुल गांधी की कुछ सभाएँ राजस्थान में हुईं अवश्य, परंतु उनमें भाजपा की जनसभाओं जैसा उत्साह नहीं दिखाई दिया। जबकि भाजपा के प्रधानमंत्री प्रत्याशी नरेंद्र मोदी ने अपनी आम सभाओं में विशाल जनमेदिनी को प्रभावित किया। उनकी ओजस्वी वाणी, गुजरात के विकास कार्यों का चित्रण, भाजपा शासित प्रदेशों की सरकारों के सुशासन का चित्रण श्रोताओं के दिल-दिमागों पर एकदम सटीक बैठ रहा था। जनसभाओं की स्थिति कुछ ऐसी रहती थी, जैसे श्रोता मंत्रमुग्ध होकर मोदी की वाणी को सुन नहीं पा रहे हों। 'अबकी बार-मोदी सरकार' के उद्घोष की गूँज ने भाजपा की जीत की भविष्यवाणी कर दी थी।

'मिशन-25', एक प्रतिष्ठा का प्रश्न बना। मुख्यमंत्री वसुंधरा राजे इसे हर हाल में प्राप्त कर अपने प्रदेश की प्रतिष्ठा उसी प्रकार बनाना चाहती थीं, जैसी उन्होंने विधानसभा चुनाव 2013 में बनाई थीं। मुख्यमंत्री राजे प्रतिदिन प्रातः 5.00

बजे उठकर पूजा–पाठ कर तैयार होकर आठ बजे तक अपने प्रचार कार्य के लिए निकल पड़ती थीं। पूरे छह माह तक अनथक परिश्रम किया। यह आदर्श था, उदाहरण था अन्य मंत्री एवं कार्यकर्ताओं के लिए। मारवाड़ी में एक कहावत है कि 'अपने मरे बिना स्वर्ग नहीं दिखता' अथवा अंग्रेजी में कहावत है कि 'चेरिटी बिगंस ऐट होम'। इस बात को वसुंधरा राजे भली–भाँति जानती थीं। अतः स्वयं प्रतिदिन चुनाव प्रचार में सबसे पहले निकलकर सबका आह्वान करती थीं। राज्य के प्रशासन एवं पार्टी कार्यकर्ताओं पर इसका बड़ां भारी असर रहा। वे कितना परिश्रम कर सकती हैं, इसका उदाहरण तो प्रदेश को 'सुराज संकल्प यात्रा' के समय ही मिल चुका था।

मिशन–25 के लिए चुनाव प्रचार करते समय राजे अपने राज्य के विकास का स्वरूप भी राज्य की जनता के समक्ष रखती रही हैं। सामान्यतया चुनावी जनसभाओं में राजे का विषय केंद्र की कांग्रेस सरकार की कमजोरियाँ तथा अपनी भावी योजनाओं का जनता के समक्ष रखना होता था। परंतु कभी–कभी कहीं–कहीं पर वे अशोक गहलोत की सरकार की गलतियों को भी अपनी आम सभाओं में रख देती रही। अजमेर की आमसभा में राजे ने कहा, "कांग्रेस की पिछली सरकार ने पाँच वर्ष प्रदेश में कोई काम नहीं किया तो जनता ने उन्हें हैसियत दिखा दी।"

सीकर की सभा में पूर्व मुख्य सचेतक रघु शर्मा पर आरोप लगाते हुए कहा, "अजगरा में 221 बीघा चरागाह जमीन को सिवाय चक में परिवर्तित कराकर करीबियों के नाम आवंटित कराने, बावनमाता मंदिर की जमीन पर करीबी के नाम से मार्बल खदान आवंटित कराने, बीसलपुर के विस्थापितों की जमीन धोखाधड़ी से अपने नाम करने जैसे काम ही किए।" परंतु ऐसे अवसर कम ही आए। इसी प्रकार एक प्रसंग और बना। उत्तर प्रदेश के समाजवादी पार्टी के एक लोकसभा प्रत्याशी ने उत्तर प्रदेश में जनता के बीच सभा को संबोधित करते हुए नरेंद्र मोदी को काटकर टुकड़े–टुकड़े कर देने की बात कही थी। भाजपा के लोगों में आक्रोश होना स्वाभाविक था। उसी आक्रोश में, परंतु संयत भाषा में करौली की आम सभा में मुख्यमंत्री राजे ने कहा, "चुनाव के बाद सामने आएगा, किसके टुकड़े होंगे।" (राज. पत्रिका)

लोकसभा 2014 के चुनाव अभियान में मुख्यमंत्री वसुंधरा राजे ने मुख्य रूप से निम्नलिखित विषय अपनी भावी योजनाओं के रूप में प्रदेश की जनता के समक्ष रखे—

(1) पानी की उपलब्धता के लिए नदियों को जोड़ना—मुख्यमंत्री राजे ने

अनेक जनसभाओं में घोषणा की कि प्रदेश की नदियों को जोड़कर गुजरात की तर्ज पर प्रदेश की जनता को पानी के संकट से उबारेंगी। राजस्थान के 13 जिले, यानी 60 प्रतिशत क्षेत्र रेगिस्तान है। लगभग पूरे प्रदेश में पीने के पानी की किल्लत बनी रहती है। सिंचाई के अभाव में जमीन की उर्वरता का पूरा फायदा नहीं मिल रहा है। जमीनें खाली व सूखी पड़ी रहती हैं। पूरा प्रदेश मानसून की वर्षा पर निर्भर है। ऐसे में नदियों को जोड़ने का निर्णय निश्चित रूप से महत्त्वाकांक्षी योजना होगी तथा जिसके पूर्ण होने पर गुजरात की तरह राजस्थान का भी भाग्योदय हो सकता है। केंद्र की अटल सरकार ने देश की नदियों को जोड़कर देश को बाढ़ एवं सूखे की मार से त्रस्त देशवासियों को जीवन देने की महत्त्वाकांक्षी योजना बनाई थी। दुर्भाग्य से भाजपा की गठबंधन सरकार 2004 में चुनाव नहीं जीत सकी। कांग्रेस की गठबंधन सरकार ने इस योजना को यह कहकर रद्दी की टोकरी में फेंक दिया कि यह लाभकारी योजना नहीं है। परंतु गुजरात में मुख्यमंत्री नरेंद्र मोदी ने नदियों को जोड़कर अभूतपूर्व कार्य किया। सौराष्ट्र, काठियावाड़-कच्छ क्षेत्र, जो सूखे से परेशान थे, लाभान्वित हुए। अहमदाबाद की साबरमती नदी पानी से लबालब हो गई। प्रदेश को एक नवीन जीवनी शक्ति मिली। देश के प्रधानमंत्री नरेंद्र मोदी ने अटल सरकार की उस 'नदी जोड़ो' योजना को देशभर में लागू करने का संकल्प प्रकट किया है। नारा तो गत 60 वर्षों में दिया गया कि 'जल ही जीवन है', 'बूँद-बूँद बचाइए।' परंतु बचाएँगे तो तभी, जब जल मिलेगा। आजादी के 60 वर्षों बाद भी आज भारत में व्यक्ति पीने के पानी के लिए तरसता है, पानी के अभाव में सूखती हुई फसल को देखकर देश का किसान आत्महत्या करने के लिए मजबूर हो रहा है, गाँवों की महिलाओं को मीलों पैदल चलकर एक-एक घड़ा पानी लेकर आना पड़ता है। इसे क्या कहेंगे? देश का दुर्भाग्य या कांग्रेस सरकार का दुर्भाग्य? कुछ भी कहें, परंतु है यह सत्य। मुख्यमंत्री राजे ने यह संकल्प प्रकट किया है कि राजस्थान में किसी व्यक्ति को पीने के पानी के लिए तरसने नहीं देंगे, राजस्थान में किसी किसान के सामने फसलों के लिए सिंचाई के अभाव में आत्महत्या करने जैसी स्थिति नहीं आने देंगे। चुनाव सभाओं में मुख्यमंत्री राजे ने कहा, "माही, नर्मदा व चंबल नदियों का पायलट प्रोजक्ट बनाया गया है। यह योजना सफल रही तो पूरे प्रदेश में पीने और सिंचाई के लिए पानी मिलेगा। इससे प्रदेश का कायाकल्प होगा। भाजपा सत्ता में आई तो देश भर में नदियों को जोड़ा जाएगा।" राजे ने आगे कहा, "युवाओं और वाजपेयी के अधूरे सपने को नरेंद्र मोदी ही पूरा कर सकते हैं।"

कोटा, बाराँ क्षेत्र की चुनाव सभाओं को संबोधित करते हुए मुख्यमंत्री वसुंधरा

राजे ने कहा, ''राज्य सरकार नदियों को सदानीरा बनाने का काम शुरू करेगी। इसकी शुरुआत बाराँ व झालावाड़ जिले की आहू, कालीसिंध समेत चार नदियों से होगी। इन नदियों पर जगह-जगह चेक डैम निर्माण कर बेसिन बनाया जाएगा। यह एक तरह से नदियों को जोड़ने का ही कार्य होगा तथा इस योजना को आगामी डेढ़ साल में जमीन पर लाकर दिखाएँगे। पायलट प्रोजेक्ट शुरू होगा। ''

(2) कृषि को उन्नत करना—राजस्थान के अधिकांश भू-भाग पर कृषि मानसून पर ही निर्भर है। एक या दो फसल से अधिक नहीं ले पाते। अत: भाजपा सरकार ऐसी स्थिति बनाना चाहती है कि किसान की मानसून वर्षा पर कम-से-कम निर्भरता बने। एक ओर जहाँ मुख्यमंत्री राजे ने नदियों को जोड़ने की बात अपनी चुनाव सभाओं में कही, वहीं किसान के हितों को संरक्षण देने एवं उन्हें कृषि के लिए अधिकाधिक सुविधाएँ देने की बात कही। उनमें प्रमुख ये हैं—

- राजस्थान में कृषक सुरक्षा अधिनियम बनाया जाएगा।
- खेतों में कृषि कार्य करते हुए एवं पशु चराते समय दुर्घटना से मृत्यु हो जाने पर 5 लाख व गंभीर घायल होने पर एक लाख रुपए की आर्थिक सहायता दी जाएगी।
- फसल बीमा योजना की नई नीति की शीघ्र घोषणा की जाएगी।
- कर्ज वसूली से किसान भूमिहीन न हो, इसके लिए रक्षात्मक प्रावधान किए जाएँगे।
- किसानों को एक प्रतिशत की दर पर खेतीबाड़ी के लिए कृषि-ऋण उपलब्ध करवाया जाएगा।
- किसानों को खाद, बीज एवं दवाइयाँ सरकारी दर पर आवश्यकतानुसार पंचायत द्वारा उपलब्ध हो सकें, ऐसी व्यवस्था की जाएगी।
- किसानों की उपज को लाभकारी बनाने हेतु समर्थन मूल्य पर सरकार द्वारा खरीद की व्यवस्था की जाएगी।
- किसान की भूमि अवाप्ति पर संशोधित भूमि अधिग्रहण कानून के अनुसार मुआवजा सुविधाएँ दी जाएँगी।
- सरकार का यह प्रयत्न रहेगा कि प्रत्येक पंचायत समिति स्तर पर मिट्टी-पानी की आधुनिक प्रयोगशाला बनेगी, जहाँ एक कृषि विशेषज्ञ रहेगा। इस स्तर तक गुणवत्तापूर्ण उर्वरक व बीज वितरण केंद्र भी स्थापित किए जाएँगे।
- पेड़ लगाने, खेजड़ी लगाने तथा नर्सरी विकसित करने को भी प्रोत्साहन

दिया जाएगा।

- कृषि, पशुपालन व इनसे संबंधित समस्त कार्य एक ही ऐक्ट के अंतर्गत लाए जाएँगे।
- जैविक खेती निदेशालय की स्थापना की जाएगी।
- किसानों को अपनी पैदावार मंडियों तक ले जाने में असुविधा न हो, इसके लिए मंडी से जुड़ी सड़कों का विकास एवं सुदृढीकरण किया जाएगा।
- कृषि विभाग के अंतर्गत ही 'पुष्प कृषि विभाग' का गठन कर फूलों की खेती को भी बढ़ावा दिया जाएगा।
- मृदा-स्वास्थ्य (Soil Health) की जाँच कर के गुजरात की तर्ज पर कार्ड बनाया जाएगा।
- जल-संरक्षण को बढ़ावा देने के लिए ड्रिप सिंचाई, स्प्रिंकलर सिंचाई को प्रोत्साहन, कम हॉर्सपावर के पंप के लिए रियायती बिजलीघर तथा इसके लिए सौर ऊर्जा आधारित पंपसेटों के उपयोग के लिए प्रोत्साहन दिया जाएगा।
- नीलगाय एवं अन्य जंगली जानवरों से होनेवाले नुकसान से संबंधित किसानों को राहत प्रदान की जाएगी।

(3) ग्राम पंचायतों का विकास—मुख्यमंत्री वसुंधरा राजे ने अपनी चुनावी सभाओं में ग्रामों के विकास के लिए अपनी सरकार को प्रतिबद्ध बताया। भरतपुर संभाग में दस दिवसीय कैबिनेट बैठक के अवसर पर उन्होंने प्रदेश में पंचायतों के पुनर्गठन के विषय में निर्णय की घोषणा की थी। ग्रामों तक पीने के पानी एवं सिंचाई की व्यवस्था के लिए आम सभाओं में नदियों को जोड़ने की योजना बताई। इसी प्रकार आवागमन की सुविधा को ध्यान में रखकर 'ग्रामीण गौरव पथ योजना' की घोषणा की। 41 ग्राम पंचायतों में दो लेन सड़क बनाने की घोषणा भी की। उन्होंने कहा, ''दस हजार या उससे अधिक आबादी वाले प्रदेश की 41 ग्राम पंचायतों में दो लेन की सड़क बनेगी। इन सड़कों को पंचायत समिति मुख्यालय से जोड़ा जाएगा। कुल दस मीटर चौड़ी बननेवाली सड़क के दोनों तरफ डेढ़-डेढ़ मीटर भाग कच्चा रखा जाएगा। जहाँ एक लेन सड़क है, उसे दो लेन किया जाएगा।''

प्रत्येक ग्राम पंचायत स्तर पर सफाई व प्रकाश की व्यवस्था के लिए कर्मचारी रखे जाएँगे। बी.पी.एल. चयन के लिए प्रभावी तंत्र खड़ा किया जाएगा। राजस्व प्रकरणों के लिए फास्ट ट्रेक कोर्ट का गठन किया जाएगा। बी.पी.एल. परिवारों के

लिए आवासीय सुविधाएँ विकसित की जाएँगी। ग्रामों में सौर ऊर्जा को बढ़ावा दिया जाएगा। प्रदेश में ग्रामों के अलावा कम आबादीवाली ढाणियों का तेजी से विद्युतीकरण किया जाएगा। ग्रामीण बस सेवा के सफल क्रियान्वयन के लिए व्यवस्था की जाएगी। विद्यालय जाने के लिए रियायती दर पर रोडवेज पास दिए जाएँगे। राज्य में चिह्नित ग्राम पंचायत स्तर पर उच्च माध्यमिक विद्यालय विज्ञान विषय के साथ स्थापित किए जाएँगे। प्रदेश के सुदूर ग्रामीण क्षेत्रों में स्वास्थ्य सुविधा हेतु मोबाइल मेडिकल वेन की सुविधा उपलब्ध करवाई जाएगी।

बिजली उत्पादन के लिए बनेगा रोडमैप

मुख्यमंत्री वसुंधरा राजे ने राजस्थान डिस्कॉम फील्ड इंजीनियर्स कॉन्फ्रेंस को संबोधित करते हुए कहा कि दीवाली तक घरेलू उपभोक्ताओं को 24 घंटे बिजली उपलब्ध कराने के लिए तीन और छह माह का रोड मैप बनाया जाएगा। अभी 20 घंटे बिजली दे रहे हैं, लेकिन सितंबर-अक्तूबर 2014 तक 24 घंटे घरेलू बिजली देने का प्रयास किया जाएगा। मुख्यमंत्री राजे ने पत्रकारों के बीच कहा कि उपभोक्ता की बिजली सप्लाई सिस्टम को सुधारना अहम मुद्दा है। इसके लिए अलग-अलग अवधि के रोड मैप बनाए जाएँगे। ग्रामीण क्षेत्रों में विद्युत् चौपालों के नियमित आयोजन के साथ ही समय-समय पर संभाग और जिलों में सरपंचों व अन्य जनप्रतिनिधियों के साथ बैठकें करने के निर्देश उन्होंने कॉन्फ्रेंस में दिए। जिले के अभियंताओं से लिखित में लिया जाएगा कि वे कब तक सभी कार्य पूरे कर लेंगे। उन्होंने नए कृषि कनेक्शन देने की बात भी कही। वसुंधरा राजे ने कहा कि ऊर्जा के क्षेत्र में प्रदेश को आत्मनिर्भर बनाने के लिए प्रदेश में ताप, पवन, अणु, सौर एवं जल विद्युत् की उत्पादन क्षमताओं में वृद्धि की जाएगी।

अन्य विषय—लोकसभा चुनाव 2014 के लिए मिशन-25 को सफल करने के लिए अन्य अनेकों विषयों के बारे में मुख्यमंत्री राजे ने राजस्थान की नीति स्पष्ट की। राजस्थान के प्रशासन को चुस्त-दुरुस्त करने के लिए प्रशासन में भारी फेर-बदल किया। गुणावगुण के आधार पर आई.ए.एस., आई.पी.एस., आर.ए.एस., आर.पी.एस. जैसे बड़े अधिकारियों के स्थानांतरण किए। पूर्व में अशोक गहलोत की कांग्रेस सरकार ने चुनावों को ध्यान में रखकर अधिकारियों के भारी स्थानांतरण किए थे। अतः उन्हें ठीक करना आवश्यक था।

अधीनस्थ कर्मचारियों के लिए तबादला नीति घोषित की गई। नीति के अनुसार तबादले 15 से 30 अप्रैल तक हो सकेंगे, जिनका तबादला ड्यू है, वे

जनवरी में पसंदीदा स्थान बता सकेंगे । जिले पर 20, उपखंड पर 14 व अन्य शहर में 8 साल बाद ठहराव नहीं होगा। जिले के बाहर तबादला चाहने पर सितंबर में डीजे को अरजी दे सकेंगे। दूसरे जिले में तबादला चाहने पर वहाँ पद खाली होने पर ही होगी इच्छापूर्ति। एक बार मनचाहा तबादला तो नए पसंद के स्थान पर तीन साल तक तबादला नहीं। प्रशासनिक कारणों से तबादला हुआ तो सात साल तक फिर नहीं होगा तबादला। पति-पत्नी को एक साथ रखने और नए कर्मचारियों को शुरुआत में जिला मुख्यालय पर लगाना तय किया गया।

युवा बेरोजगारों की समस्याओं को ध्यान में रखते हुए शिक्षा विभाग की समीक्षा बैठक में अनेक महत्त्वपूर्ण बिंदुओं पर विचार-विमर्श किया गया। शिक्षक पात्रता परीक्षा (टेट) को हटाने में आ रही कानूनी बाध्यताओं के कारण सरकार ने नया फॉर्मूला सोचा है। प्रशिक्षित बेरोजगारों को अनेक परीक्षाओं से मुक्ति दिलाने के लिए ऐसी व्यवस्था सोची जा रही है कि एक परीक्षा से ही काम हो जाए। इसके अलावा स्कूलों में गुणवत्तापूर्ण शिक्षा उपलब्ध कराने, बालिका शिक्षा को प्रोत्साहन, बालिका छात्रावास, मॉडल स्कूल, शिक्षा का अधिकार कानून के तहत 25 प्रतिशत नि:शुल्क प्रवेश की सुनिश्चितता, सभी स्कूलों में शौचालय बनवाने, निजी स्कूलों में पुनर्भरण राशि जारी करने जैसे विषयों पर भी चर्चा हुई।

राज्य में अनुसूचित क्षेत्र बनाया जाएगा

राजस्थान में अनुसूचित-जनजाति क्षेत्र के निवासियों के लिए विकास की संभावनाओं को तलाशने तथा विकास कार्य करने की दृष्टि से सरकार ने अनुसूचित जनजाति का पूरा विभाग एवं मंत्रालय बनाया हुआ है। परंतु प्रशासन की दृष्टि से कर्मचारियों के लिए विशेष कानूनों का प्रावधान नहीं है। अत: राजे सरकार ने इस विषय में एक निर्णय लिया है, जिसे शीघ्र ही क्रियान्वित किया जाएगा। उसके अनुसार उदयपुर, डूँगरपुर, बाँसवाड़ा, प्रतापगढ़ और सिरोही जिलों की 23 तहसीलों को मिलाकर एक विशेष अनुसूचित क्षेत्र बनाया हुआ है। अब यहाँ के लिए राजे सरकार अलग सेवा काडर बना रही है। कार्मिक विभाग अधीनस्थ सेवाओं से संबंधित नियमों में संशोधन करने में जुटा है। उसके अनुसार इन जिलों में आपस में ही तबादले हो सकेंगे। ये नियम राज्य सेवाओं में चयनित अधिकारियों पर लागू नहीं होंगे। ये नियम अधीनस्थ सेवाओं के कार्मिकों पर लागू होंगे। इन जिलों के लिए अलग से चयन किया जाएगा और उनकी सेवाएँ इन्हीं जिलों में रहेंगी। आम तौर पर होता यह है कि नौकरी में चयन के समय लाभ लेने के लिए लोग इन जिलों में पहुँच तो जाते हैं,

लेकिन कुछ ही दिनों बाद तबादला करा लेते हैं। इस प्रकार इन जिलों में पद रिक्त रह जाते हैं। चिकित्सा, शिक्षा, पुलिस, जलदाय, विद्युत् जैसे अहम महकमों में पद रिक्त होने से इन जिलों में ये सेवाएँ हमेशा प्रभावित रही हैं।

इस क्लोज कॉडर (विशेष अनुसूचित क्षेत्र) के नियम ऐसे हो सकते हैं—

- इन जिलों से बाहर तबादला कभी नहीं होगा, प्रतिनियुक्ति भी नहीं होगी।
- भूकंप, राष्ट्रीय संकट या किसी आपात स्थिति में तबादला किया जा सकेगा।
- इन जिलों में स्थानीय जनजातियों के लोगों को प्राथमिकता प्रदान की जाएगी।
- शैक्षणिक योग्यता, उम्र में स्थानीय जनजाति उम्मीदवारों को छूट दी जाएगी।
- विशेष वेतन-भत्ते, सरकारी आवास, वाहन आदि की सुविधा भी संभव।

प्रवासी भारतीयों को उद्योग स्थापित करने का न्योता

राजस्थान की मुख्यमंत्री वसुंधरा राजे ने प्रवासी भारतीयों को राजस्थान में निवेश करने का न्योता दिया है। राजे ने अपने संदेश में कहा कि राजस्थान अन्य राज्यों के मुकाबले खनिज भंडार, शांतिपूर्ण माहौल, संसाधनों व बिजली की उपलब्धता के साथ विश्वस्तरीय राजमार्गों के कारण अग्रणी है। निजी निवेश को बढ़ावा देने के लिए व्यापक निवेश की नीति पर काम किया जाएगा। अनेक पर्यटन-स्थल निर्माण करने की भी इस क्षेत्र में भरपूर संभावनाएँ हैं।

प्रधानमंत्री पद की गरिमा—बाराँ व बूँदी क्षेत्र तथा भीलवाड़ा क्षेत्र की चुनाव सभाओं में भाषण देते हुए मुख्यमंत्री राजे ने कहा, ''सोनिया गांधी ने देश के प्रधानमंत्री का पद छोटा कर दिया। यह विकास की दिशा नहीं, पतन की दिशा है। नरेंद्र मोदी इस पद की गरिमा को पुनः स्थापित करेंगे। इस बार लोकसभा का चुनाव विकास का चुनाव है, जाति-धर्म का नहीं। राजस्थान का अब तेजी से विकास होगा, हमारे पास विकास का मंत्र है।'' राजे ने आगे बोलते हुए कहा, ''सोनिया गांधी की जयपुर के पावटा में जनसभा थी। कोई नेता कैसे इतना संवेदनहीन हो सकता है कि मंच के पीछे गरीबों के झोंपड़े जलते रहे, लेकिन सोनिया गांधी का भाषण चलता रहा। मंच के पीछे क्या हुआ, इससे सोनिया गांधी को कोई मतलब नहीं।''

आई वांट रिजल्ट—मुख्यमंत्री राजे ने चुनाव अभियान में जोधपुर में क्षेत्र के विधायकों की बैठक कर क्षेत्र के चुनाव कार्यों का फीड बैक लिया। एक घंटे तक बैठक लेते हुए अंत में कहा, "आई वांट रिजल्ट।" चुनाव परिणाम अच्छे ढंग से आने चाहिए।

कसौटी पर खरे उतरेंगे हम

मिशन-25 के लिए चुनावी सभाओं को संबोधित करते हुए रेनवाल, डीडवाना एवं सलूंबर में मुख्यमंत्री राजे ने जनता का आह्वान किया, "हमें आपका सहयोग चाहिए। हमें आपका पूरा सहयोग मिला तो हम भी आपकी कसौटी पर खरे उतरेंगे।" राजे ने कहा कि संकल्प यात्रा में कई समस्याएँ सामने आई थीं। उनमें घरेलू बिजली 24 घंटे जारी रखना प्राथमिकता रहेगी। अब अध्यापक भरती के लिए एक ही परीक्षा होगी। आरपीएससी से अलग एक बोर्ड बनाया जा रहा है, जिससे बेरोजगारों को अनेक परीक्षाओं की समस्या से निजात मिलेगी। अब 'गौरव पथ योजना' शहरों में ही नहीं, गाँवों में भी शुरू की जाएगी। जोबनेर-रेनवाल को भी शीघ्र बीसलपुर योजना से मीठा पानी मिलेगा।

सभा में राजे ने कहा, "राजस्थान की जनता ने पहले राजस्थान को बदला, वही जनता अब हिंदुस्तान को भी बदलेगी।"

प्रशासनिक ढाँचे का होगा पुनर्गठन

सलूंबर की चुनाव सभा में विशाल जनसमूह को संबोधित करते हुए राजे ने कहा, "ये केवल तीन माह की उपलब्धियाँ हैं। इस कार्यकाल में 23 घंटे घरेलू तथा 6.30 घंटे कृषि के लिए बिजली दी जा रही है। आगे के तीन-चार माह में इसमें और सुधार होगा।

राज्य में प्रशासनिक स्तर पर छोटे-छोटे ब्लॉक बनाकर विकास को गति दी जा सकती है। अतः प्रशासनिक ढाँचे के पुनर्गठन पर काम किया जाएगा।

पिछली सरकार में विद्युत् निगम द्वारा जिन उपभोक्ताओं पर वीसीआर भरी गई, उन्हें पैसा लौटाने की प्रक्रिया शुरू कर दी गई है। 'भामाशाह योजना' अक्तूबर तक तैयार हो जाएगी। इसमें पेंशनधारियों को घर बैठे उनके बैंक खाते में पेंशन ट्रांसफर की जाएगी। डूँगरपुर में मेडिकल कॉलेज की घोषणा कर दी गई है। अब महाराणा प्रताप बटालियन गठित की जाएगी।

जालौर-सिरोही लोकसभा प्रत्याशी के समर्थन में अनेक स्थानों की सभाओं

में मुख्यमंत्री राजे ने कहा कि युवाओं और वाजपेयीजी के अधूरे सपनों को साकार करने का काम अब नरेंद्र मोदी करेंगे, यह हम विश्वास के साथ कह सकते हैं। प्रत्येक जाति व मजहब के लोगों के दु:ख-दर्द में भागीदारी निभाई जाएगी। वाजपेयी सरकार के समय देश की विकास दर दस प्रतिशत थी, जो कांग्रेस राज में घटकर चार प्रतिशत रह गई है। गुजरात का विकास मॉडल आज पूरे देश में एक मिशाल बन गया है। गुजरात की तर्ज पर देश के विकास के लिए युवाओं को भागीदारी निभानी होगी। 60 साल तक कुरसी पर कब्जा जमाकर बैठी कांग्रेस को अब उखाड़कर फेंकने का समय आ गया है। जिस तरह प्रदेश में विधानसभा चुनाव में कांग्रेस का सफाया हुआ है, उसी तरह जनता को प्रदेश की 25 सीटों को भाजपा की झोली में डालना है। मोदी पीएम बनते हैं तो राजस्थान चमन होगा।

बाँसवाड़ा की जनसभा को संबोधित करते हुए भाजपा की राष्ट्रीय उपाध्यक्ष उमा भारती ने कहा, ''देश के इतिहास में यह पहली बार हुआ है कि जनता ने किसी व्यक्ति को खेवनहार मानते हुए प्रधानमंत्री पद के योग्य माना है। लोगों को यह छवि नरेंद्र मोदी में नजर आई और सारा देश सारा वातावरण मोदीमय हो गया है।''

बाड़मेर-जैसलमेर लोकसभा क्षेत्र—राजस्थान भाजपा के लिए बाड़मेर-जैसलमेर की लोकसभा सीट बड़ी परेशानी भरी रही। उसका कारण है—भाजपा के वरिष्ठ नेता, पूर्व केंद्रीय मंत्री सांसद जसवंत सिंहजी का पार्टी से विद्रोह कर वहाँ से निर्दलीय प्रत्याशी बनना। पार्टी से उन्होंने बाड़मेर लोकसभा क्षेत्र से टिकट माँगा था। इस समय वे दार्जलिंग से लोकसभा सदस्य थे। हम यदि उनके राजनैतिक इतिहास पर गौर करेंगे तो कई चीजें स्पष्ट हो जाएँगी। जहाँ तक मेरी जानकारी है, जसवंत सिंहजी प्रथम बार 1971 के लोकसभा चुनावों के समय 'भारतीय जनसंघ' और 'संघ' के संपर्क में आए। 1971 के चुनावों में जोधपुर की राजमाता कृष्णाकुमारी निर्दलीय, परंतु 'भारतीय जनसंघ' के समर्थन से चुनाव लड़ रही थीं। उस समय श्री जसवंत सिंहजी जोधपुर महाराजा गजसिंहजी के एडीसी थे। जोधपुर के राष्ट्रीय स्वयंसेवक संघ के नगर संघचालक माननीय शंकरराज जी लोढ़ा के साथ जसवंत सिंहजी के निकट के संबंध बन गए। उसी कारण चुनाव के दिनों माननीय भैंरोसिंहजी शेखावत का उनसे संपर्क बना। मारवाड़ क्षेत्र में 'भारतीय जनसंघ' का कार्य छोटा था, फिर भी जोधपुर शहर में अच्छा काम था। जसवंत सिंहजी राजनीति में प्रवेश के इच्छुक थे तथा भैंरोसिंहजी को पार्टी के लिए एक बुद्धिमान, कुशल और मालानी क्षेत्र का प्रभावी व्यक्ति मिल रहा था। जोधपुर राजघराना कांग्रेस में जा

नहीं सकता था, क्योंकि जोधपुर के कांग्रेसी नेता हमेशा से राजघराने के विरोधी रहे थे। जोधपुर महाराजा का भी जसवंत सिंहजी को प्रोत्साहन था।

माननीय भैंरोसिंहजी के निर्णय पर प्रथम बार राजस्थान से राज्यसभा के लिए चुने गए। यहीं से इनका राजनीति में प्रवेश था। उसके बाद निरंतर लोकसभा का चुनाव लड़कर भैंरोसिंहजी शेखावत के समर्थन से लोकसभा में पहुँचते रहे। अपनी योग्यता एवं बुद्धि-कौशल से शीर्ष भाजपा नेतृत्व के साथ संबंध स्थापित करने में सफलता प्राप्त की। भाजपा के प्राथमिक सदस्य से सीधे पार्टी के शीर्ष नेतृत्व में ही अपना स्थान बनाया। वाजपेयी सरकार में वित्तमंत्री और विदेशमंत्री आदि पदों पर भी रहे। तात्पर्य यह है कि पहली कक्षा से सीधे एम.ए. तक पहुँचे। कार्यकर्ता को जो रगड़ लगती है, जितना परिश्रम करना पड़ता है, जितने अनुभव लेने पड़ते हैं, जितने प्रशिक्षण की आवश्यकता होती है, जसवंत सिंहजी को उसकी आवश्यकता ही नहीं पड़ी। ऐसा लगता है कि यही वह कारण है कि इनमें पार्टी के प्रति निष्ठा जाग्रत् नहीं हो पाई। राजनीतिक गलियारों में यह सामान्य चर्चा रही है कि एक समय इन्होंने माननीय भैंरोसिंहजी शेखावत का भी विरोध किया था तथा उनके विरुद्ध वसुंधरा राजे को भी भड़काया था। वास्तव में दोनों को ही राजनीति में लाने का श्रेय माननीय भैंरोसिंहजी को ही है। परंतु कहते हैं कि राजनीति की बड़ी रपटीली राहें होती हैं। कब कौन कैसे किसके साथ राजनीतिक गठजोड़ बनाकर रखता है। उपराष्ट्रपति के कार्यकाल की समाप्ति के पश्चात् समाचार-पत्रों ने भैंरोसिंहजी के नाम से वसुंधराजी पर घोटाले के आरोप लगाने के समाचार प्रकाशित किए थे। यह वह समय था, जब जसवंत सिंहजी व वसुंधरा राजे के स्वर मिल रहे थे, परंतु शेखावत साहब इनसे अलग थे। शेखावत साहब के स्वर्गवास के पश्चात् जसवंत सिंहजी और वसुंधरा राजे के स्वर अलग-अलग हो गए। ऐसा लगता है कि भैंरोसिंहजी के विषय में जो भाव जसवंत सिंहजी ने वसुंधराजी के समक्ष प्रकट किए थे, वे गलत साबित हुए। अतः दोनों में दूरियाँ इतनी बढ़ गईं कि केंद्र के चाहते हुए भी जसवंत सिंहजी को वसुंधराजी ने बाड़मेर से टिकट नहीं लेने दिया, जैसा कि विभिन्न समाचार-पत्रों ने समय-समय पर मतव्य प्रकट किए थे।

परंतु राजनीति में ऐसी ऊँच-नीच चलना सामान्य बात है। अब इन सब बातों में कितनी सत्यता है, कहना कठिन है। फिर भी यह तो सत्य ही है कि जसवंत सिंहजी को बाड़मेर से लोकसभा चुनाव के लिए भाजपा की टिकट नहीं मिली। ऐसी स्थिति में जसवंत सिंहजी ने इसे अपनी प्रतिष्ठा का प्रश्न बना लिया और भाजपा के विरोध में निर्दलीय प्रत्याशी के रूप में खड़े हो गए। उन्हें लगता था कि

उनके राजनीतिक कद के कारण क्षेत्र के भाजपा कार्यकर्ता उनके साथ खड़े होंगे। परंतु उन्हें निराशा ही मिली। उनके सुपुत्र जो शिव विधानसभा से भाजपा के विधायक हैं, प्रारंभ में तो सामने आए, परंतु पार्टी का नोटिस मिलते ही अप्रत्यक्ष हो गए। स्वयं वसुंधरा राजे ने भी बाड़मेर सीट को अपनी प्रतिष्ठा का प्रश्न बना लिया था।

राजस्थान पत्रिका के अनुसार चुनाव अभियान के दौरान जसवंत सिंहजी ने जैसलमेर में कहा, ''मुझे टिकट नहीं दिया, मुझे इसका मलाल नहीं, बल्कि दुःख इस बात का है कि कल तक जो भाजपा के विरोध में था और जिसे कांग्रेस ने टिकट नहीं दिया, उसे ही भाजपा ने टिकट थमा दिया। यह मेरा नहीं, भाजपा कार्यकर्ताओं का भी अपमान है।'' जसवंत सिंह ने मंगलवार को जैसलमेर में अपने समर्थकों से मुलाकात की और उनसे भाजपा पर धोखा देने का आरोप लगाते हुए जवाब देने की बात दोहराई। उन्होंने कहा, ''मैं तो असली भाजपा का कारवाँ लेकर निकल पड़ा हूँ, आनेवाले दिनों में आम जनता खुद-ब-खुद जुड़ती जाएगी।''

उक्त वक्तव्य में एक तरफ तो जसवंत सिंहजी कहते हैं कि मुझे टिकट नहीं दिया, इसका मलाल नहीं है। फिर दूसरी ओर जसवंत सिंहजी यह भी कहते हैं कि भाजपा ने उनसे धोखा किया है। दोनों विरोधी बातें हैं। आज तक जसवंत सिंहजी का यह रिकॉर्ड है कि कभी किसी लोकसभा सीट से दूसरी बार नहीं लड़े, क्यों? हर बार उन्हें नया क्षेत्र चाहिए, जहाँ कद के आधार पर वे जीत सकें। दार्जलिंग से वे सांसद थे। भाजपा ने सोचा था कि जसवंत सिंहजी के सांसद बनने से, उनके द्वारा होनेवाले प्रयत्नों से पं. बंगाल में भाजपा की कुछ स्थिति बन जाएगी। परंतु हुआ क्या? इन्होंने तो उधर देखा तक नहीं। अतः इस बार वहाँ के लोगों ने इन्हें चलता किया। अब यह कहकर कि मेरे जीवन का अंतिम चुनाव अपने गृह क्षेत्र से लड़ना चाहता हूँ। क्योंकि वे जानते थे कि मोदी लहर एवं राजस्थान भाजपा एवं मुख्यमंत्री वसुंधरा राजे के प्रभाव के कारण बाड़मेर क्षेत्र से जीतना आसान होगा। परंतु राजे अब यह सब राजनैतिक दाँवपेंच जानती हैं, पहचानती हैं। उन्होंने जसवंत सिंहजी के स्थान पर कांग्रेस छोड़कर कर्नल सोनाराम को पार्टी में लाकर लोकसभा प्रत्याशी बनवा दिया। जसवंत सिंहजी इस बात को जानते तो थे कि वसुंधराजी समर्थन नहीं करेंगी, परंतु यह वे नहीं जानते थे कि राजे की जिद के आगे केंद्रीय नेतृत्व को झुकना पड़ेगा। क्यों न हो, राजे ने राजस्थान में जिसकी सरकार थी, उस कांग्रेस को पराजित कर विशाल बहुमत भाजपा की झोली में डाला है, देश में भाजपा की शान बढ़ाई है। अतः ऐसे नेता की बात को टालना

आसान नहीं था। केंद्र में भी न तो अब अस्वस्थता के कारण अटलजी सक्रिय हैं और न लालकृष्ण आडवाणी की वैसी स्थिति है। जसवंत सिंहजी का जोड़ तो इन्हीं के साथ ज्यादा था। अभी कल ही मीडिया समाचार दे रहा था कि पराजित होने के पश्चात् आज जसवंत सिंह आडवाणीजी से मिलेंगे।

राजस्थान पत्रिका ने प्रकाशित किया एक अन्य समाचार—ठीक जसवंत सिंह के उपर्युक्त समाचार के सामनेवाले कॉलम में, "बाड़मेर, यहाँ कर्नल सोनाराम चौधरी को नामांकन भरवाने पहुँची मुख्यमंत्री वसुंधरा राजे ने कहा कि बाड़मेर व जोधपुर के प्रत्याशियों की जीत स्वाभिमान से जुड़ी है, और यह मूँछ की लड़ाई है। पार्टी ने जो निर्णय किया है, उसे सबको मानना पड़ेगा।" वसुंधरा ने कहा, "पहली बार नया प्रयोग करते हुए सबकी सलाह से टिकट दिया है। मुझे भैंरोसिंह शेखावत ने 25 साल पहले झालावाड़ भेजा था, तब से मैं वहाँ के लोगों के सुख-दुःख में साथ हूँ। कर्नल सोनाराम ऐसे ही व्यक्ति हैं, इसलिए उनको चुना गया है। परिवार के रूप में साथ खड़े रहकर कर्नल को जीत दिलानी है।"

मुख्यमंत्री राजे ने बाड़मेर सीट को अपनी प्रतिष्ठा का प्रश्न बना लिया था। उसी अनुरूप सारी व्यवस्थाएँ भी करवाईं। जैसलमेर तनोट माता के दर्शन करने गईं। तनोट पाकिस्तान की सीमा से मात्र 50 किमी. दूर है। तनोट माताजी की राजपूत समाज में बड़ी मान्यता है। वहीं पर कांग्रेस की एआईसीसी मेंबर और प्रदेश महामंत्री रही सुनीता भाटी से मुलाकात हुई। सुनीता भाटी देवीसिंह भाटी जो भाजपा सरकार में मंत्री रहे हैं, की सगी भानजी तथा पंचायत समिति की प्रधान रही हैं। गत बार पोखरण विधानसभा चुनाव में हार गई थीं। इस मुलाकात का जैसलमेर-पोखरण क्षेत्र पर बड़ा असर हुआ। इस प्रवास के समय मुख्यमंत्री राजे क्षेत्र के प्रमुख राजपूत नेताओं से मिलीं तथा उनसे भी मिलीं, जो कांग्रेस छोड़कर अभी-अभी भाजपा में मिले हैं।

उपर्युक्त घटना का वर्णन इसीलिए किया है कि पाठकों के ध्यान में यह बात आ जाए कि मिशन-25 को सफल करने के लिए राजे कोई भी कसर नहीं छोड़ना चाहती थीं। फिर इस सीट पर भाजपा कार्यकर्ताओं में किसी प्रकार का विभाजन न हो जाए—यह ध्यान रखना भी अत्यावश्यक था। परिणाम अनुकूल आया। मोदी लहर और वसुंधरा राजे का व्यक्तित्व एवं परिश्रम सार्थक हुआ। भाजपा प्रत्याशी कर्नल सोनाराम ने जसवंत सिंह को 87,461 मतों से पराजित किया, कांग्रेस प्रत्याशी तीसरे स्थान पर रहा।

वर्ष 2009 के लोकसभा चुनावों में प्रदेश की कुल 25 सीटों में भाजपा को

मात्र 4 सीटें मिलीं। कांग्रेस को 20 तथा अन्य को एक सीट डॉ. किरोड़ीलाल मीणा को मिली। 2014 के लोकसभा चुनावों में सामान्य रूप से यह माना जा रहा था कि परिणाम 2009 से उलट होंगे, यानी भाजपा 21-22 सीटें जीत सकेगी। मीडिया टी.वी. चैनलों एवं पूर्वानुमान लगानेवाली सभी संस्थाओं सहित सट्टा बाजार का आकलन इस संख्या के आसपास था। 'राजस्थान पत्रिका' ने भी भाजपा को 21, कांग्रेस को 2 तथा अन्य को 2 सीटों का 11 मई, 2004 के अंक में आकलन प्रकाशित किया था। राजस्थान भाजपा का कोई भी नेता इससे अधिक की बात नहीं कर रहा था। परंतु एकमात्र मुख्यमंत्री वसुंधरा राजे ही ऐसी थीं, जो पूर्ण विश्वास के साथ 25 की 25 सीटें भाजपा की झोली में आने की बात कर रही थीं। उन्हें कहीं भी इसमें शंका नहीं लग रही थी। कुछ दिनों पूर्व उन्हें धौलपुर-करौली सीट पर कुछ संशय दिखाई दिया था। ऐसी स्थिति में वे स्वयं जाकर कुछ दिन बैठीं और कमजोरी को दूर किया, कार्यकर्ताओं का विश्वास बढ़ाया तथा सभी को आवश्यक निर्देश दिए। परिणाम यह हुआ कि धौलपुर-करौली सीट पर भाजपा प्रत्याशी 27,216 वोटों से विजयी हुआ। विधानसभा चुनावों में भाजपा का प्रदर्शन यहाँ अच्छा नहीं रहा था। यही कारण था कि स्वयं मुख्यमंत्री राजे तथा 'संघ' ने भी इस सीट पर विशेष ध्यान दिया और इस सीट को 47.9 प्रतिशत वोट प्राप्त कर निकाल लिया। वस्तुत: यह भाजपा की एक महत्त्वपूर्ण जीत रही।

मुख्यमंत्री वसुंधरा राजे और भाजपा का मिशन-25 सफल हो गया। विधानसभा 2013 चुनावों की तरह लोकसभा चुनाव 2014 में भी भाजपा को असाधारण विजय प्राप्त हुई। निश्चित रूप से देश में राजस्थान मुख्यमंत्री वसुंधरा राजे का कद बढ़ गया। इससे पूर्व राजस्थान में ऐसी सफलता न भाजपा को मिली, न कांग्रेस को, जैसी सफलता भाजपा को इस बार मिली। वैसे तो भाजपा संगठन एवं संघ के सामूहिक प्रयासों का प्रतिफल है, परंतु प्रमुख श्रेय मोदी लहर एवं वसुंधरा राजे के नेतृत्व को जाता है। यद्यपि दोनों को अलग-अलग करके नहीं देखा व आँका जा सकता है। सबसे अधिक जीत का अंतर जयपुर लोकसभा सीट पर रहा। यहाँ भाजपा ने कांग्रेस को 5,39,345 मतों से पराजित किया। भाजपा को 67 प्रतिशत और कांग्रेस को मात्र 25 प्रतिशत ही मत प्राप्त हुए। सबसे कम जीत का अंतर करौली-धौलपुर का रहा। यहाँ भाजपा ने 27,216 वोटों के अंतर से जीत प्राप्त की। भाजपा ने 47.9 प्रतिशत तथा कांग्रेस ने 44.6 प्रतिशत मत प्राप्त किए। 60 प्रतिशत से अधिक वोट प्राप्त करनेवाली भाजपा सीटों में जयपुर—67 प्रतिशत, जोधपुर—67 प्रतिशत, राजसमंद—66.8 प्रतिशत, पाली—66 प्रतिशत, बीकानेर—

63.8 प्रतिशत, जयपुर ग्रामीण—63 प्रतिशत, चित्तौड़—61 प्रतिशत, भरतपुर—60.6 प्रतिशत, अलवर—60.5 प्रतिशत तथा झालावाड़—60 प्रतिशत।

50 प्रतिशत से कम मत प्राप्त करनेवाली भाजपा सीटों में—

झुंझुनूँ—48.8 प्रतिशत, करौली-धौलपुर—47.9 प्रतिशत, सीकर—47.1 प्रतिशत, नागौर—41.9 प्रतिशत, बाड़मेर—40.6 प्रतिशत तथा दौसा—34.2 प्रतिशत।

वोट प्रतिशत के हिसाब से सबसे अधिक जयपुर व जोधपुर तथा सबसे कम दौसा लोकसभा सीट पर भाजपा को मिले।

60% से अधिक			**50% से अधिक**			**50% से कम**		
	क्षेत्र	मत%		क्षेत्र	मत%		क्षेत्र	मत%
1.	जयपुर	67	1.	भीलवाड़ा	58.1	1.	झुंझुनूँ	48.8
2.	जोधपुर	67	2.	उदयपुर	56.6	2.	करौली-धौलपुर	47.9
3.	राजसमंद	66.8	3.	कोटा	56.4	3.	सीकर	47.1
4.	पाली	66	4.	अजमेर	55.7	4.	नागौर	44.8
5.	बीकानेर	63.8	5.	जालौर	54	5.	बाड़मेर	40.6
6.	जयपुर ग्रामीण	63	6.	चुरू	53.2	6.	दौसा	34.2
7.	चित्तौड़	61	7.	टोंक-सवाई माधोपुर	52.7			
8.	भरतपुर	60.6	8.	श्रीगंगानगर	52.6			
9.	अलवर	60.5	9.	बाँसवाड़ा	50.8			
10.	झालावाड़	60						

कांग्रेस प्रदेश अध्यक्ष सांसद सचिन पायलट, जोधपुर से कांग्रेस केंद्रीय मंत्री चंद्रेश कुमारी, चित्तौड़गढ़ से कांग्रेस की केंद्रीय दिग्गज नेता गिरिजा व्यास, जयपुर ग्रामीण से कांग्रेस के केंद्रीय मंत्री सी.पी. जोशी, दौसा से दिग्गज नेता डॉ. किरोड़ी लाल मीणा, जालौर से बूटासिंह जैसे प्रत्याशी भाजपा प्रत्याशी से बुरी तरह पराजित हुए।

पहली बार भाजपा ने प्रदेश के लोकसभा चुनाव 2014 में 55.6 प्रतिशत मतों के साथ 25 सीटों पर विजय प्राप्त की। कांग्रेस 30.7 प्रतिशत वोटों पर सिमट गई। अजमेर जैसी मुसलिम बहुल मतदाताओं की सीट पर भाजपा ने जीत प्राप्त की। जयपुर ग्रामीण, दौसा, बाड़मेर, झुंझुनूँ तथा अजमेर सीटें बड़ी प्रतिष्ठा एवं संघर्ष की सीटें थीं। आजादी के बाद पहली बार भाजपा ने झुंझुनूँ सीट जीती। बाड़मेर एवं दौसा में तो कांग्रेस तीसरे स्थान पर पहुँच गई।

लोकसभा चुनाव परिणामों के विषय में टिप्पणी करते हुए 'राजस्थान पत्रिका'

लिखती है—''लोकसभा चुनाव 2014 में भाजपा शासित राज्यों में राजस्थान एक मात्र ऐसा प्रदेश है, जहाँ कांग्रेस का वोट प्रतिशत सबसे कम रहा, मात्र 30.7 प्रतिशत। मुख्यमंत्री वसुंधरा राजे ने मिशन-25 का नारा देकर प्रदेश की सभी सीटों को जीतने के लिए रोडमैप बनाया और इसके बाद दौरे कर पार्टी को ऐतिहासिक जीत दिलाने में कामयाबी प्राप्त की। कांग्रेस अपनी जीती हुई 21 विधानसभा सीटों में से मात्र 11 सीटों पर ही बढ़त कायम रख सकी। विधानसभा चुनावों में कांग्रेस को 35 फीसदी वोट मिले, लोकसभा में वे घटकर मात्र 30.7 फीसदी रह गए। लोकसभा चुनावों में गुजरात के बाद राजस्थान को सर्वाधिक मत प्रतिशत मिला, परंतु कांग्रेस को गुजरात से कम मत प्रतिशत राजस्थान में मिले।''

वरिष्ठ पत्रकार आशुतोष शर्मा ने लोकसभा चुनाव परिणामों की घोषणा के पश्चात् मुख्यमंत्री वसुंधरा राजे से बातचीत की। उनके अनुसार राजे ने कहा, ''मोदीजी के करिश्माई नेतृत्व ने हमें यह ऐतिहासिक जीत दिलाई। प्रदेश की जनता और हमारे कार्यकर्ताओं ने जो सहयोग, संबल और आशीर्वाद दिया, यह जीत उसी का परिणाम है। यह जीत संगठन की मेहनत का भी प्रतिफल है। सबसे बड़ा श्रेय मैं नरेंद्र मोदीजी को देती हूँ, जिनके करिश्माई नेतृत्व ने हमें यह ऐतिहासिक जीत दिलाई।''

केंद्र और राज्य में जिस तरह का कुशासन कांग्रेस ने दिया, उसे बतलाने की जरूरत नहीं, सब जानते हैं। प्रदेश की जनता ने हमारे पिछले कार्यकाल और कांग्रेस के कार्यकाल की तुलना की। लोगों ने महसूस किया कि कांग्रेस के पास सिर्फ बातें हैं और भाजपा के पास विकास। अब मोदीजी के नेतृत्व में राजस्थान विकास करेगा। मोदीजी राजस्थान की परिस्थितियों से भली-भाँति परिचित हैं। गुजरात और राजस्थान की सीमाएँ मिली हुई हैं। वे यहाँ की तकलीफों को समझते हैं। यूपीए सरकार में भाजपा शासित राज्यों के साथ जो सौतेला व्यवहार हुआ करता था, वह अब राजस्थान के साथ ही नहीं, देश के किसी भी राज्य के साथ नहीं होगा। जो भेदभाव केंद्र से मिलनेवाली हमारे हक की राशि में होता था, वह अब नहीं होगा। हमारे प्रदेश को विकास के पर्याप्त अवसर मिलेंगे। राजे ने कहा कि नरेंद्र मोदी के कुशल एवं चमत्कारिक नेतृत्व में देश तरक्की करेगा और वह दिन दूर नहीं, जब भारत पूरे विश्व में एक महाशक्ति के रूप में उभरेगा।

प्रदेश भाजपा अध्यक्ष अशोक परनामी ने मिशन-25 की सफलता पर कहा, ''चुनावों में मुख्यमंत्री वसुंधरा राजे के नेतृत्व में पार्टी कार्यकर्ताओं ने अथक प्रयास कर भाजपा को पहली बार प्रदेश में सभी सीटों पर विजय दिलाई है। नरेंद्र मोदी

को प्रधानमंत्री बनाने का सपना पूरा करने में कामयाब रही है।"

मुख्यमंत्री वसुंधरा राजे ने मिशन-25 की सफलता के बाद प्रदेश कार्यालय में जाकर प्रदेश के कार्यकर्ताओं एवं पदाधिकारियों को बधाई दी। बाद में मीडिया से बाचतीत में उन्होंने कहा कि अब नरेंद्र मोदी के नेतृत्व में टीम इंडिया देश की दशा और दिशा बदलेगी, जिसका राजस्थान को भी निश्चित रूप से लाभ मिलेगा। राजे ने कहा कि नरेंद्र मोदी अब देश में अच्छे दिन लाने ही वाले हैं। यूपीए सरकार में जिस प्रकार से प्रदेशों के साथ सौतेला व्यवहार होता था, मोदी के नेतृत्ववाली सरकार में ऐसा नहीं होगा। उन्होंने सभी मतदाताओं का आभार जताते हुए कहा कि 36 कौमों ने जात-पाँत से ऊपर उठकर जो बहुमत दिया है, उससे मिशन-25 कामयाब हुआ है।

□

वसुंधरा राजे और उनका मिशन

वसुंधराराजे मूल्य-आधारित राजनीति में विश्वास करती हैं। उनका दृष्टिकोण एकांगी नहीं है, बल्कि समाज के सभी संप्रदायों, जातियों एवं समुदायों को जोड़ते हुए समतामूलक समाज की स्थापना करते हुए देश की एकता-अखंडता मजबूत करने के लिए प्रतिबद्ध दिखाई देता है।

राजे का बचपन राजाशाही सुविधाओं के बीच बीता। उनकी शिक्षा मिशनरी स्कूल-कॉलेज में हुई। इस काल में वे नियमित रूप से चर्च की सेवा में रहीं तथा वे स्वयं इसाइयों एवं ईसाइयत के साथ सुविधाजनक महसूस करती रहीं। फिर भी अपने मुख्यमंत्री काल में क्रिश्चियन मिशनरीज को कठघरे में खड़ा करने में उन्होंने संकोच नहीं किया, उस समय जब वे प्रदेश में हिंदू आस्थाओं के विरुद्ध अश्लील एवं कटुभाषी पैंफलेट्स बाँट रहे थे। राजे स्पष्ट रूप से कहती हैं कि हमारा प्रदेश शांतिप्रिय प्रदेश है, जहाँ ऐसी गतिविधियाँ बरदाश्त नहीं की जा सकतीं। उन्हें यह भी बरदाश्त नहीं कि कोई जबरदस्ती अथवा लोभ-लालच-प्रलोभन देकर किसी का धर्म-परिवर्तन करता हो। 'इंडिया टुडे' के विशेष संवाददाता रोहित परिहार कहते हैं कि वसुंधरा राजे का आर.एस.एस. के प्रति झुकाव है, वे हिंदुत्व की आस्थाओं में पूरा विश्वास करती हैं, परंतु वे सांप्रदायिक नहीं हैं। वे आर.एस.एस. की अनुचित माँगों के भी वशीभूत नहीं होती हैं। आवश्यक होने पर वे आर.एस.एस. की भी आलोचना निडरता से तथा स्पष्ट रूप से करती हैं।

वसुंधरा राजे संपूर्ण रूप से आस्तिक हैं। उनकी मानसिकता हिंदुत्व से अनुप्राणित है। हिंदू परिवार एवं हिंदुत्व के पारिवारिक संस्कारों ने उन्हें बहुत गहराई से प्रभावित किया है। उनकी माता राजमाता विजयाराजे सिंधिया, जिनके जीवन से राजे अपने परिवार में सबसे अधिक प्रभावित थीं, स्वयं हिंदुत्व विचारधारा से अत्यधिक प्रभावित थीं। पूजापाठ एवं कर्मकांड में विश्वास करती थीं। इसी का

परिणाम था कि राजमाता आर.एस.एस. एवं 'भारतीय जनसंघ' में सम्मिलित हुईं। उनका यह दृढविश्वास था कि भारत का उद्धार व उत्थान हिंदुत्व में ही निहित है। हिंदू विचार कभी भी सांप्रदायिक नहीं हो सकता। यह तो विशुद्ध राष्ट्रीयता का विचार है। हिंदू में कितने मत-संप्रदाय हैं। वे स्वामी विवेकानंद के इस विचार से सहमत थीं कि भारत में रहनेवाला प्रत्येक व्यक्ति एक संप्रदाय है। ईश्वर के प्रति आस्था-विश्वास के मार्ग में कोई किसी का बाधक नहीं। यह व्यक्ति की व्यक्तिगत मान्यता है। परंतु इसकी राष्ट्रीयता से कहीं प्रतियोगिता नहीं है।

भारत की राष्ट्रीयता अनादिकाल से स्पष्ट है। हिंदुत्व ही यहाँ की राष्ट्रीयता है। हिंदुत्व भारत की आत्मा है। इसके अभाव में भारत भारत नहीं रहेगा। हिंदुत्व का संप्रदाय अथवा सांप्रदायिकता से कोई लेना-देना नहीं है। राष्ट्र का संबंध हिंदुत्व एवं भारतीय संस्कृति से है। राज का प्रशासन एवं सरकार इससे इतर बात है, उसी प्रकार जैसे राजा एवं ऋषि-मुनि। इसी आधार पर राजमाता ने वसुंधरा राजे को कहा था, स्वयं वसुंधरा राजे के शब्दों में, जो उन्होंने बी.बी.सी. हिंदी के भारत संपादक संजीव श्रीवास्तव को 'एक मुलाकात' में कहा था, ''राजमाता ने एक मंत्र दिया था कि अगर तुम राजनीति में गईं तो एक बात का ध्यान रखना, लोगों को प्यार से जोड़ना, कभी जाति, धर्म और वोट के लिए लोगों को फुसलाना नहीं, नहीं तो आगे चलकर तुमको इसकी कीमत चुकानी पड़ेगी।'' स्पष्ट है कि एक राष्ट्र में अनेक राज्य-साम्राज्य भारत में रहे हैं, इतिहास इसका साक्षी है। परंतु इससे राष्ट्र की अवधारणा एवं विचारधारा पर किसी प्रकार का अंतर नहीं पड़ता। परंतु एक राज्य अथवा साम्राज्य में अनेक राष्ट्र नहीं रह सकते अन्यथा उन्हें आपस में ही लड़ने-भिड़ने से फुरसत नहीं होगी। राज्य का विकास होने के स्थान पर विनाश ही होगा। जैसे भारत में जब तक एक राष्ट्र था, कोई कठिनाई नहीं थी। भारत विश्वगुरु एवं सोने की चिड़िया कहलाता था, परंतु 712 ई. के पश्चात् ज्यों-ज्यों भारत में दो राष्ट्रों की स्थिति बनने लगी, त्यों-त्यों आपसी सौहार्द, समन्वय, विकास, सबकुछ समाप्त हो गया।

भारतीय समाज को परकीय शासकों की गुलामी बरदाश्त करनी पड़ी, भारतीय राष्ट्र का शोषण होने लगा। इस विचार को 'भारतीय जनसंघ' का विचार माना जाता है, आर.एस.एस. का विचार माना जाता है। राजमाता इस विचार से पूर्णरूपेण सहमत थीं। कांग्रेस इस विचार को स्वीकार नहीं करती। इसलिए राजमाता ने 'भारतीय जनसंघ' की सदस्यता स्वीकारी। उनका संपर्क 'भारतीय जनसंघ' के वरिष्ठ नेता पं. दीनदयाल उपाध्याय, अटल बिहारी वाजपेयी, लालकृष्ण आडवाणी

एवं कुशाभाऊ ठाकरे जैसे उच्च एवं उत्तम महापुरुषों के साथ था, उनके साथ काम करने का सौभाग्य प्राप्त हुआ था। उन्हीं की तरह उनके हृदय में समाज की सेवा, देशभक्ति और राष्ट्र के प्रति समर्पण ही सबसे महत्त्वपूर्ण था।

ग्वालियर राजपरिवार में वसुंधरा राजे राजमाता से सबसे अधिक प्रभावित थीं। अध्ययन समाप्ति के पश्चात् तो लगभग पूरे समय राजे अपना समय राजमाता के साथ ही व्यतीत करती थीं। राजमाता के साथ क्षेत्र के प्रवास पर भी जाती थीं। वे बड़ी गहराई से राजमाता के जीवन एवं कार्यों पर दृष्टि रखतीं तथा मन-ही-मन विश्लेषण करती थीं। अतः राजमाता के जीवन, विचार एवं व्यवहार का राजे के जीवन पर भारी प्रभाव था। ग्वालियर में ही संघ एवं भाजपा के नेताओं के साथ राजे का परिचय एवं संपर्क बन गया था। स्वाभाविक था राजे का झुकाव भी संघ एवं भाजपा की ओर था। यद्यपि उनके अपने बड़े भाई माधवराव सिंधिया, जो कांग्रेस के दिग्गज नेता थे, से भी बड़े मधुर संबंध थे, राजे उनका बहुत आदर सम्मान करती थीं, परंतु जब राजनीति में प्रवेश करने का निर्णयात्मक क्षण आया, उनका झुकाव अपनी माता की ओर ही रहा। राजमाता उनके लिए आदर्श थीं।

राजमाता, संघ एवं भाजपा के कारण राजे का झुकाव भी पूरी तरह हिंदुत्व संस्कारों की ओर था। प्रथम बार राजस्थान भाजपा की प्रदेश अध्यक्ष सन् 2002 में बनने के पश्चात् जब राजे ने 'परिवर्तन यात्रा' करने का निर्णय किया, तब उसका प्रारंभ राजसमंद जिले के चारभुजा मंदिर में माथा टेककर आशीर्वाद लेकर किया। आडवाणीजी की भी उन्हें यही सलाह थी। 'परिवर्तन यात्रा' के समय जिस-जिस क्षेत्र में जब-जब राजे गईं, रास्ते भर जहाँ कहीं प्रसिद्ध देवरा, मंदिर अथवा तीर्थस्थल आया, सभी जगह माथा टेका, दर्शन किए। ऐसा नहीं कि यह कोई राजनीति अथवा चुनावों के लिए प्रदेश की जनता को प्रभावित करने के लिए किया हो, बल्कि सत्य यह है कि राजे आंतरिक एवं बाह्य संपूर्ण रूप से आस्तिक हैं। उन्होंने स्वयं अपने निवासस्थान (घर में) में एक मंदिर बना रखा है, जहाँ नियमित रूप से पूजा-अर्चना होती है। चूँकि वे स्वयं अधिकांश राजनीतिक प्रवास पर रहती हैं, अतः मंदिर की पूजा-अर्चना के लिए एक पंडित-पुजारी रखा हुआ है। स्वयं जब अपने केंद्र स्थान में होतीं, स्वयं पूजा-अर्चना किए बिना बाहर नहीं निकलतीं। वे स्वयं ध्यान में कई घंटे बैठ जातीं। आसन प्राणायाम तो नित्य का नियम रहा है। एक जानकार पत्रकार ने लिखा है, "She travels frequently on pilgrimages to temples inremote areas of Rajasthan, often staying alone for day's at a time immersed in prayer and meditation."

विरोधी राजनीतिक दल के नेतागण वसुंधरा राजे के लिए आक्षेप लगाते हुए कहते हैं कि राजे शराब में धुत्त रहती हैं, विशेष रूप से रात्रि आठ बजे के बाद। अत: आठ बजे के बाद मुख्यमंत्री राजे से मिलना संभव नहीं। आम चुनावों के प्रचार में सार्वजनिक रूप से कांग्रेस के पूर्व मुख्यमंत्री अशोक गहलोत ने ये आरोप लगाए। परंतु वे यह भूल जाते हैं कि वे ओबीसी से आए हुए हैं तथा राजे भारत के बहुत बड़े राजघराने से, जहाँ शराब पीना अछूत नहीं समझा जाता, बल्कि सामान्य बात होती है। उन्हें यह भी स्मरण रखना चाहिए कि राजे की संपूर्ण शिक्षा ईसाई मिशनरीज के शिक्षण-संस्थानों में हुई है, जहाँ हर फंक्शन पर सेंपेन खोलना रिवाज है। वहाँ शराब अजीब नहीं समझी जाती। आपको जानकर बेहद प्रसन्नता होगी कि राजस्थान का कल्चर देखते ही राजे ने अपने इस अभ्यास में परिवर्तन करना प्रारंभ कर दिया। स्वयं कांग्रेस की दिग्गज नेता एवं उस समय की नेशनल कमीशन फॉर वूमन की चेयरमैन डॉ. गिरिजा व्यास स्वीकारते हुए कहती हैं, "Raje sought advice on how to improve her image, after which she stopped drinking publicly in the evenings, began praying at 5 A.M. and getting to work by 7 A.M. instead of her normal 10 A.M." स्वयं पत्रकार रोहित परिहार भी उक्त बात का समर्थन करते हुए लिखते हैं, "Since moving to Jaipur, she has largely severed her ties to her 'fast' Delhi Social circle, claiming it as a 'sacrifice' to maintain her image as CM, she no longer drinks in the eveings and diligently wakes up every day at 5 A.M. to pray before coming to work, Say our contacts."

यह वसुंधरा राजे की दृढता ही थी कि उन्होंने अपने जीवन व्यवहार में इतना बड़ा परिवर्तन कर लिया। वे अपनी आदतों की गुलाम नहीं थीं। अपनी मेहनत और लगन के बल पर समूचे राजस्थान का दो बार दौरा कर पाना एक राजकुमारी के लिए और वह भी इस ढलती उम्र में, एक प्रशंसनीय कार्य है। यही कारण है कि जब वे प्रदेश की ढाणी-ढाणी घूमती हैं और हर महत्त्वपूर्ण ऐतिहासिक एवं धार्मिक स्थल पर माथा टेकती हैं तो वे राजस्थानियों को अपने परिवार का हिस्सा प्रतीत होती हैं। अपने राजनीतिक जीवन में वे विवादों से परे रहीं और बहुत संयत बयान देती रही हैं। आज भी 'सुराज संकल्प यात्रा' में उमड़ी जनता की आशाएँ इस बात की ओर संकेत करती हैं कि राजस्थान की जनता उन्हें दुबारा मुख्यमंत्री बनाने का मन बना चुकी है। इसलिए नहीं कि वे धौलपुर की महारानी हैं, इसलिए

नहीं कि वे भाजपा की वरिष्ठ नेता राजमाता विजयाराजे सिंधिया की बेटी हैं, बल्कि इसलिए कि उन्होंने दृढतापूर्वक अपने आपको राजस्थानी की तरह ढाला है। गत बार मुख्यमंत्री काल में प्रदेशवासियों की सेवा में कोई कोर-कसर नहीं छोड़ी, 2008 की पराजय मुख्यमंत्री राजे के कारण नहीं, बल्कि पार्टी की अंदरूनी लड़ाई के कारण हुई। पूर्व आई.ए.एस. आर.एस. गढाला कहते हैं कि वसुंधरा राजे हार्ड वर्कर तो शुरू से ही हैं। ये संस्कार उन्हें राजमाता विजयाराजे सिंधिया से मिले। जनता के दुःख-दर्द से जुड़ना उनका स्वभाव व व्यवहार है। आईबीएन-7 के पत्रकार भवानीसिंह ने भी अपने लेख में उक्त कथन का समर्थन किया है।

पूर्व प्रधानमंत्री एवं भाजपा के वरिष्ठ नेता श्री अटल बिहारी वाजपेयी भी मूलतः ग्वालियर के रहनेवाले थे। जब कभी उनकी राजमाता से भेंट होती, वे आगे बढ़कर उनके चरण छूते थे, चाहे कितनी भी पब्लिक वहाँ क्यों न एकत्र हो। स्वयं राजमाता भी अटलजी का बड़ा सम्मान करती थीं तथा हमेशा उनका समर्थन अटलजी के साथ रहा। वसुंधरा राजे को केंद्र में मंत्री बनाकर अटलजी ने उनकी प्रतिभा का परीक्षण किया था। जब 2002 में श्री भैंरोसिंह शेखावत के उपराष्ट्रपति बनने पर राजस्थान में भाजपा नेतृत्व का प्रश्न उपस्थित हुआ, ऐसे समय अटलजी ने वसुंधरा राजे को अपना आशीर्वाद देकर 2003 के चुनावों में मुख्यमंत्री प्रत्याशी बनाने में अग्रिम भूमिका निभाई। श्री अटलजी के निकटतम भाजपा के वरिष्ठ नेता प्रमोद महाजन ने वसुंधरा राजे के चुनाव-संचालन की विस्तृत योजना का प्रारूप तैयार किया तथा राजे के आलोचकों को शांत करने में महती भूमिका निभाई। प्रमोद महाजन विश्वस्त-आश्वस्थ थे कि दिसंबर 2003 में राजस्थान में भाजपा की जीत होगी तथा वसुंधरा राजे के नेतृत्व में सरकार बनेगी। महाजन राजे की प्रशासनिक एवं नेतृत्व क्षमता से परिचित थे। अतः यह माना जा सकता है कि 2003 के चुनावों में प्रदेश में राजे व भाजपा की जीत में प्रमोद महाजन की भी बड़ी भूमिका रही।

वसुंधरा राजे के विषय में यह कहा जाता है कि वे घमंडी एवं तेज मिजाज हैं। राजे के विषय में टिप्पणी करते हुए एक वरिष्ठ पत्रकार ने लिखा—"Vasundhara Raje's five year term (2003-08) as chief minister was marked by a strong focus on infrastructure building and social initiatives, but it was also noted for caste voilence and rebellion by local leaders against Vasundhara's firm style leadership." परंतु उक्त आलोचनाओं में सत्यांश कम है। यह सत्य है कि राजे एक स्वाभिमानी नेता

हैं। यदि इस स्वाभिमान को कुछ लोग अपने दृष्टिकोण से, अपने नजरिए से देखते हुए घमंडी कहें तो कोई आश्चर्य नहीं। जिस व्यक्ति में स्वाभिमान ही नहीं, वह वस्तुतः मनुष्य ही नहीं है। स्वाभिमान ही है, जो हमारे स्वत्व का, हमारे अस्तित्व का, हमारे अधिकारों एवं हमारी स्वतंत्रता की सुरक्षा करता है। फिर वसुंधरा राजे राजपूती-क्षत्रिय रक्त हैं। क्षत्रिय में स्वाभिमान कूट-कूटकर भरा होता है। इनके उदाहरणों से भारत का इतिहास भरा पड़ा है। स्वाभिमानी होने का परिणाम ही है कि राजे ने अपने शासनकाल में प्रदेश को कर्ज से बाहर निकालकर विकसित राज्यों की श्रेणी में खड़ा किया। प्रदेश के गरीब, महिला, बुजुर्ग एवं निःशक्तजनों को अपने पैरों पर खड़ा कर स्वावलंबी बनाने का अभियान छेड़ा। बिजली-पानी में स्वावलंबी बनाने का प्रयत्न किया। हिंदुत्व को माननेवाला व्यक्ति कभी भी स्वाभिमानशून्य नहीं हो सकता।

वसुंधरा राजे एक संवेदनशील व्यक्तित्व हैं। मातृत्व एवं करुणा नारी का वैसे ही सहज गुण है। परिस्थितियों को अपने अनुसार ढालना एवं परिस्थितियों के अनुकूल बनाने में राजे को महारत हासिल है। संपूर्ण राजस्थान की दो बार विस्तृत यात्रा के समय कभी उनके चेहरे पर थकावट एवं असुविधाओं की सिकन नहीं देखी गई, बल्कि वहाँ के वातावरण के अनुरूप अपने को खड़ा दिखाते हुए दिखाई दीं। ग्रामीण क्षेत्रों में ग्रामवासियों की वेश-भूषा में, वनवासी आदिवासी क्षेत्रों में उनकी पोशाक पहनकर उनके साथ खुशियाँ मनाने के लिए उनके नृत्यों में सम्मिलित होते हुए, युवाओं के साथ उनके अनुरूप बने रहने की पात्रता राजे में दिखाई दी। आपसी समन्वय और सौहार्द बनाने एवं आपसी अंतर पाटने के प्रयत्न में सफल दिखाई दीं। विरोधी दलों के द्वारा 'बाहरी' के आरोप को एकदम निरर्थक कर दिया।

संवेदनशील हृदय होने के कारण उत्तराखंड की भीषण त्रासदी में फँसे लोगों की सहायता के लिए स्वयं विपक्ष की नेता होते हुए जयपुर के जौहरी बाजार में पैदल चलकर दुकान-दुकान, व्यक्ति-व्यक्ति से सहायता राशि एकत्र की।

वर्ष 2003-08 में मुख्यमंत्री रहते हुए तथा अभी 2013 में मुख्यमंत्री बनने के पश्चात् जिन-जिन कार्यों को करने में प्राथमिकता दी, वे उनकी संवेदनशीलता के उत्कृष्ट उदाहरण हैं। राजे हिंदुत्व की मानसिकता के कारण इस मूल भाव को समझती हैं कि सभी प्राणियों में समान आत्मतत्त्व विद्यमान है। सभी के सुख-दुःख की अनुभूति एक समान होती है। संसार में हिंदू ही ऐसा है, जो चींटियों के लिए कीड़ी नगरा सींचता है, पक्षियों के लिए दाने-पानी के छींके लगाता है,

राहगीरों के लिए प्याऊ एवं धर्मशालाओं की व्यवस्था करता है। पेड़-पौधों को पानी से सींचने में धर्म समझता है, जाने-अनजाने प्राणियों के सुख-दुःख की भी चिंता करता है। समर्थ व्यक्ति अपनी व्यवस्था कर लेते हैं, परंतु अशक्त, कमजोर एवं मूक प्राणी जो अपनी व्यवस्था नहीं कर पाते हैं, उनकी भी चिंता करता है। इसके लिए हिंदू को शिक्षा देने की आवश्यकता नहीं, ये तो जन्मजात गुण हैं, परिवारों के वातावरण में है। वसुंधरा राजे में भी ऐसे भाव सहज ही हैं, जो उनकी प्राथमिकताओं में लक्षित होते हैं—

- राज्य के प्रत्येक जिले में एक या दो प्रमुख मंदिर एवं धार्मिक स्थलों को चिह्नित कर उनका जयपुर के 'खोले के हनुमानजी मंदिर' की तर्ज पर विकास करने के आदेश मुख्यमंत्री राजे ने दिए। आस्था के इन केंद्रों पर श्रद्धालुओं एवं पर्यटकों की सुविधा के लिए पार्किंग, आवागमन, आवास सहित अन्य सुविधाओं को भी विकसित करने के निर्देश दिए।
- भारत में अनादि काल से गाय का अत्यंत पूजनीय स्थान रहा है। भारतीय इसे श्रद्धा की दृष्टि से देखता है, इसलिए इसे माता मानता है। धार्मिक कर्मकांडों में गाय का दूध, दही, घी, मूत्र तथा गोबर तक को पवित्र समझकर उसका उपयोग किया जाता है। भगवान् कृष्ण के साथ गाय का तादात्म्य भाव प्रकट किया गया है। भारत के प्राचीन सभी शास्त्रों में गाय का खूब वर्णन व महिमा बताई गई है। शास्त्र वचन है—

  ''गावो ममाग्रतो नित्यंक गावो नः पृष्ठतस्तथा।
  हृदये में सदा गावो गवां मध्ये वसाम्यहम्।''

अर्थात् गायें निरंतर मेरे आगे रहें और गायें हमारे पीछे की ओर रहें, गायें सदा मेरे हृदय में रहें और मैं गायों के मध्य स्थित रहूँ।

भारत का हिंदू गाय में सभी देवताओं का निवास मानता है। गायों के प्रति प्रेम के कारण ही भगवान् कृष्ण का 'गोपाल' नाम प्रसिद्ध हुआ। गाय की रक्षा के लिए अनेक महान् व्यक्तियों ने अपना बलिदान तक दिया है। चक्रवर्ती सम्राट् दिलीप तो गाय की सिंह से रक्षा करने के लिए अपना शरीर भी देने के लिए तत्पर हो गए थे। प्रतिवर्ष गोपाष्टमी का पर्व मनाकर हिंदू गाय की व गोवंश की पूजा करते हैं। बच्छबारस को गोवंश की पूजा करते हैं। गाय हमारे जीवन के साथ जुड़ी हुई श्रद्धा है। 1857 के प्रथम स्वातंत्र्य संग्राम में चर्बी (गाय की) वाले कारतूसों के कारण सेना में अंग्रेजों के विरुद्ध विद्रोह खड़ा हो गया था।

राजस्थान की मुख्यमंत्री वसुंधरा राजे इन भावनाओं को भली-भाँति समझती हैं। यही कारण है कि 2003 में मुख्यमंत्री बनने के पश्चात् गोवंश संवर्धन एवं संरक्षण के लिए स्वतंत्र बोर्ड की स्थापना की। उनका लक्ष्य है कि इस बार 2013 में विजयश्री प्राप्त कर मुख्यमंत्री बनने पर इसके लिए स्वतंत्र मंत्रालय स्थापित करने का, जो उन्होंने पूरा कर हिंदुओं की भावनाओं का सम्मान किया।

धरोहर संरक्षण—देश में राजस्थान का अपना एक विशिष्ट स्थान है। प्राचीनकाल में यह गणराज्यों की भूमि रही है। नाग क्षेत्र रहा है। महाभारत काल के अवशेष-खँडहर यहाँ हैं। वेदों की ऋचाएँ, जिस पवित्र नदी के किनारे लिखी गईं, वह सरस्वती नदी राजस्थान के बहुत बड़े क्षेत्र को सिंचित करती रही है। यह बड़े-बड़े साम्राज्यों की निर्माण भूमि है। गुर्जर प्रतिहार सम्राटों की भूमि है। पृथ्वीराज चौहान, बप्पा रावल, महाराणा कुंभा, महाराणा प्रताप के पराक्रम की भूमि है। रानी पद्मिनी के जौहर की, गौरा-बादल के बलिदान की भूमि है यह। देशभक्त राठौड़ वीर दुर्गादास की भूमि है। यह भक्तिमयी मीरा की भूमि है। ऐसी भूमि में वीरों एवं विरांगनाओं की स्मृतियाँ, महाराणा कुंभा का विजयस्तंभ, हम्मीरहठ की स्मृतियाँ, चित्तौड़, मेहरानगढ़, आमेर, अजयमेरु आदि के दुर्ग, कवियों, चारणों एवं भक्तों द्वारा लिखा गया साहित्य संपूर्ण प्रदेश में बिखरा पड़ा है। ये हमारी गौरव गाथाएँ हैं, हमारे स्वाभिमान की अभिव्यक्ति हैं, हमारे पौरुष पराक्रम से युक्त देश की सीमा सुरक्षा के लिए किए गए बलिदानों की, विजय की गाथाएँ हैं। इनकी सुरक्षा, इनका संरक्षण हमारी व भावी पीढ़ी के लिए प्रेरणास्रोत है। निश्चित रूप से मुख्यमंत्री वसुंधरा राजे बधाई की पात्र हैं, जिन्होंने ऐसे महत्त्वपूर्ण कार्य को हाथ में लेकर पहले (2003-08) में बोर्ड बनाया तथा इस बार अलग से मंत्रालय बनाने की योजना है। इसके प्रमुख के नाते अजमेर के ओंकारसिंह लखावत की नियुक्ति की है।

नारी सशक्तीकरण—'इंडिया टुडे' ने ठीक ही लिखा कि वसुंधरा राजे की विजय प्रत्येक महिला की विजय होगी। 'Vasundhara Raje's Victory will be the victory of every women.' इंडिया टुडे आगे लिखता है, "आज अंतरराष्ट्रीय महिला-दिवस है और आज ही उस महिला का जन्मदिन भी है, जिसने समाज की स्त्री विरोधी रूढ़ियों और परंपराओं को पीछे ढकेलते हुए राज्य की पहली महिला मुख्यमंत्री बनी। राजस्थान की पूर्व मुख्यमंत्री वसुंधरा राजे सिंधिया के लिए यह सब आसान नहीं था, क्योंकि वे जिस राज्य से तालुक रखती हैं, वहाँ पुरुषों से भरी राजनीति में अपने लिए जगह बना पाना और काम कर पाना उनके लिए बेहद कठिन था।" महिला सशक्तीकरण एवं महिलाओं को आगे बढ़ाने के

लिए मुख्यमंत्री रहते वसुंधरा राजे ने बहुत कार्य किए। इसीलिए उन्हें यू.एन.ओ. की ओर से 'वूमेन टुगेदर अवार्ड' 2007 में दिया गया। इंडिया टुडे ने लिखा, "In 2007, she was awarded with 'Woman Together Award' by the U.N.O. for her exemplary work towards woman empowerment." भाजपा अध्यक्ष राजनाथ सिंह ने जयपुर की सभा में कहा, ''राजस्थान में अगर सबसे अधिक लोकप्रिय कोई जननेता है तो वह वसुंधरा राजे हैं।''

समाजोत्थान प्राथमिकता

वसुंधरा राजे के लिए 'इंडिया टुडे' ने लिखा है, "She started talking keen interest in social issues at an early age." युवा अवस्था में ही राजे सामाजिक विषयों एवं समस्याओं में रुचि लेने लगी थीं, जो कि उनकी माता राजमाता विजयाराजे सिंधिया से उनको जन्मघुट्टी के रूप में मिले थे। मुख्यमंत्री रहते हुए वृद्ध एवं वरिष्ठ नागरिकों के लिए, अंत्योदय परिवारों, निःशक्त जनों के लिए, बच्चों एवं युवाओं के लिए बाल-विकास, छात्रवृत्ति, समाज-कल्याण, बनवासियों के लिए बहुत कार्य किया। इसी तरह मूक पशुओं के लिए भी बहुत कार्य किया। ऊँट को 'राज्य पशु' घोषित करवाया। गरीब एवं प्रतिभावान युवाओं के लिए उनकी प्रतिभाओं को निखारने के लिए पं. दीनदयाल उपाध्याय ट्रस्ट का निर्माण किया, जो कांग्रेस सरकार ने समाप्त कर दिया। इसीलिए 'इंडिया टुडे' ने वसुंधरा राजे के लिए लिखा है, "If there is one word that encapsulates the life and work of Smt. Vasundhara Raje from her childhood till the present it is 'Service' – service to the nation, service to the poor, service to her people, there are some who need to go out of the way to imbibe this spirit of service and dedication towards people but for Vasundhara Raje, it was something she was born with."

वसुंधरा राजे एक ऐसा व्यक्तित्व हैं, जिसे संगठन ने जो क्षेत्र दिया, उसे अपना एक परिवार बनाकर ऐसे घुल-मिल जाती हैं, जैसे अपना आत्मीय मिलता है। यही कारण है कि राजनीति में आने के पश्चात् राजस्थान में एक भी चुनाव नहीं हारीं, चाहे वह क्षेत्र धौलपुर का हो अथवा झालावाड़ का, चाहे विधानसभा का चुनाव हो, चाहे लोकसभा का। एक संवेदनशील हृदय लेकर अपने क्षेत्र के नर-नारियों के सुख-दुःख में सहभागी बनना एक सच्चे नेतृत्व का गुण है वसुंधरा राजे का।

वसुंधरा राजे अत्यंत परिश्रमी महिला हैं। प्रातः 5 बजे से रात्रि 10 बजे तक

प्रदेश के काम में जुटी रहती हैं। स्वयं भी जुटती हैं और अपने सहयोगियों को भी जुटाए रखती हैं, तभी तो प्रदेश आगे बढ़ता है, परंतु इतनी संपूर्ण व्यस्तता में भी नियमित आसन प्राणायाम व अपने इष्ट की पूजा (ईश्वराधना) में व्यवधान बरदाश्त नहीं करतीं।

वसुंधरा राजे का संकल्प है, राजस्थान को विकसित व उन्नत प्रदेश बनाने का। हमें विश्वास है कि वे इसमें अवश्य सफल होंगी।

□

ज्योतिष की दृष्टि से वसुंधरा राजे

राजस्थान की मुख्यमंत्री वसुंधरा राजे का जन्म 8 मार्च, 1953, दिन रविवार को मुंबई (महाराष्ट्र) में हुआ। जन्म की तिथि एक ही मिलती है, रविवार भी मिलता है, परंतु जन्म-समय को लेकर मतभेद है। कुछ ज्योतिषियों से उपलब्ध कुंडली अथवा इंटरनेट पर मिली कुंडली में अंतर आ रहा है। एक स्थान पर समय सायंकाल 16.45 पी.एम. मिलता है, अन्य स्थान पर मध्याह्न 12.00 बजे मिलता है तथा कुछ ज्योतिषी अन्य समय बताते हैं।

एक कुंडली सिंह लग्न की श्री अमोलक जैन की ज्योतिष पर लिखे ग्रंथ 'राम झरोखे बैठकर' में पृष्ठ 57 पर मिलती है, जो इस प्रकार है—

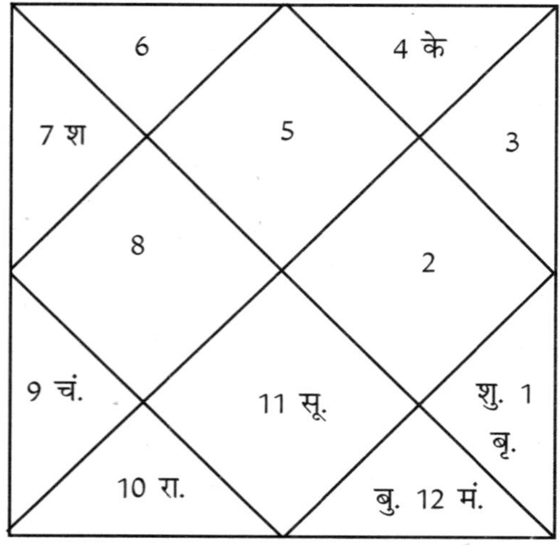

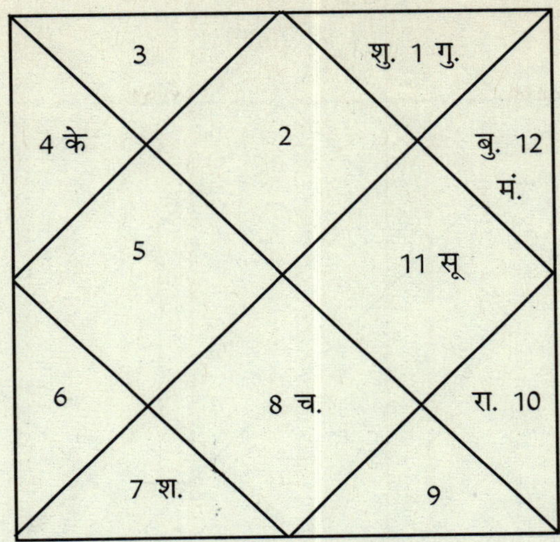

दूसरी कुंडली इंटरनेट पर उपलब्ध हुई, जिसमें जन्म समय मध्याह्न 12.00 बजे का है। उसके अनुसार इनकी कुंडली वृष लग्न की बनती है, जो इस प्रकार है—

तीसरी जन्म तिथि भी इंटरनेट से प्राप्त हुई। उसके अनुसार इनका जन्म समय सायं 4.45 पी.एम. है। इसमें कर्क लग्न की कुंडली बनती है, जो इस प्रकार है—

॥ लग्न कुंडली ॥

5
3
6
4 के
2
7 श
शु. 1 गु.
8 चं.
10 रा.
बु. 12
मं.
9
सू 11

॥ चंद्र कुंडली ॥

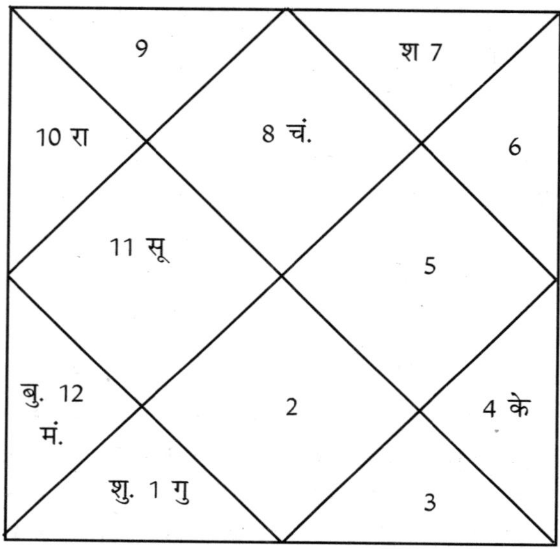

॥ नवमांश ॥

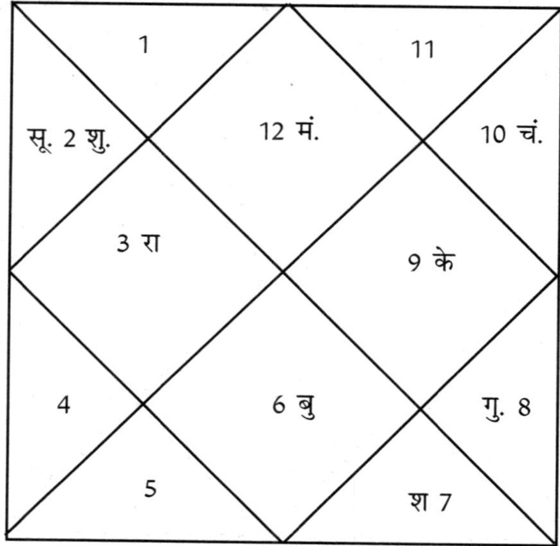

उपर्युक्त तीनों कुंडलियों का अध्ययन करने के पश्चात् कर्क लग्न वाली कुंडली ही सही जान पड़ती है। इस चिंतन में राणावास के प्रसिद्ध ज्योतिषी पं. प्यारेलाल जोशी, मारवाड़ जंक्शन के श्री भिक्षु जैन, पाली के श्री सत्यनारायण शर्मा, श्री श्याम अग्रवाल एवं आचार्य लालचंद आदि प्रमुख ज्योतिषविद् विद्वानों ने सहयोग दिया। कुंडली का अध्ययन करने पर वे सभी बातें उभरकर सामने आ जाती हैं, जो विशेषताएँ वसुंधरा राजे में हैं। इसी आधार पर हम कह सकते हैं कि कर्क लग्न वाली कुंडली सही है। यदि कर्क लग्न वाली कुंडली सही है तो उसका फलित—

(1) कर्क लग्न के व्यक्ति अधिकांश स्थूल शरीर वाले सामान्य कद के होते हैं। वसुंधरा राजे का सामान्य कद तथा स्थूल शरीर है, परंतु संतुलित है। कर्क का स्वामी चंद्रमा है, जो सदा घटता और बढ़ता है। अतः ऐसे जातक का जीवन भी परिवर्तनशील एवं उतार-चढ़ाव वाला रहता है। ऐसे व्यक्ति की कल्पना-शक्ति प्रबल होती है। चंद्रमा के प्रभाव के कारण वे आवेशात्मक होते हैं, जिस कारण प्रायः तुनकमिजाज हो जाते हैं। क्रोध शीघ्र आता है, वैसे ही शीघ्र शांत भी हो जाता है। वे हमेशा सामाजिक जीवन के साथ जुड़ाव बनाए रखना चाहते हैं।

(2) लग्नेश वृश्चिक राशि का होने के कारण जातक हठी स्वभाव का होता है, यानी दृढसंकल्पी होता है। चूँकि वृश्चिक स्थिर राशि है, वह अपने सामने आई कठिनाइयों एवं बाधाओं को कुचलकर आगे बढ़ता है, चाहे विजय की संभावना न हो, तब भी वह अंतिम समय तक लड़ता रहता है। वसुंधरा राजे के जीवन में ऐसा घटित हो रहा है।

(3) कर्क बृहस्पति की उच्च राशि होने के कारण व्यक्ति आध्यात्मिक होता है तथा इनमें अधिक रुचि लेता है। कभी-कभी गुप्त विद्याओं को प्राप्त करने में भी रुचि लेता है।

(4) कर्क लग्न वाले के सप्तम भाव में मकर राशि होती है, जिसका स्वामी शनि है। यदि सप्तम भाव पर शुभ प्रभाव, शुभ दृष्टि, शुभ ग्रह की युति नहीं हो तो ऐसे जातक का वैवाहिक जीवन सुखी नहीं होता है। वसुंधरा राजे की कुंडली में सप्तम भाव पर किसी शुभग्रह की दृष्टि नहीं है। साथ ही उस स्थान (भाव) को खराब करने के लिए वहाँ राहु उपस्थित है। सप्तम भाव का राहु पति/पत्नी में बिछोह करता है, ऐसा ज्योतिषियों का मत है।

(5) वसुंधरा राजे के लग्नेश चंद्रमा पंचम भाव में स्थित है। यह संतान सुख देता है। विद्वान् एवं बुद्धिमान बनाता है। ऐसा जातक दीर्घायु एवं सम्मान प्राप्त करनेवाला होता है।

(6) राजे के चतुर्थ भाव में उच्च का शनि बैठा है। यह कुंडली के केंद्र भाव में है। केंद्र में एवं उच्च का होने से यह प्रबल राजयोग बनाता है। भारत की पूर्व प्रधानमंत्री इंदिरा गांधी, पूर्व उपप्रधानमंत्री सरदार वल्लभभाई पटेल के भी चतुर्थ भाव में शनि स्थित है।

शनि के चतुर्थ भाव में उच्च की स्थिति व्यक्ति में अधिनायक, निरंकुश प्रवृत्ति का भी द्योतक है, साथ ही लोभ की प्रवृत्ति भी रहती है, जैसे लंकापति रावण, रूस के स्टालिन, फ्रांस के नेपोलियन बोनापार्ट, जर्मनी के हिटलर, चीन के माओत्से तुंग तथा इटली के मुसोलिनी के जीवन में देखा गया। परंतु वसुंधरा राजे की कुंडली में चतुर्थ भाव के शनि पर शुक्र व बृहस्पति की पूर्ण दृष्टि होने के कारण निरंकुश एवं लोभ की प्रवृत्ति पर अंकुश लगा है, फिर भी कुछ तो असर रहेगा ही। इस प्रवृत्ति ने राजे को एक सफल प्रशासक, व्यावहारिक, उदारवादी एवं लोकप्रिय भी बनाया है।

(7) छठे शत्रु भाव में धनु राशि है, जिसका मालिक ग्रह बृहस्पति दशम कर्म स्थान में स्थित है। ऐसी स्थिति में जातक को जीवन में निरंतर विरोधों का मुकाबला करते रहना पड़ेगा। उनके कार्यों में निरंतर बाधाएँ उपस्थित होती रहेंगी।

(8) वसुंधरा राजे की कुंडली में सबसे महत्त्वपूर्ण योग बना है—नवमेश दशम स्थान में तथा दशमेश नवम स्थान में अर्थात् भाग्येश बृहस्पति एवं कर्मेश मंगल का स्थान-परिवर्तन योग बना है, जो श्रेष्ठ राजयोग का निर्माण करता है। यह राजकीय सत्ता में उच्च स्थान पर पहुँचने का योग निर्माण कर रहा है। आश्चर्य नहीं होगा कि कभी ये केंद्र में उच्च स्थान में पहुँच जाएँ। ऐसा ही योग पूर्व प्रधानमंत्री मोरारजी देसाई, मनमोहन सिंह, लालबहादुर शास्त्री, इंदिरा गांधी का भी था।

भाग्य स्थान पर बैठकर दशमेश मंगल अपनी आठवीं दृष्टि से चतुर्थ भाव में बैठे सप्तमेश शनि के साथ दृष्टि संबंध कर रहा है, जो प्रबल राजयोग निर्माण कर रहा है। प्रधानमंत्री श्री नरेंद्र मोदी की कुंडली में भी मंगल शनि का दृष्टि संबंध है।

(9) दशम भाव में भाग्येश बृहस्पति एवं लाभेश शुक्र की युति जातक को

प्रतिभावान, भाग्यशाली एवं अथाह संपत्तिवाला बनाते हैं।

(10) चंद्र मंगल का दृष्टि संबंध धनपति योग का निर्माण करता है। चंद्र पंचम त्रिकोण में तथा मंगल नवम त्रिकोण में बैठकर दृष्टि संबंध बनाता है, जो धन एवं अचल संपत्ति प्राप्ति के योग्य का निर्माण करता है। नवम पंचम योग का निर्माण करता है।

(11) शुक्र-शनि का दृष्टि संबंध एवं बृहस्पति-शनि का दृष्टि संबंध जातक को सौंदर्यवान एवं धार्मिक विचारों का अनुगामी बनाता है। अध्यात्म की ओर झुकाव रहता है।

(12) एकादश भाव, यानी लाभेश शुक्र दशम भाव में बैठकर अथाह संपत्ति योग बना रहा है। इनके नेतृत्व में प्रदेश आर्थिक दृष्टि से कमजोर नहीं रह सकता। चूँकि एकादश का दशम भाव होने के कारण प्रदेश की विभिन्न योजनाओं में धन भी बहुत खर्च होगा। परंतु लग्न से दशम भाव एक अत्यंत शुभ भाव है। अत: एकादश के स्वामी के दशम में स्थित होने को शुभ फल प्रदायक माना गया है। जातक खूब परिश्रम कर अपनी योजनाओं को सफल करता है।

(13) व्ययभाव का स्वामी बुध भाग्य स्थान में बैठा है, यह भाग्य की उन्नति में बाधाएँ उपस्थित करता है, रुकावटें पैदा करता है, परंतु रोक नहीं पाता, क्योंकि बुध मीन राशि में नीच का है, प्रभाव उत्पन्न नहीं कर सकता।

(14) कुंडली को चंद्र लग्न से देखने पर सूर्य चतुर्थ केंद्र में आ जाते हैं। चंद्र सूर्य का केंद्र में होना जातक को प्रतिभावान बनाता है।

राजे की कुंडली में राजयोग

(1) लग्न से केंद्र में शनि का उच्च होना। पूर्व में इसका उल्लेख किया जा चुका है।

(2) दशमेश मंगल व सप्तमेश शनि का दृष्टि संबंध भी राजयोग कारक है।

(3) भाग्येश दशमेश का परिवर्तन योग उच्च राजयोग कारक है।

(4) चंद्र कुंडली से द्वितीय (लग्न कुंडली में) स्वामी सूर्य चतुर्थ केंद्र में तथा चंद्र कुंडली में बृहस्पति द्वितीयेश एवं पंचमेश होता है। यह भी राजयोग कारक है।

(5) नवम का स्वामी दशम में एवं दशम का स्वामी नवम में प्रबल राजयोग कारक है।

(6) लग्न से चतुर्थ केंद्र में उच्च का शनि महापुरुष योग 'शश योग' का निर्माण करता है। शश योग में जन्म लेनेवाला जातक ग्रामों का स्वामी अथवा उच्च पदाधिकारी होता है। उसके अंतर्गत बड़े-बड़े अधिकारी कार्य करते हैं। वह धनी व सुखी होता है।

विशेष—वसुंधरा राजे के संपूर्ण जीवन पर दृष्टि डालें, उनके जीवन की विभिन्न घटनाओं, परिवर्तनों एवं प्रसंगों का उनकी विंशोत्तरी दशा से मिलान करने पर मंगल, शनि, शुक्र, बृहस्पति की दशा अंतर्दशा जब-जब भी आई, राजे को किसी-न-किसी प्रकार लाभ दिया, परंतु जब-जब भी राहु अंतर्दशा आई, उसने बाधाएँ खड़ी कीं, परेशानियाँ पैदा कीं। इसे विस्तार से देखते हैं—

वसुंधरा राजे का जन्म बुध की महादशा में हुआ। 8.3.1953 से 27.12.64 तक बुध की महादशा रही। इसके बाद केतु के सात वर्ष फिर 27 दिसंबर, 1971 से शुक्र की महादशा प्रारंभ हुई।

(1) 27 दिसंबर, 1971 से 27 अप्रैल, 1975 तक शुक्र महादशा में शुक्र का अंतर चला। यह गृहस्थ जीवन के प्रारंभ का वर्ष था। 19 नवंबर, 1972 में राजे का विवाह हुआ।

(2) शुक्र की महादशा में जब राहु का अंतर आया तो इनके गृहस्थ जीवन में अलगाव आया। पहली बार गुना से विधानसभा का चुनाव लड़ा, परंतु राहु की अंतर्दशा के कारण सफलता नहीं मिली।

(3) ज्योंही शुक्र में बृहस्पति की अंतर्दशा आई, राजनीतिक में विशेष रुचि प्रारंभ हुई। शुक्र में शनि के आते ही 1985 में धौलपुर से विधायक चुनी गईं।

(4) वर्ष 1998-99 में केंद्र की अटल बिहारी वाजपेयी के नेतृत्व में बनी एन.डी.ए. की सरकार में वसुंधरा राजे राज्यमंत्री बनीं, फिर विदेश राज्य मंत्री बनीं। उस समय उनके चंद्र की महादशा में मंगल की अंतर्दशा चल रही थी।

(5) वर्ष 2002 में जब वसुंधरा राजे को राजस्थान का दायित्व दिया गया, उस समय चंद्र में गुरु की अंतर्दशा चल रही थी।

(6) सन् 2003 में चंद्र में शनि की अंतर्दशा आते ही राजस्थान की प्रथम बार मुख्यमंत्री बनीं।

(7) जब प्रथम बार केंद्र में भाजपा पार्लियामेंट बोर्ड में जॉइंट सेक्रेटरी बनीं, उस समय भी सूर्य की महादशा में शुक्र का अंतर चल रहा था।

(8) वर्ष 2008 के राजस्थान विधानसभा के आम चुनावों में वसुंधरा सरकार को पराजय मिली। यह समय मंगल की महादशा में राहु की अंतर्दशा का था। इसी की अंतर्दशा में विपक्ष नेता पद से भी हटना पड़ा था।

(9) ज्योंही मंगल की महादशा में शुक्र की अंतर्दशा ने दस्तक दी, फिर से राजस्थान भाजपा की अध्यक्ष बनी तथा केंद्र ने यह निर्णय किया कि वर्ष 2013 का विधानसभा चुनाव वसुंधरा राजे के नेतृत्व में लड़ा जाएगा। 2013 के विधानसभा चुनाव में विशाल बहुमत लेकर विजयी हुई तथा पुनः दूसरी बार राजस्थान की मुख्यमंत्री बनीं। यह भी मंगल में शुक्र की अंतर्दशा का ही काल था। मंगल बृहस्पति के परिवर्तन योग ने ही राजे को राजस्थान की राजगद्दी पर बैठाया। 2014 से 2022 तक वसुंधरा राजे के नेतृत्व में राजस्थान का बहुत विकास होगा, खुशहाली बढ़ेगी।

(10) 27.12.2014 से राहु की महादशा लगेगी, जो 27.12.2032 तक 18 साल तक चलेगी। यह समय उठापटक का रहेगा। यद्यपि सारा समय हानिकारक नहीं होने पर भी परेशानी भरा रहेगा। इसमें विशेष रूप से 27.12.2014 से 9.9.17 तथा 27.6.2025 से 15.7.2026 तक का समय प्रतिकूल रहने की संभावना दिखाई देती है। शेष समय सामान्य रूप से अच्छा रहेगा।

(11) 3 फरवरी, 2020 से 9 दिसंबर, 2022 का समय स्वास्थ्य की दृष्टि से कठिन रहने की आशंका है। सावधानी रखें।

उपर्युक्त फलित में श्री भिक्षु जैन का अच्छा सहयोग रहा है। निरंतर विचार विमर्श एवं चिंतन-मनन भी करते रहे हैं। मैं उनका एवं अन्य ज्योतिषविदों का हृदय से आभार प्रकट करता हूँ।

□

संदर्भ ग्रंथ

1. इंटरनेट-वसुंधरा राजे डॉट इन Vasundhara.in
2. इंडिया टुडे
3. राजस्थान पत्रिका
4. Wikipedia.com
5. दैनिक भास्कर
6. DNA INDIA.com
7. BJP Rajasthan.org
8. Fist Post.com
9. The Hindu.com
10. ब्लैक पेपर—भाजपा द्वारा राष्ट्रपति को प्रेषित—2013
11. 'सुराज संकल्प, भाजपा विकल्प', राजस्थान भाजपा का घोषणा पत्र 2013
12. आई.बी.एन.-7
13. बी.बी.सी. हिंदी
14. द पब्लिक एजेंडा—राष्ट्रीय पाक्षिक
15. TEHELKA (तहलका)—The people paper
16. Current Vasundhara.docx
17. http://www.rediff.com/election/2003/dec/05bjp.htm
18. राजमाता विजयाराजे सिंधिया—राजपथ से लोकपथ पर
19. रामझरोखे बैठकर—श्री अमोलक जैन

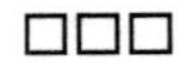